Der amtliche Sportboot-führerschein –Binnen

BUNDESREPUBLIK DEUTSCHLAND

SPORTBOOT-FÜHRERSCHEIN BINNEN

Leitfaden
für die theoretische
und praktische Prüfung

für

- BEWERBER
- AUSBILDER
- PRÜFER

mit

- allen Prüfungsfragen und -antworten
- übersichtlicher Darstellung aller Führerscheinbestimmungen
  von der Antragstellung bis zur Aushändigung des Führerscheins
- der Prüfung für Seenot-Signalmittel einschließlich der
  48 amtlichen Prüfungsfragen und Antworten
- dem Text der Verordnung mit allen aktuellen Ergänzungen
- mehr als 300 meist mehrfarbigen Abbildungen und Grafiken

Die spezielle Lern- und Ausbildungshilfe

Enge Verbindung von Text und Bild und damit
leicht faßliche Darstellung des Stoffes
unter Berücksichtigung der Ausbildungspraxis

Vertiefung wichtiger Sachgebiete

Schwerpunktbildung nach den Erfordernissen der Ausbildung

Auffrischung der Kenntnisse für Führerscheininhaber

Der amtliche Sportboot-führerschein – Binnen

der Bundesrepublik Deutschland

Mit Antriebsmaschine

2., verbesserte Auflage

Der sichere Weg zur Prüfung

von Ministerialdirigent a. D. Kurt Graf
Erster Polizeihauptkommissar a. D. Robert Grünewald
und Ministerialrat Dr. Dietrich Steinicke

BUSSE SEEWALD

ISBN 3-512-03052-1

Alle Rechte vorbehalten, auch die der auszugsweisen Wiedergabe
und der photomechanischen Vervielfältigung.

1. Auflage 1991
2. Auflage 1991

© 1991 by Busse + Seewald GmbH & Co. KG
Graphik und Gestaltung: Prof. Christoph Drescher

Satz und Druck: Busse-Druck, Herford

Printed in Germany

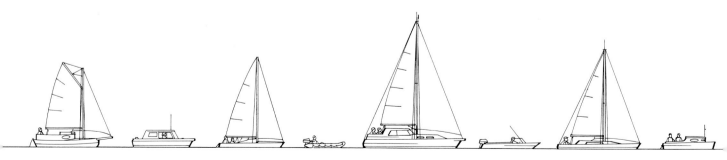

Geleitwort

Wer verantwortlich auf den See- und Binnenschiffahrtsstraßen ein motorisiertes Sportfahrzeug mit mehr als 3,68 kW oder im Großraum Berlin ein Segelboot führen oder Surfen will, hat in der Prüfung zum Erwerb des Sportbootführerscheins nachzuweisen, daß er die erforderlichen Verkehrsvorschriften kennt und ein Sportboot führen bzw. Surfen kann. Mehr als 600 000 Wassersportler haben bisher diese Prüfung abgelegt und damit einen wesentlichen Beitrag zur Sicherheit und Leichtigkeit des Verkehrs auf den See- und Binnenschiffahrtsstraßen geleistet. Während das Interesse am Erwerb des Sportbootführerscheins in den alten Bundesländern ungebrochen ist, steht die »Wassersportwelle« in den neuen Bundesländern erst am Anfang. Ich bin aber sicher, daß die Sportschiffahrt auch hier zahlenmäßig bald eine führende Rolle spielen wird.

Mit dem vorliegenden Buch, das mit seinen vielen Zeichnungen und Erläuterungen die komplexen Sachzusammenhänge verständlich macht, wollen die Autoren die Ausbildung zum Erwerb des Sportbootführerscheins fördern und allen Führerscheinbewerbern die Vorbereitung zur Prüfung erleichtern. Ich hoffe jedoch, daß auch die Führerscheininhaber ihr Wissen anhand dieses Buches von Zeit zu Zeit einmal überprüfen.

Damit auch künftig sowohl die Verkehrssicherheit als auch die Freiheit der Wassersportausübung auf den See- und Binnenschiffahrtsstraßen erhalten bleibt, kommt es entscheidend darauf an, daß die erworbenen Kenntnisse und Fähigkeiten in der täglichen Praxis auch richtig angewendet werden, und das bedeutet vor allem

- genaue Beachtung der Verkehrs- und Sorgfaltsregeln und
- Rücksichtnahme gegenüber den übrigen Verkehrsteilnehmern, insbesondere der Berufsschiffahrt!

Wer diese Grundregeln beachtet, wird in seiner Freizeit auf dem Wasser Freude, Erholung und Entspannung finden.

Prof. Dr. Günther Krause
Bundesminister für Verkehr

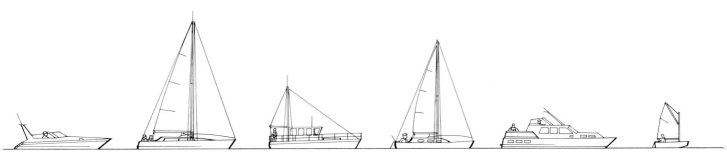

Vorwort zur 1. und zur 2. Auflage

Seit dem Inkrafttreten der Sportbootführerschein-Verordnung – Binnen vom 21. März 1978, am 1. April 1979, gibt es auch auf den Binnenschiffahrtsstraßen des Bundes eine staatliche Führerscheinpflicht. Der Nachweis der Befähigung zum Führen von Sportbooten auf den Binnenschiffahrtsstraßen konnte ab 1. April 1979 durch den Motorbootführerschein A für Binnenfahrt des DMYV und durch den Führerschein für Binnenfahrt (A) des DSV erbracht werden. Mit Wirkung vom 1. April 1989 wurde aus rechtsstaatlichen Gründen mit der Verordnung über das Führen von Sportbooten auf Binnenschiffahrtsstraßen vom 22. März 1989 – wie im Seebereich mit der Sportbootführerschein-Verordnung – See – eine Fahrerlaubnispflicht eingeführt, die durch den amtlichen Sportbootführerschein – Binnen nachgewiesen wird. Wie im Seebereich, wurde auch von der durch eine Änderung des Binnenschiffahrtsaufgabengesetzes geschaffenen Möglichkeit, juristische Personen des privaten Rechts mit der Durchführung der Verordnung zu beauftragen, Gebrauch gemacht und der DMYV und der DSV mit der Durchführung der Verordnung beauftragt. Mit den am 1. April 1990 in Kraft getretenen Durchführungsrichtlinien hat der Bundesminister für Verkehr die beiden Verbände beauftragt, Bewerber zur Prüfung zuzulassen, die Prüfung abzunehmen und nach bestandener Prüfung die vorgeschriebenen, einheitlichen Führerscheine auszustellen.

Es ist sehr zu begrüßen, daß der Bundesminister für Verkehr, aus dessen Hause, wenn auch von zwei verschiedenen Abteilungen, die Sportbootführerschein-Verordnungen – See und – Binnen stammen, sehr weitgehend gleiche Anordnungen getroffen hat. Darauf haben aber auch die beauftragten Verbände – DMYV und DSV – gedrängt, da bei ihnen die Durchführung der beiden Verordnungen zusammenläuft.

Die beiden Autoren des Werkes „Der amtliche Sportbootführerschein – See", das sich inzwischen zu einem Standardwerk entwickelt hat, haben angesichts der vielen Parallelen beider Verordnungen auch dieses Werk bearbeitet und dabei die bewährte Systematik, Didaktik und Graphik übernommen, die auch bei dem Werk „Der BR-Schein des Deutschen Segler-Verbandes" viel Anklang gefunden hat.

Die graphische Gestaltung auch dieses Werkes hat der erfahrene Grafiker Professor Christoph Drescher übernommen. Damit ist sichergestellt, daß die einprägsame Visualisierung des erforderlichen Prüfungswissens beibehalten bleibt.

Für die binnenschiffahrtsspezifischen Fragen konnte als Mitarbeiter ein erfahrener Beamter der Wasserschutzpolizei des Rheinstromgebietes, der Erste Polizeihauptkommissar a. D. Robert Grünewald gewonnen werden, der im Rahmen seiner ehrenamtlichen Verbandstätigkeit auch den Fragen- und Antwortenkatalog mitverfaßt hat.

Im Hinblick darauf, daß der Sportbootführerschein Binnen – abgesehen von dem Großraum Berlin – nur für Sportboote mit Antriebsmaschine über 3,68 kW vorgeschrieben ist, haben sich die Verfasser entschlossen, das Werk in zwei Bände aufzuteilen, nämlich in das Buch des „Sportbootführerscheins – Binnen mit Antriebsmaschine" und in ein zweites, getrennt davon erscheinendes Buch, das die Bereiche mit Antriebsmaschine und Segeln umfaßt.

Aufbau und Gestaltung beider Werke konnten, ohne Urheberrechte zu verletzen, aus den vorgenannten, eingeführten Werken voll übernommen werden, so daß sich der interessierte Wassersportler sich mit vier Werken auf alle Bereiche des Wassersports in der Bundesrepublik Deutschland vorbereiten kann:

- im Binnenbereich mit den beiden neuen Werken „Rote Bücher"
- im Seebereich für Küstensegler mit dem Werk „Der BR-Schein des Deutschen Segler-Verbandes" „Grünes Buch" und
- im Bereich der Seeschiffahrtsstraßen mit dem Werk „Der amtliche Sportbootführerschein – See" „Blaues Buch".

Aber auch nach dem Bestehen der notwendigen oder freiwilligen Prüfungen und dem Erwerb der sich daraus ergebenden Führerscheine, haben die Besitzer nunmehr ein vierbändiges Repetitorium zur Hand, das der Sicherheit und Leichtigkeit der Sportschiffahrt und somit der Sicherheit der gesamten Schiffahrt auf den Binnen- und Seegewässern der Bundesrepublik Deutschland und auch darüber hinaus dient.

Mit der 2. Auflage wurden Ergänzungen usw. eingearbeitet und die Einbeziehung der neuen Länder berücksichtigt.

Die Autoren

Hamburg, im Oktober 1991

Inhalt

Teil I — Das Wichtigste über den Sportbootführerschein – Binnen

I. Inhalt und Umfang der Verpflichtung zum Besitz eines Sportbootführerscheins – Binnen . . 16
1. Warum ist der Sportbootführerschein – Binnen erforderlich? . . . 16
2. Welche rechtliche Bedeutung hat der Sportbootführerschein – Binnen? 16
3. Wo ist der Sportbootführerschein – Binnen erforderlich? 16
4. Wer muß einen Sportbootführerschein – Binnen haben? 16
    4.1 Wer ist Fahrzeugführer? 17
    4.2 Was ist ein Sportboot? 17
    4.3 Wann ist ein Sportboot mit einer Antriebsmaschine ausgerüstet? 17
    4.4 Wann hat ein Motor 3,69 kW oder mehr? 17
    4.5 Wie wird die Leistung des Motors festgestellt? 17
    4.6 Welche Sportboote sind fahrerlaubnisfrei? 20
5. Welche Regelung gilt für das Befahren der Gewässer im Großraum Berlin? 21
6. Wer bedarf einer Fahrerlaubnis? 21
7. Welche Befähigungsnachweise ersetzen die vorgeschriebene Fahrerlaubnis (Fortgeltung früherer Befähigungsnachweise)? 22
8. Mit welchen sonstigen Befähigungsnachweisen und Berechtigungsscheinen kann der für die Fahrerlaubnis erforderliche Befähigungsnachweis auch sonst noch geführt werden? 22
9. Welche Regelung gilt für Personen mit Wohnsitz im Ausland? 25

II. Beauftragung des DMYV und des DSV 26

III. Die Zulassung zur Prüfung 27
1. Welche Voraussetzungen müssen erfüllt sein? 27
    1.1 Wie alt muß der Bewerber sein? 27
    1.2 Wann ist ein Bewerber zum Führen eines Sportbootes körperlich und geistig tauglich? 27
    1.3 Unter welchen Auflagen können Bewerber mit beschränkter Tauglichkeit zugelassen werden? 29
    1.4 Wann besitzt ein Bewerber die erforderliche Zuverlässigkeit zum Führen eines Sportbootes? 30

    1.5 Wie und wo ist der Antrag auf Zulassung zur Prüfung und Erteilung der Fahrerlaubnis zu stellen? 30
2. Wann und durch wen erfolgt die Zulassung zur Prüfung? 31
3. Wie kann man sich gegen die Nichtzulassung rechtlich wehren? 31

IV. Erwerb der erforderlichen Befähigung 31
1. Wer bildet aus? 31
2. Wo gibt es Ausbildungsstätten? 31

V. Die Durchführung der Prüfung 32
1. Wer prüft? 32
2. Wo wird geprüft? 32
3. Wie wird geprüft? 32
    3.1 Vorbereitung der Prüfung 32
    3.2 Welche Kenntnisse müssen in der theoretischen Prüfung nachgewiesen werden? 32
    3.3 Wie wird die theoretische Prüfung durchgeführt? 34
    3.4 Welche Fähigkeiten müssen in der praktischen Prüfung nachgewiesen werden? 34
    3.5 Wie wird die praktische Prüfung durchgeführt? 34
    3.6 Wann kann auf die praktische Prüfung verzichtet oder hiervon befreit werden? 35
    3.7 Wie wird das Ergebnis der Prüfung festgestellt? 35

VI. Ausübung der Fachaufsicht über die beauftragten Sportbootverbände 35
1. Welche Behörden sind zuständig? 35
2. Welchen Umfang hat die Fachaufsicht? 35
3. Wer führt die Aufsicht bei Prüfungen außerhalb des Geltungsbereichs der SportbootFüV-Bin? 35

VII. Verwaltungsmaßnahmen nach Abschluß der Prüfung 36
1. Wann und wie wird der Sportbootführerschein ausgestellt? 36

Inhalt

2. Wann ist der Sportbootführerschein–Binnen
   unter Auflagen zu erteilen, und wie werden die
   Auflagen überwacht? 36
3. Wie kann man sich gegen das Nichtbestehen
   der Prüfung rechtlich wehren? 36
4. Welche Kosten werden für die einzelnen
   Amtshandlungen erhoben? 37
5. Wie werden die Kosten erhoben? 37

**VIII. Ahndung von Verstößen gegen die
Sportbootführerscheinverordnung–Binnen** 38

**IX. Welche Maßnahmen erfolgen nach Ausstellung
eines Sportbootführerscheins–Binnen?** 39
1. Änderung der Eintragungen im Führerschein . . . 39
2. Ersatzausfertigungen 39
3. Zentralkartei 39

**X. Ausstellung eines Sportbootführerscheins – Binnen
ohne Prüfung** 39

Teil II	Die Fragen und Antworten

A Allgemeiner Teil

A 1 Allgemeines (1–36) 42
1.1 Schiffahrtspolizeivorschriften (1–2) 42
1.2 Pflichten des Fahrzeugführers vor Fahrtantritt (3–6) . 43
1.3 Schiffahrtspolizeiliche Überwachung (7–8) . . . 44
1.4 Grundregeln für das Verhalten im Verkehr (9–12) . . 44
1.5 Hilfeleistungspflicht bei Unfällen (13–15) . . . 46
1.6 Verhalten bei Hochwasser (16) 47
1.7 Definitionen (17–23) 48
1.8 Kennzeichnung (24–27) 51
1.9 Sonstige behördliche Anforderungen (28–30) . . . 53
1.10 Verhalten bei der Annäherung an Schleusen,
     Häfen und Kanäle (31–33) 54
1.11 Geltungsbereich des Sportbootführerscheins–Binnen
     (34–36) 55

**A 2 Tag- und Nachtbezeichnung der Fahrzeuge
und schwimmenden Geräte** (37–82) 56
2.1 Allgemeine Anforderungen an die Bordlichter (37–40) . 56
2.2 Allgemeine Tag- und Nachtbezeichnung der Fahrzeuge
    der gewerblichen Schiffahrt (41–51) 58
2.3 Nachtbezeichnung der Kleinfahrzeuge (52–54) . . 64
2.4 Tag- und Nachtbezeichnung der schwimmenden Geräte,
    festgefahrenen und gesunkenen Fahrzeuge (55–64) . . 66
2.5 Bezeichnung von Fahrzeugen des
    öffentlichen Dienstes (65) 69
2.6 Besondere Tag- und Nachtbezeichnung der Fahrzeuge
    mit gefährlichen Gütern (66–71) 70
2.7 Bezeichnung der Vorrangfahrzeuge (72–73) . . . 72

2.8 Bezeichnung eines Fahrzeugs unter Segeln
    mit Maschinenantrieb (74) 73
2.9 Anzeige der Steuerbordbegegnung
    von gewerblichen Fahrzeugen (75–78) 74
2.10 Bezeichnung der Ankerlieger (79–82) 75

**A 3 Sichtzeichen im Fahrwasser, am Ufer, an Brücken
und an Schleusen** (83–136) 77
3.1 Bezeichnung der Fahrrinne
    einschl. Hindernisse (83–94) 77
3.2 Durchfahrt durch Brücken (95–100) 84
3.3 Hinweiszeichen auf Fähren (101) 87
3.4 Schutzbedürftige Fahrzeuge und Anlagen (102–106) . . . 87
3.5 Schiffahrtssperre und gesperrte Wasserflächen
    (107–109) 88
3.6 Geschützte Badezonen (110–111) 91
3.7 Durchfahrt durch Schleusen (112–116) 92
3.8 Bestimmtes, durch Zeichen festgelegtes Verhalten
    (117–126) 93
3.9 Ankern und Festmachen (127–134) 97
3.10 Bezeichnung der Liegeplätze (135–136) . . . 99

A 4 Schallsignale (137–153) 101
4.1 Schallsignale, die auch von Kleinfahrzeugen
    gegeben werden dürfen (137–143) 101
4.2 Schallsignale, die ausschließlich von der gewerblichen
    Schiffahrt gegeben werden (144–153) 102
4.2.1 Manövriersignale (144–150) 102
4.2.2 Gefahr- und Warnsignale (151–153) 103

Inhalt

A 5 Sicherheitsvorschriften (154–196)	. . . .	104
5.1 Manövrierunfähigkeit (154–155)	. . . .	104
5.2 Notsituationen (156–162)	. . . .	105
5.3 Grundberührungen (163–164)	. . . .	107
5.4 Vermeidung von Sog- und Wellenschlag (165)	. . . . .	108
5.5 Begegnen mit anderen Fahrzeugen (166–167)	. . . .	109
5.6 Überholen (168–170)	. . . .	110
5.7 Ausweichen von Sportfahrzeugen untereinander (171–178)	. . . .	111
5.8 Verhalten bei unsichtigem Wetter (179–180)	. . . . .	116
5.9 Anlegen und Stilliegen (181–182)	. . . .	117
5.10 Schleppen (183–186)	. . . .	119
5.11 Auslaufen aus Häfen (187–188)	. . . .	120
5.12 Durchfahren von Schleusen (189–196)	. . . .	121
A 6 Umweltschutz und Naturschutz (197–202)	. . . . .	124
A 7 Sicherheitsausrüstung und sonstige Sicherheitsanforderungen (203–215)	. . . . .	120
7.1 Sicherheitsausrüstung (203–209)	. . . .	128
7.2 Sonstige Sicherheitsanforderungen (210–215)	. . . .	131
A 8 Seemannschaft (216–235)	. . . .	132
8.1 Tauwerk (216–219)	. . . .	132
8.2 Seemännische Knoten (220–229)	. . . .	133
8.3 Ankern und Festmachen (230–235)	. . . .	135

A 9 Wetterkunde (236–243)	. . . .	139
9.1 Einfluß des Luftdrucks auf die Wetterentwicklung (236–239)	. . . .	139
9.2 Wetterinformation (240–241)	. . . .	140
9.3 Wetterbeobachtung (242–243)	. . . .	141
B Sonderteil „Antriebsmaschine" (400–452)	. . . . .	143
1 Voraussetzungen für das Führen von Sportbooten mit Antriebsmaschine (400–403)	. . .	143
2 Wasserskilaufen (404–410)	. . . .	144
3 Geschwindigkeit (411–412)	. . . .	147
4 Ausweichen (413–416)	. . . .	147
5 Bootsmotoren (417–420)	. . . .	149
6 Tankanlage, Treibstoffübernahme (421–426)	. . . . .	153
7 Anlassen des Motors und Überwachen des Betriebs (427–433)	. . . .	154
8 Außenbordmotor (434–436)	. . . .	156
9 Ruderwirkung des Propellers, Anlegen (437–446)	. . .	157
10 Funktionsfähigkeit der Maschinenanlage (447–449)	. .	160
11 Motorbrand (450)	. . . .	161
12 Mann-über-Bord (421–452)	. . . .	162

Seitenradschiff mit Diesel-Elektroantrieb der „Weißen Flotte" Dresden auf der Oberelbe

Inhalt

Teil III — Die praktische Prüfung

Allgemeines 164

1. Steuern nach Schiffahrtszeichen,
   anderen Objekten oder nach Kompaß 165
   1.1. Steuern 165
   1.1.1 Steuern nach Kompaß 165
   1.1.2 Steuern nach anderen Objekten oder nach
   Schiffahrtszeichen 166
   1.2 Steuerwirkung 166
   1.2.1 Steuerwirkung des Ruders bei Vorwärts- und
   Rückwärtsfahrt 166
   1.2.2 Steuerwirkung des Z-Antriebs oder des Außenbordmotors bei Vorwärts- und Rückwärtsfahrt 166

2. **Manövrieren** 171
   2.1 Vertraut sein mit den Fahreigenschaften . . . 171
   2.2 Ab- und Anlegen 171
   2.2.1 Ablegemanöver 172
   2.2.1.1 Ohne Wind und ohne Strömung 172
   2.2.1.2 Gegen Wind und/oder Strömung 172
   2.2.1.3 Mit Wind und/oder Strömung 173
   2.2.1.4 Bei ablandigem Wind 173

2.2.1.5 Bei auflandigem Wind 174
2.2.2 Anlegemanöver 174
2.2.2.1 Ohne Wind und Strömung 174
2.2.2.2 Gegen Wind/oder Strömung 175
2.2.2.3 Bei ablandigem Wind 175
2.2.2.4 Bei auflandigem Wind 176
2.3 Festmachen 176
2.3.1 Längsseits Festmachen 177
2.3.2 Festmachen an Stegen und Pfählen 177
2.3.3 Längsseits Festmachen an einem Fahrzeug . . 177
2.3.4 Festmachen von 2 Leinen auf einem Poller an Land . . 178
2.3.5 Festmachen von Leinen in Ringen an Land . . 178
2.4 Wenden auf engem Raum 179
2.5 „Mann-über-Bord"-Manöver mit Hilfe
   eines treibenden Gegenstandes 179
2.5.1 Ruf „Mann-über-Bord" 179
2.5.2 Zuwerfen des Rettungsringes 180
2.5.3 Beobachtung des über Bord Gefallenen . . 180
2.5.4 Bootsmanöver 180
2.5.5 Zuwerfen der Leine und an Bord nehmen . . 180

3. **Wichtige Knoten** 181

4. **Anlegen einer Rettungsweste** 182

Teil IV — Die Prüfung für Seenot-Signalmittel mit den amtlichen Fragen und Antworten

1. **Allgemeines** 186

2. **Die theoretische Prüfung** 186

3. **Die amtlichen Fragen und Antworten** 187
   A Allgemeines 187
   B Zusätzliche Fragen für den Erwerb einer Waffenbesitzkarte nach dem Waffengesetz 188
   C Zusätzliche Fragen für den Erwerb, die Aufbewahrung
   und die Verwendung von pyrotechnischen Notsignalen
   nach dem Sprengstoffgesetz 189

4. **Die praktische Prüfung** 190
   4.1 Signalpistole 190
   4.1.1 Laden 190
   4.1.2 Schließen 190
   4.1.3 Spannen 190
   4.1.4 Schießen 190
   4.1.5 Entladen nach Schießen bzw. Versagen . . 190
   4.2 Rauchsignal orange 191
   4.3 Signalpistole Kal. 4,
   Raketengeschoß mit einem Stern rot 191
   4.4 Handfackel, rot 191

Anlagen

1. **Prüfungsausschüsse des Deutschen Motoryachtverbandes für den Sportbootführerschein–Binnen** 194

2. **Prüfungsausschüsse des Deutschen Seglerverbandes für den Sportbootführerschein–Binnen** 195

3. **Wasser- und Schiffahrtsbehörden** 198
   - 3.1 Süd 198
   - 3.2 Südwest 198
   - 3.3 Mitte 198
   - 3.4 West 198
   - 3.5 Nordwest 198
   - 3.6 Nord 199
   - 3.7 Ost 199

4. **Wasserschutzpolizei** 199
   - 4.1 Baden-Württemberg 199
   - 4.2 Bayern 200
   - 4.3 Berlin 200
   - 4.4 Bremen 200
   - 4.5 Hamburg 200
   - 4.6 Hessen 200
   - 4.7 Niedersachsen 201
   - 4.8 Nordrhein-Westfalen 201
   - 4.9 Rheinland-Pfalz 201
   - 4.10 Schleswig-Holstein 202
   - 4.11 Mecklenburg-Vorpommern 202
   - 4.12 Brandenburg 202
   - 4.13 Sachsen 202
   - 4.14 Sachsen-Anhalt 202

5. **Sportbootführerscheinverordnung–Binnen** 203

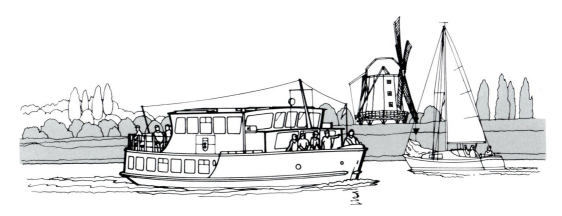

Landschaft an der Ems

Zeichenerklärungen, Abkürzungen, Gesetze, Verordnungen

1. Zeichenerklärungen

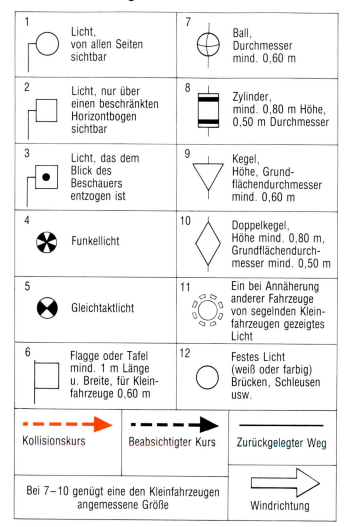

2. Abkürzungen

ADAC	Allgemeiner Deutscher Automobilclub
Aw	Anstellwinkel
betr.	betreffend
HBO	Bundeshaushaltsordnung
BGBl.	Bundesgesetzblatt
BMV	Bundesminister für Verkehr
BSH	Bundesamt für Seeschiffahrt und Hydrographie
BZRG	Bundeszentralregister
bzw.	beziehungsweise
cm	Zentimeter
d. h.	das heißt
DMYV	Deutscher Motoryachtverband
DSV	Deutscher Segler-Verband
DVFG	Deutscher Verband für Flüssiggas
E	Ost
ECE	Europäische Wirtschaftskommission
EG	Europäische Gemeinschaft
einschl.	einschließlich
Erl.	Erläuterung(en)
evtl.	eventuell
ff.	folgende
GG	Grundgesetz der Bundsrepublik Deutschland
ggf.	gegebenenfalls
GSG	Gerätesicherheitsgesetz
H	Höhe der Gezeit
hPa	Hektopascal
HSW	höchst schiffbarer Wasserstand
i. d. F.	in der Fassung
KoA-See	Koordinierungsausschuß des Deutschen Motoryachtverbandes und des Deutschen Segler-Verbandes für die Durchführung der Sportbootführerscheinverordnung–See
km	Kilometer
kW	Kilowatt
KVR	Kollisionsverhütungsregeln
m	Meter
m^2	Quadratmeter
m^3	Kubikmeter

Zeichenerklärungen, Abkürzungen, Gesetze, Verordnungen

mm	Millimeter		usw.	und so weiter
N	Nord		u. U.	unter Umständen
o. ä.	oder ähnliches		vgl.	vergleiche
PA	Prüfungsausschuß		VkBl.	Verkehrsblatt
PK	Prüfungskommission		VO	Verordnung
PS	Pferdestärke		W	West
S.	Seite		WSA	Wasser- und Schiffahrtsamt
S	Süd		WSD	Wasser- und Schiffahrtsdirektion
t	Tonne		z. T.	zum Teil
u. a.	unter anderem		z. B.	zum Beispiel
UNO	United Nations Organization (Vereinte Nationen)			

3. Gesetze, Verordnungen

BinSchAufg	Gesetz über die Aufgaben des Bundes auf dem Gebiet der Binnenschiffahrt (Binnenschiffahrtsaufgabengesetz) in der Fassung der Bekanntmachung vom 4. August 1986 (BGBl. I S. 1270)
BinSchPatentV	Verordnung über Befähigungszeugnisse in der Binnenschiffahrt (Binnenschifferpatentverordnung) vom 7. Dezember 1981 (BGBl. I S. 1333)
BinSchStrO	Binnenschiffahrtsstraßen-Ordnung vom 1. Mai 1985 (BGBl. I S. 734)
BinnenSchUO	Verordnung über die Schiffssicherheit in der Binnenschiffahrt (Binnenschiffahrts-Untersuchungsordnung) vom 17. März 1988 (BGBl. I S. 238)
BodenseeSchO	Verordnung über die Schiffahrt auf dem Bodensee (Bodensee-Schiffahrts-Ordnung) vom 31. März 1976 (Gesetzblatt für Baden-Württemberg S. 257)
Bordlichter	Verordnung über die Farbe und Lichtstärke der Bordlichter sowie die Zulassung von Signalleuchten in der Rheinschiffahrt und im Geltungsbereich der Binnenschiffahrtsstraßenordnung vom 14. September 1972 (BGBl. I S. 1775)

DonauSchPatentV	Verordnung über die Befähigungszeugnisse in der Donauschiffahrt vom 22. Juli 1960 (VkBl. S. 292)
DonauSchPV	Donauschiffahrtspolizeiverordnung vom 18. März 1970 (BGBl. I S. 297)
Gerätesicherheit	Gesetz über technische Arbeitsmittel (Gerätesicherheitsgesetz) vom 24. Juni 1968 (BGBl. I S. 717)
Kennzeichnung	Verordnung über die Kennzeichnung der Kleinfahrzeuge auf dem Rhein vom 20. Juli 1960 (BGBl. II S. 1956)
	Verordnung über die Kennzeichnung von Kleinfahrzeugen auf der Mosel vom 20. Oktober 1966 (BGBl. II S. 1443)
	Verordnungen bzw. Schiffahrtpolizeiliche Anordnungen über die Kennzeichnung der Kleinfahrzeuge der Wasser- und Schiffahrtsdirektionen für
	– die Donau vom 24. Juni 1968 (VkBl. S. 613)
	– den Bereich der WSD Hannover (Mitte) i. d. F. der Verordnung vom 8. Juli 1969 (VkBl. S. 535)

Zeichenerklärungen, Abkürzungen, Gesetze, Verordnungen

	– die Bereiche der WSDen Münster (West), Aurich (Nordwest) und Bremen vom 9. Juli 1970 (VkBl. S. 490)
	– Main, Regnitz und Rhein-Main-Donau-Kanal vom 6. März 1968 (VkBl. S. 127)
Kowallik	Ulrich Kowallik, Kommentar zur Sportboot-führerschein-Verordnung – Binnen, BusseSeewald/DSV-Verlag, Herford
MoselSchPV	Moselschiffahrtspolizeiverordnung vom 26. März 1984 (BGBl. I S. 473)
OWiG	Gesetz über Ordnungswidrigkeiten in der Fassung der Bekanntmachung vom 19. Februar 1987 (BGBl. I S. 602)
Radarzeugnis	Verordnung über die Erteilung von Radarschifferzeugnissen für den Rhein vom 23. Dezember 1964 (BGBl. II S. 2010)
RheinSchPatentV	Verordnung über die Erteilung von Rheinschifferpatenten (Rheinschifferpatentverordnung) vom 26. März 1976 (BGBl. I S. 757)
RheinSchPV	Rheinschiffahrtspolizeiverordnung vom 16. August 1983 (BGBl. I S. 1145)
RheinSchUO	Rheinschiffahrtsuntersuchungsordnung vom 26. März 1976 (BGBl. I S.773)
RiVerb-SpbootFüV –See	Richtlinien für den Deutschen Motoryachtverband und den Deutschen Segler-Verband nach § 4 Sportbootführerscheinverordnung–See vom 27. April 1977 (VkBl. S. 309) zuletzt geändert durch Erlaß vom 5. Oktober 1990
RiwWSVSee	Richtlinien für die Wasser- und Schiffahrtsverwaltung des Bundes über die Durchführung der Aufgaben nach der Sportbootführerscheinverordnung–See vom 28. Juni 1990 (VkBl. S. 744)
RiVerbSpbootFüV –Binnen	Richtlinien für den Deutschen Motoryachtverband und den Deutschen Segler-Verband über die Durchführung der Aufgaben nach § I I SportbootFüV–Bin vom 21. Februar 1990 (VkBl. S. 156)
SchiffsregO	Schiffsregisterordnung vom 26. Mai 1951 (BGBl. I S. 359 in der Fassung der Verordnung vom 4. Juli 1980 (BGBl. I S. 833)
SportbootFüV–Bin	Verordnung über das Führen von Sportbooten auf den Binnenschiffahrtsstraßen (Sportbootführerscheinverordnung–Binnen) vom 22. März 1989 (BGBl. I S. 536, berichtigt S. 1102)
SportbootFüV–Bin (alt)	Verordnung über das Führen von Sportbooten auf den Binnenschiffahrtsstraßen (Sportbootführerscheinverordnung–Binnen) vom 21. März 1978 (BGBl. I S. 420)
SportbootFüV–See	Verordnung über die Eignung und Befähigung zum Führen von Sportbooten auf den Seeschiffahrtsstraßen vom 20. Dezember 1973 (BGBl. I S. 1988) in der Fassung der Verordnung vom 8. August 1989 (BGBl. I S. 1583)
Sprengstoffe	Sprengstoffgesetz vom 13. September 1976 (BGBl. I S. 2737)
StGB	Strafgesetzbuch vom 15. Mai 1871 in der Fassung vom 10. März 1987 (BGBl. I S. 945)
STVO	Straßenverkehrs-Ordnung vom 16. November 1970 (BGBl. I S. 1565)
VwKostG	Verwaltungskostengesetz vom 23. Juni 1970 (BGBl. I S. 821)
Waffen	Waffengesetz vom 18. Februar 1986 (BGBl. I S. 265)
Wasserski	Verordnung über das Wasserskilaufen auf Binnenschiffahrtsstraßen (Wasserskiverordnung) vom 17. Januar 1990 (BGBl. I S. 107)
WasStrG	Bundeswasserstraßengesetz vom 2. April 1968 (BGBl. II S. 173), zuletzt geändert durch Artikel 25 der Verordnung vom 26. November 1986 (BGBl. I S. 2089)

Teil I

Das Wichtigste über den Sportbootführerschein – Binnen

Großraum Berlin

Der im Fragenkatalog und im Erläuterungstext verwendete Begriff „Großraum Berlin" beinhaltet die von Binnenschiffen befahrbaren Wasserstraßen in Berlin (West und Ost) und die damit im näheren Umkreis unmittelbar in Verbindung stehenden Wasserstraßen. Die Einzelregelung bleibt der noch zu erlassenden BinSchStrO (Kapitel 21 ff.) vorbehalten.

Hinweis

Fundstellen mit §§-Bezeichnung beziehen sich jeweils auf die SportbootfüVO-Bln. Fundstellen ohne §§-Bezeichnung beziehen sich auf Richtlinien zur SportbootfüVO – Bin

Das Wichtigste über den Sportbootführerschein–Binnen

I. Inhalt und Umfang der Verpflichtung zum Besitz eines Sportbootführerscheins–Binnen

1. Warum ist der Sportbootführerschein–Binnen erforderlich?

Wer am Verkehr teilnimmt, gleichgültig ob im Straßen-, im Luft- oder im Schiffsverkehr, muß die Verkehrsregeln und die für das benutzte Fahrzeug geltenden Sicherheitsvorschriften kennen. Das Prinzip, die erforderlichen Kenntnisse durch Ausbildung, durch Erziehung und nicht durch Bestrafung zu erzielen, hat den Bundesminister für Verkehr veranlaßt, aufgrund des § 3a BinSchAufgG eine Führerscheinpflicht auf den Binnenschiffahrtsstraßen der Bundesrepublik Deutschland einzuführen. Zunächst konnte die Befähigung durch den Motorbootführerschein A für Binnenfahrt des DMYV oder durch den Führerschein für Binnenfahrt des DSV mit Motor nachgewiesen werden. Aus Gründen der Rechtsstaatlichkeit wurde dieses Verfahren aber mit Wirkung vom 1. April 1989 durch die Sportbootführerscheinverordnung–Binnen abgelöst, die den amtlichen Sportbootführerschein–Binnen als Nachweis der Fahrerlaubnis eingeführt hat.

2. Welche rechtliche Bedeutung hat der Sportbootführerschein– Binnen?

Der Sportbootführerschein–Binnen ist eine Fahrerlaubnis, die jeder bedarf, der ein Sportboot mit Antriebsmaschine auf den Binnenschiffahrtsstraßen führen will (§ 2 Abs. 1).

Der Sportbootführerschein–Binnen ist aber kein Befähigungszeugnis im Sinne der Patente der Berufsschiffahrt; er hat nur die Bedeutung eines Nachweises, daß der Inhaber die Fahrerlaubnis besitzt.

3. Wo ist der Sportbootführerschein–Binnen erforderlich?

Der Sportbootführerschein–Binnen ist auf den Binnenschiffahrtsstraßen der Bundesrepublik Deutschland – mit Ausnahme auf der Elbe im Hamburger Hafen – erforderlich. Binnenschiffahrtsstraßen sind die Wasserstraßen nach § 1 Abs. 1 Nr. 2 des BinSchAufgG. Diese Binnenschiffahrtsstraßen sind in der nachfolgenden Übersicht schematisch dargestellt.

Nach dem Beitritt der ehemaligen DDR zur Bundesrepublik Deutschland am 3. Oktober 1990 gilt die Sportbootführerscheinverordnung–Binnen auf den Binnenwasserstraßen der DDR gemäß Kapitel IX bis XVII der Binnenwasser-Verkehrsordnung der DDR in der Fassung der Anordnung Nr. 2 vom 30. März 1990, und zwar mit der Maßgabe, daß gemäß § 3 Abs. 1 Nr. 2 Segelboote und Motorboote mit weniger als 3,69 kW ausgenommen sind (Art. 8, Anlage I, Kapitel XI, Sachgebiet E, Nr. 6 des Einigungsvertrages vom 31. August 1990).

Hinsichtlich des Befahrens der Binnenschiffahrtsstraßen im Großraum Berlin vgl. Nr. 5.

4. Wer muß einen Sportbootführerschein–Binnen haben?

Einen Führerschein muß jeder besitzen, der ein Sportboot (Segel- oder Motorboot) mit Antriebsmaschine führen will, das mit einer Antriebsmaschine ausgerüstet ist, deren Nutzleistung 3,69 kW oder mehr beträgt.

Inhalt und Umfang der Führerscheinpflicht

4.1 Wer ist Fahrzeugführer?

Fahrzeugführer im Sinne der Sportboot-FüV-Bin ist, wer für das Befolgen der schiffahrtpolizeilichen Vorschriften verantwortlich ist. Der Eigentümer oder der Führer eines Sportbootes darf weder anordnen noch zulassen, daß jemand sein Boot führt, der nicht Inhaber der Fahrerlaubnis ist (§ 2 Abs. 4 S. 1). Steht der Fahrzeugführer bei Fahrtbeginn noch nicht fest, so ist der Fahrzeugführer, der den Sportbootführerschein – Binnen besitzen muß, von den Beteiligten festzulegen, was zweckmäßigerweise im Log- bzw. Schiffstagebuch festzuhalten ist.

Ein Sportboot im Sinne des SportbootFüV-Bin führt nicht, wer es unter Aufsicht des Inhabers einer Fahrerlaubnis für die jeweilige Antriebsart fortbewegt. In diesem Fall ist Führer allein der Beaufsichtigende (§ 2 Abs. 4 S. 2 und 3). Der Fahrzeugführer kann sich also beim Steuern des Fahrzeugs oder bei der Bedienung des Motors Hilfspersonen bedienen, die dann keiner Fahrerlaubnis bedürfen, wenn sie nach den Anweisungen und unter der Aufsicht des Fahrzeugführers tätig werden und die Möglichkeit besteht, daß dieser sofort Einfluß auf die Schiffsführung nehmen kann. In diesem Fall ist dann der Fahrzeugführer die allein beaufsichtigende und anweisungsberechtigte Person – vgl. Fragen Nrn. 9 bis 11.

4.2 Was ist ein Sportboot?

Sportboote im Sinne der SportbootFüV-Bin sind Fahrzeuge, die von ihren Bootsführern nicht gewerbsmäßig, gewöhnlich für Sport- oder Erholungszwecke verwendet werden und weniger als 15 m³ Wasserverdrängung haben. Ausgenommen sind Fahrzeuge, die durch Muskelkraft oder nur hilfsweise mit einem Treibsegel von höchstens 3m² Fläche fortbewegt werden.

Sportboote sind nicht nur die konventionellen Wasserfahrzeuge, wie Verdränger und Gleiter, sondern auch Fahrzeuge mit halb oder ganz aus dem Wasser herausragendem Fahrzeugkörper (Tragflächen-, Luftkissen-, Amphibienfahrzeuge), die heute schon serienmäßig hergestellt werden. Schließlich sind auch solche neuartigen Fahrzeuge, wie das Motorrad zu Wasser (Wetbike) und das Motorsurfboard, hierzu zu zählen. Dagegen sind aufblasbare Schwimmhilfen und Badematratzen nicht als Sportboote im Sinne der Verordnung anzusehen.

Was den Einsatz für „Sport- oder Erholungszwecke" der Sportboote betrifft, der weit auszulegen ist, so kommt es auf den gewöhnlichen Einsatz im Einzelfall an. Da es auf die Bauart nicht ankommt, können auch umgebaute Fahrzeuge der Berufsschiffahrt Sport- und Erholungszwecken dienen. Hier muß jedoch im Einzelfall genau geprüft werden, ob sie nicht weiterhin für gewerbliche Zwecke oder ähnliche Einsätze verwendet werden. Der Sportbootcharakter geht auch dann verloren, wenn die Verwendung für Sport- oder Erholungszwecke gewerbsmäßig erfolgt. Das hat dann zur Folge, daß das Fahrzeug den Sicherheitsvorschriften und den Besetzungsregeln für die gewerbliche Schiffahrt unterliegt.

Die Verwendung von Fahrzeugen für Sport- oder Erholungszwecke ist gewerbsmäßig, wenn die Nutzung des Bootes auf die Dauer in der Absicht zur Gewinnerzielung erfolgt. Ein Indiz für die Gewerbsmäßigkeit kann die entgeltliche Beschäftigung von Personen als Schiffsbesatzung usw. sein. Die Überlassung des Fahrzeugs an einen Freund zu einer Bootstour z. B. ist noch nicht gewerbsmäßige Nutzung. Es kommt daher sehr auf die genauen Umstände des Einzelfalles an, ob es sich in diesen Fällen um ein Sportboot im Sinne der SportbootFüV-Bin handelt.

4.3 Wann ist ein Sportboot mit einer Antriebsmaschine ausgerüstet?

Ein Sportboot ist nicht nur dann mit einer Antriebsmaschine ausgerüstet, wenn es einen eingebauten Motor oder einen festangebrachten Außenbordmotor besitzt, sondern auch dann, wenn z. B. der Außenbordmotor an Bord mitgeführt, aber noch nicht fest angebracht ist.

4.4 Wann hat ein Motor 3,69 kW oder mehr?

Ein Motor hat 3,69 kW oder mehr, wenn dessen größte nicht überschreitbare Nutzleistung an der Propellerwelle 3,69 kW oder mehr beträgt. Diese Definition ist in § 1 Abs. 1 Nr. 3 SportbootFüV-See enthalten und wird in der SportbootFüV-Bin nicht ausdrücklich wiederholt. Diese „See"-Definition ist aber bei der Auslegung des SportbootFüV-Bin ebenfalls zugrunde zu legen. Das gilt insbesondere auch für die hiermit zusammenhängende Frage, welche Motoren 3,68 kW oder weniger haben. Hier hat der BMV auf Wunsch der Industrie zur Erleichterung des Handels und der Wasserschutzpolizei zur Erleichterung der Kontrollen eine sogenannte Freiliste herausgegeben, die berichtigt und auf dem neuesten Stand gehalten wird und die auch im Geltungsbereich der SportbootFüV-Bin gilt. Die nachstehende Liste wird beim Bundesamt für Seeschiffahrt und Hydrographie (früher Deutsches Hydrographisches Institut) geführt.

4.5 Wie wird die Leistung des Motors festgestellt?

Die Leistungsprüfung ist nach den Bestimmungen der DIN 1941 „Abnahmeprüfung von Hubkolben-Verbrennungsmotoren"

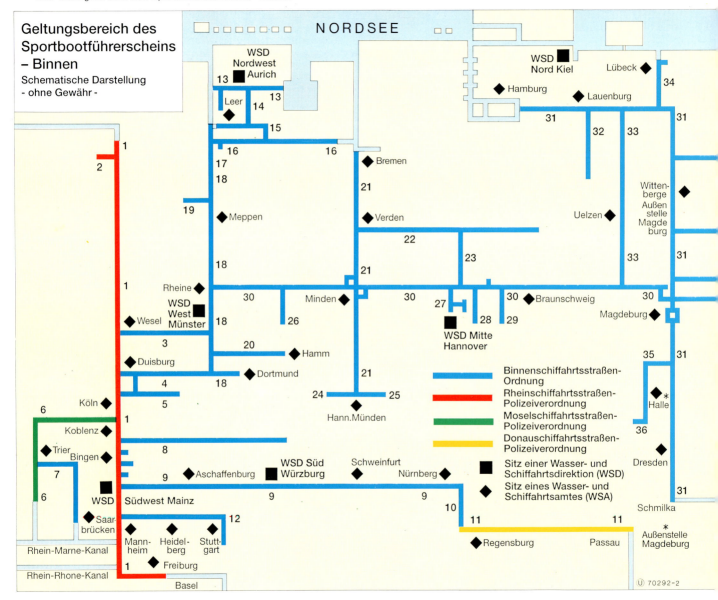

Inhalt und Umfang der Führerscheinpflicht

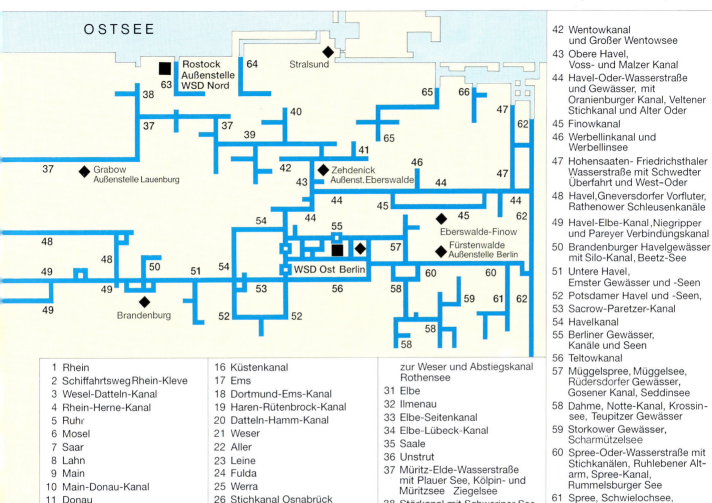

Das Wichtigste über den Sportbootführerschein – Binnen

durchzuführen. Die blockierte Leistung an der Propellerwelle, die als größte nicht überschreitbare Nutzleistung nach DIN 6271 „Hubkolben-Verbrennungsmotoren, Normbezugsbedingungen und Angaben über Leistung, Kraftstoff- und Schmierölverbrauch" dauernd abgegeben werden kann, ist unter Berücksichtigung der dort unter Nr. 5 genannten Normbezugsbedingungen anzugeben. Bei Fahrzeugen mit Luftschraubenantrieb sind der blockierten Leistung an der Propellerwelle die blokkierte Leistung an der Welle der Luftschraube, und bei Fahrzeugen mit Pumpenantrieb die blockierte Leistung an der Rotorwelle der Pumpe gleichzusetzen.

Den Nachweis, daß der Motor 3,68 kW oder weniger leistet, hat der Fahrzeugführer bzw. Hersteller oder Importeur zu führen und durch ein Gutachten eines anerkannten Sachverständigen zu belegen. Als Sachverständige sind insbesondere zugelassen

- Institute, Technische Hochschulen (Universitäten),
- Fachhochschulen und
- Technische Überwachungsvereine.

(3.2 Abs. 2 RiWSV-See)

4.6 Welche Sportboote sind fahrerlaubnisfrei?

Keiner Fahrerlaubnis nach der Sportboot-FüV-Bin bedürfen außerhalb Berlins Führer von Sportbooten, deren Antriebsmaschine eine Nutzleistung von 3,68 kW oder weniger besitzt (§ 3 Abs. 1 Nr. 2). Aus der Aufzählung der in dieser Vorschrift genannten Wasserstraßen folgt, daß die Fahrerlaubnispflicht für Segelboote und kleine Motorboote nur gilt, wo allein der allgemeine Teil der BinSchStrO anzuwenden ist. Das ist zur Zeit nur in Berlin der Fall – vgl. Darstellung der Binnenschiffahrtsstraßen des Bundes.

Die nachstehend aufgeführten Motoren leisten im Sinne der betreffenden Verordnung 3,68 kW oder weniger, so daß mit ihnen ausgerüstete Sportboote nicht der Führerscheinpflicht unterliegen (Freiliste)

Hersteller	Typ(en)	Max. Nutzleistung des geprüften Außenbordmotors an der Propellerwelle	Bemerkungen
1	2	3	4
Aspera Motors	MEP 7	2,13 kW	
BMW	D 5	3,57 kW	
Chrysler	6 HP (60; 61; 62; 64; 67)*	3,64 kW	
Evinrude	6 (BG; BGL)*	3,68 kW	
Evinrude	6 (BF; BFL; DR; DRL)*	3,60 kW	
Honda	50 EH	3,40 kW	Ab Serien-Nr. BF 75–120 0001, 3,53 kW
Johnson	CD (22; 23; 24; 25)*	3,38 kW	
Johnson	6R (69; 70; 71; 72)*	3,38 kW	
Johnson	6 BR 73	3,38 kW	
Johnson	6 BA (74; 75)*	3,38 kW	
Johnson	6 (BG; BGL)*	3,41 kW	
Johnson	6 (BF; BFL; DR; DRL)*	3,60 kW	
König	4,206910	1,82 kW	
Mariner	2 M	1,47 kW	
Mariner	4 (M/ML)*	2,66 kW	
Mariner	5 (M/ML)*	3,27 kW	
Mariner	6 (M/ML)*	3,56 kW	Ab Serien-Nr. 000777/60 (Normalschaft) bzw. 300293/6 D (Langschaft), 3,49 kW Ab Modelljahr 87, Leistung größer als 3,68 kW
Mariner	6 (M/ML) – 3,68 kW*)	3,68 kW	
Mariner	6 (B; BL)*)	3,56 kW	
Mercury	MERC 2,2	1,55 kW	
Mercury	MERC 2,5	1,55 kW	
Mercury	MERC 3,5 (M; ML)*	1,92 kW	
Mercury	MERC 3,6	1,92 kW	
Mercury	MERC 4	2,08 kW	Bis einschließlich Modelljahr 78 MERC 40
Mercury	MERC 4 (M, ML, MLSP)*	2,65 kW	
Mercury	MERC 4 (M/ML)*	2,96 kW	Ab Modelljahr 87
Mercury	MERC 4,5	2,65 kW	Bis einschließlich Modelljahr 78 MERC 45
Mercury	MERC 5	3,68 kW	
Mercury	MERC 6	3,39 kW	Ab Modelljahr 87, Leistungen größer als 3,68 kW
Mercury	MERC 6 – 3, 68 kW	3,68 kW	
SELVA	5 (S 125)	3,50 kW	
SELVA	5 S (S 130)	3,50 kW	

Inhalt und Umfang der Führerscheinpflicht

Hersteller	Typ(en)	Max. Nutzleistung des geprüften Außenbordmotors an der Propellerwelle	Bemerkungen
Suzuki	DT 5	3,60 kW	
Suzuki	DT 6 (S)	3,50 kW	
Suzuki	DT 6 (L)	3,50 kW	
Tohatsu	M 2.5 A (S, S/L)*	1,55 kW	
Tohatsu	M 3.5 A (S/L)*	2,7 kW	
Tohatsu	M 5 B (S/L)	3,68 kW	
Tomos	Tomos (3; 4; 4-Electronic)*	1,82 kW	
Volvo Penta	VP R 75	3,60 kW	
Yamaha	2 A	1,47 kW	
Yamaha	3,5 (A, AC)*	2,38 kW	
Yamaha	4 A	2,66 kW	
Yamaha	P 65	2,38 kW	
Yamaha	P 95	2,83 kW	
Yamaha	5 B	2,83 kW	
Yamaha	5 C	3,27 kW	
Yamaha	6 A	3,48 kW	
Yamaha	6 D	3,48 kW	Ab Modelljahr 84, 3,49 kW
Yamaha	6 B	3,63 kW	Ab Serien-Nr. 250746 (Normalschaft) bzw. 550301 (Langschaft), 3,38 kW
Zündapp	304 – (03, 04)*	3,38 kW	

* Die in Spalte 2 in Klammern aufgeführten Bezeichnungen sind ergänzende, den Umfang der Freistellung kennzeichnende Angaben zu den verschiedenen Ausführungsarten des Motortyps.

5. Welche Regelung gilt für das Befahren der Gewässer im Großraum Berlin?

Die bisher nach Berliner Landesrecht geltenden Regelungen der Erlaubnispflicht für Segeln, Surfen und Führen von Motorbooten – 3,68 kW oder weniger – sind damit in den Geltungsbereich der SportbootFüV-Bin einbezogen worden. Am Umfang der Erlaubnispflicht für das Befahren von Binnenschiffahrtsstraßen außerhalb Berlins hat sich aber nichts geändert, d. h., Segeln, Surfen und Motorbootfahren mit 3,68 kW oder weniger bleibt außerhalb Berlins auch weiterhin erlaubnisfrei.

Der Bewerber soll bei der Prüfung für die Fahrerlaubnis für ein Sportboot unter Segel das 14. Lebensjahr vollendet haben. Ist das vorgeschriebene Alter am Tag der Prüfung noch nicht erreicht, darf die Fahrerlaubnis erst erteilt und der Führerschein ausgehändigt werden, wenn das 14. Lebensjahr vollendet ist.

Nach dem Beitritt der ehemaligen DDR zur Bundesrepublik Deutschland am 3. Oktober 1990 gelten die vorstehenden Regelungen im Land Berlin einschließlich des Teils, in dem das Grundgesetz bisher nicht galt, d. h. in Gesamtberlin (Art. 8, Anlage I, Kapitel XI, Sachgebiet Nr. 6 des Einigungsvertrages vom 31. August 1990).

6. Wer bedarf keiner Fahrerlaubnis?

Keiner Fahrerlaubnis nach der Sportboot-FüV-Bin beim Führen eines Sportbootes mit Antriebsmaschine bedürfen Inhaber folgender höherwertiger Berufsschifferpatente bzw. Befähigungszeugnisse (§ 3 Abs. 2):

Das Wichtigste über den Sportbootführerschein–Binnen

- Schifferpatent für den Bodensee der Kategorien B und C oder den Hochrhein (§ 3 Abs. 2 Nr. 1).
- Im Geltungsbereich dieser Verordnung erteilte amtliche Berechtigungsscheine zum Führen eines mit Antriebsmaschine ausgerüsteten Dienstfahrzeugs auf den Binnenschiffahrtsstraßen oder anderen Binnengewässern außerhalb der Seeschiffahrtsstraßen (§ 3 Abs. 2 Nr. 2).
- Amtliche Berechtigungsscheine zum Führen eines mit Antriebsmaschine ausgerüsteten Dienstfahrzeugs auf den Seeschiffahrtsstraßen, die in dem Geltungsbereich dieser Verordnung vor dem 1. April 1978 erteilt worden sind (§ 3 Abs. 2 Nr. 3).
- Befähigungszeugnisse der Gruppen A und B der Schiffsbesetzungs- und Ausbildungsordnung vom 19. August 1970 (BGBl. I S. 1253) für die Seeschiffahrt, die vor dem 1. April 1978 erteilt worden ist (§ 3 Abs. 2 Nr. 4).
- Rhein- oder Binnenschifferpatente (§ 3 Abs. 2 Nr. 5).

Die Inhaber vorstehender Befähigungsnachweise erhalten auf Antrag ohne Prüfung einen Sportbootführerschein–Binnen für die jeweilige Antriebsart ausgestellt (§ 8).
Vgl. die Übersicht zu § 3 Abs. 2 Nrn. 2 und 3.

7. Welche Befähigungsnachweise ersetzen die vorgeschriebene Fahrerlaubnis (Fortgeltung früherer Befähigungsnachweise)?

Die folgenden Befähigungsnachweise ersetzen die vorgeschriebene Fahrerlaubnis (§ 4):

- Befähigungsnachweis nach der Sportbootführerscheinverordnung–Binnen vom 21. März 1978;
- Sportbootführerschein nach der Sportbootführerscheinverordnung–See vom 20. Dezember 1973, der vor dem 1. 4. 1978 erteilt worden ist;
- Motorbootführerschein nach der Motorbootführerscheinverordnung vom 17. Januar 1967.

Die Inhaber vorstehender Befähigungsnachweise erhalten auf Antrag ohne Prüfung einen Sportbootführerschein–Binnen für die jeweilige Antriebsart ausgestellt (§ 8).

8. Mit welchen sonstigen Befähigungsnachweisen und Berechtigungsscheinen kann der für die Fahrerlaubnis erforderliche Befähigungsnachweis auch sonst noch geführt werden?

Bei den nachfolgenden Befähigungsnachweisen und Berechtigungsscheinen gilt nur der für die Fahrerlaubnis nach der SportbootFüV-Bin vorgeschriebene Befähigungsnachweis als erbracht (§ 3 Abs. 3). Sie befreien also nicht von dem Erfordernis einer Fahrerlaubnis. Gegen Vorlage eines der nachfolgenden Befähigungsnachweise wird dem Inhaber auf Antrag ohne Ablegung einer Prüfung eine Fahrerlaubnis erteilt, sofern er die allgemeinen Anforderungen nach § 5 Abs. 1 Nrn. 1–3 erfüllt (§ 8):

- Im Geltungsbereich der SportbootFüV-Bin nach anderen Vorschriften erteilte amtliche Befähigungsnachweise zum Führen eines Fahrzeugs mit Antriebsmaschine oder unter Segel auf Binnengewässern außerhalb der Seeschiffahrtsstraßen für die jeweilige Antriebsart, soweit der BMV diesen als Befähigungsnachweis anerkannt hat (§ 3 Abs. 3 Nr. 1a) (vgl. nachfolgende Übersicht);
- Schifferpatente für den Bodensee der Kategorien A und D für die jeweilige Antriebsart (§ 3 Abs. 3 Nr. 1b);
- Von einer als gemeinnützig anerkannten Körperschaft erteilte und vom BMV anerkannte Berechtigungsscheine zum Führen von Wasserrettungsfahrzeugen (§ 3 Abs. 3 Nr. 2).

Inhalt und Umfang der Führerscheinpflicht

Übersicht über die Befähigungsnachweise und Berechtigungsscheine, deren Inhaber keiner Fahrerlaubnis bedürfen
(VkBl. 1989 S. 658; 1990 S. 254)

1. Für den Bereich der Binnenschiffahrtsstraßen (§ 3 Abs. 2 Nr. 2)

Bezeichnung	Ausstellende Behörde
Ausbildungsnachweis mit Prüfungszeugnis und dem Vermerk: „Der Inhaber hat die Bootsführerscheinprüfung bestanden und ist berechtigt, motorisierte Wasserfahrzeuge des Bundesgrenzschutzes und der Bereitschaftspolizeien der Länder zu führen" (erteilt bis 31. 3. 1978)	Bundesminister des Innern (BGS) Innenminister/Senatoren für Inneres der Länder (Bereitschaftspolizei)
Bootsfahrlehrerschein des Bundesgrenzschutzes und der Bereitschaftspolizeien der Länder (erteilt ab 1. 4. 1978)	Bundesminister des Innern (BGS) Innenminister/Senatoren für Inneres der Länder (Bereitschaftspolizei)
Bootsführerschein–Binnen des Bundesgrenzschutzes und der Bereitschaftspolizeien der Länder (erteilt ab 1. 4. 1978)	Bundesminister des Innern (BGS) Innenminister/Senatoren für Inneres der Länder (Bereitschaftspolizei)
Bootsführerschein–See/Binnen des Bundesgrenzschutzes und der Bereitschaftspolizeien der Länder	Bundesminister des Innern (BGS) Innenminister/Senatoren für Inneres der Länder (Bereitschaftspolizei)
Betriebsberechtigungsschein für Pioniermaschinen der Gruppe I	Bundesminister der Verteidigung
Lehrberechtigungsschein für Pioniermaschinen der Gruppe I	Bundesminister der Verteidigung
Prüfberechtigungsschein für Pioniermaschinen der Gruppe I	Bundesminister der Verteidigung
Berechtigungsschein für das Führen von Motor-Wasserfahrzeugen des Katastrophenschutzes auf Binnenschiffahrtsstraßen	Bundesamt für Zivilschutz
Bescheinigung über die erfolgreiche Teilnahme an einem Einweisungslehrgang für Beamte des Wasserzolldienstes und über die Berechtigung zum Führen von Zollbooten auf Binnenschiffahrtsstraßen oder anderen Binnengewässern außerhalb der Seeschiffahrtsstraßen	Oberfinanzdirektionen
Bootssteuerzeugnis der Wasserschutzpolizei Baden-Württemberg	Wasserschutzpolizeidirektion Baden-Württemberg
Bootsführerzeugnis der Wasserschutzpolizei Baden-Württemberg	Wasserschutzpolizeidirektion Baden-Württemberg
Befähigungszeugnis zum Führen eines Fahrgastschiffes	Bayerisches Staatsministerium der Finanzen
Befähigungszeugnis zum Führen von Dienstbooten der Wasserschutzpolizei in Bayern	Wasserschutzpolizeiinspektion Bayern
Feuerwehr-Motorboot-Führerschein für Binnenfahrt	Bayerisches Landesamt für Brand- und Katastrophenschutz
Bescheinigung über die erfolgreiche Teilnahme an einem wasserschutzpolizeilichen Einweisungslehrgang	Wasserschutzpolizeischule Hamburg
Befähigungsnachweis zum Führen von Polizeibooten (erteilt bis 1. 6. 1977)	Hessisches Wasserschutzpolizeiamt
Bootsführer- und Maschinenleiterzeugnis (erteilt ab 1. 6. 1977)	Hessisches Wasserschutzpolizeiamt
Befähigungsnachweis für Streckenbootsführer	Der Kommandeur der Wasserschutzpolizei bei der Bezirksregierung Weser-Ems

Das Wichtigste über den Sportbootführerschein–Binnen

Befähigungsnachweis für Hafenbootsführer	Der Kommandeur der Wasserschutzpolizei bei der Bezirksregierung Weser-Ems
Polizei-Bootssteuerschein	Der Wasserschutzpolizeidirektor Nordrhein-Westfalen
Feuerwehr-Bootssteuerschein	Der Wasserschutzpolizeidirektor Nordrhein-Westfalen
Bootsführerzeugnis der Wasserschutzpolizei Rheinland-Pfalz	Wasserschutzpolizeiamt Rheinland-Pfalz
Matrosen-/Bootsmannsbrief der Binnenschiffahrt	Industrie- und Handelskammern
Nachweiskarte über die Eignung und Befähigung zum Führen von Dienstkraftfahrzeugen und Dienstbooten	Landespolizeischule Hamburg
Feuerwehr-Motorbootführerschein–Binnen	Landesfeuerwehrschule Baden-Württemberg in Bruchsal
Feuerwehr-Motorbootführerschein für Binnenfahrt	Hessische Landesfeuerwehrschule in Kassel
Berechtigungsschein für das Führen von Motorbooten der Feuerwehr auf Binnenschiffahrtsstraßen	Landesfeuerwehrschule Rheinland-Pfalz in Koblenz
Berechtigungsschein zum Führen von Dienstbooten der Wasserschutzpolizei des Landes Berlin	Der Polizeipräsident in Berlin, Referat Wasserschutzpolizei
Bescheinigung zum Führen von motorgetriebenen Wasserfahrzeugen der technischen Einsatzabteilung der Polizei	Der Polizeipräsident in Berlin

2. Für den Bereich der Seeschiffahrtsstraßen (§ 3 Abs. 2 Nr. 3)

Ausbildungsnachweis mit Prüfungszeugnis und dem Vermerk: „Der Inhaber hat die Bootsführerprüfung bestanden und ist berechtigt, motorisierte Wasserfahrzeuge des Bundesgrenzschutzes und der Bereitschaftspolizeien der Länder zu führen" (erteilt bis 31. 3. 1978)	Bundesminister des Innern (BGS) Innenminister/Senatoren für Inneres der Länder (Bereitschaftspolizei)
Führerschein der Marine für Segelboote und Kraftboote mit der erteilten Erlaubnis für Kraftboot (Kraftbootführerschein der Marine)	Bundesminister der Verteidigung
Betriebsberechtigungsschein für Pioniermaschinen der Gruppe I mit Zusatzprüfung für Seeschiffahrtsstraßen, Küstengewässer und NOK	Bundesminister der Verteidigung
Lehrberechtigungsschein für Pioniermaschinen der Gruppe I mit Zusatzprüfung für Seeschiffahrtsstraßen, Küstengewässer und NOK	Bundesminister der Verteidigung
Prüfberechtigungsschein für Pioniermaschinen der Gruppe I mit Zusatzprüfung für Seeschiffahrtsstraßen, Küstengewässer und NOK	Bundesminister der Verteidigung
Berechtigungsschein für das Führen von Motor-Wasserfahrzeugen des Katastrophenschutzes auf Seeschiffahrtsstraßen	Bundesamt für Zivilschutz
Ausweis zur selbständigen Führung eines Dienstfahrzeuges der Wasserschutzpolizei	Wasserschutzpolizeiamt Bremen
Befähigungsnachweis für Küstenbootsführer	Der Kommandeur der Wasserschutzpolizei bei der Bezirksregierung Weser-Ems
Befähigungsnachweis für Küstenbootssteurer	Der Kommandeur der Wasserschutzpolizei bei der Bezirksregierung Weser-Ems

9. Welche Regelung gilt für Personen mit Wohnsitz im Ausland?

Personen mit Wohnsitz im Ausland, die sich nicht länger als 1 Jahr in der Bundesrepublik aufhalten, bedürfen keiner Fahrerlaubnis (sogen. Gastregelung). Ist aber in dem Staat ihres Wohnsitzes für das Führen von Sportbooten auf Binnengewässern ein Befähigungsnachweis amtlich vorgeschrieben, gilt die Jahresbefreiung nur, wenn der Ausländer diesen Befähigungsnachweis besitzt und soweit Gegenseitigkeit gewährleistet bzw. vereinbart ist (§ 3 Abs. 1 Nr. 1).

Vgl. die nachfolgende Übersicht über Führerscheinpflichten auf ausländischen Binnengewässern.

Übersicht über Führerscheinpflichten auf ausländischen Binnengewässern
(Zusammenstellung für den Seebereich siehe Graf/Steinicke „Der amtliche Sportbootführerschein–See“, Busse Seewald, S. 71)✻

Belgien	keine Führerscheinpflicht
Dänemark	keine Führerscheinpflicht
Finnland	keine Führerscheinpflicht für Ausländer
Frankreich	Wegen der §3 Abs. 1 Nr. 1 entsprechenden Rechtslage müssen ausländische Bootsführer das Befähigungszeugnis besitzen, das in ihrem Heimatland für das Befahren vergleichbarer Gewässer vorgeschrieben ist. Für in Frankreich beheimatete Fahrzeuge gelten die französischen Vorschriften. Beim Grenzübertritt genügt nur für Fahrzeuge bis 15 m Länge, bis 20 km/h erreichbare Höchstgeschwindigkeit und bis zu 15 Personen Transportkapazität ein nach der Resolution Nr. 13 (rev) der ECE ausgestelltes Dokument. Für die übrigen Fahrzeuge ist vielmehr das gesetzlich neu eingeführte Flaggenzertifikat erforderlich.
Griechenland	Führerscheinpflicht besteht für das Führen von Sportbooten, deren Geschwindigkeit 15 km/h übersteigt. Für die Anerkennung bedürfen ausländische Führerscheine der Bestätigung durch das Hafenamt. Nach dem Chartergesetz Nr. 438/76 muß nicht nur der Schiffsführer, sondern auch ein weiteres Besatzungsmitglied im Besitz eines für das Fahrgebiet vorgeschriebenen Befähigungsnachweises sein.
Großbritannien	keine Führerscheinpflicht
Italien	Führerscheinpflicht besteht. Ausländische Bootsführer müssen das nautische Befähigungszeugnis besitzen, das in ihrem Heimatland für das Befahren vergleichbarer Gewässer vorgeschrieben ist. In Jugoslawien erworbene Führerscheine werden nur anerkannt, wenn der Inhaber auch die jugoslawische Staatsangehörigkeit besitzt. Für in Italien beheimatete Fahrzeuge gelten die italienischen Vorschriften.
Jugoslawien	Führerscheinpflicht besteht. Ausländische Bootsführer müssen ein Befähigungszeugnis besitzen, das in ihrem Heimatland für das Befahren vergleichbarer Gewässer vorgeschrieben ist. Unabhängig davon ist eine Fahrterlaubnis (permit of navigation) erforderlich.
Niederlande	Seit dem 1. Januar 1987 besteht Führerscheinpflicht für Sportboote auf Binnengewässern. Ein Führerschein (Vaarbewijs I für Seen, Flüsse und Kanäle, Vaarbewijs II für die übrigen Binnengewässer) ist für Fahrzeuge ab 15 m Länge, bei Motorbooten ab 15 m Länge und einer Geschwindigkeit ab 20 km/h vorgeschrieben. Deutsche Führerscheine werden anerkannt.

✻ vgl. auch Kowallik S. 73ff.

Das Wichtigste über den Sportbootführerschein–Binnen

Österreich	Führerscheinpflicht besteht für Fahrzeuge mit einer Antriebsleistung von 4,4 kW (6 PS) und mehr, nicht für Segelfahrzeuge (§§ 122, 123 Abs. 1 Nr. 5, 9 des Schiffahrtsgesetzes 1990 (öster. BGBl. 1989, S. 1039). Dieses Gesetz, das außerhalb des Bodensees gilt, führt mit Wirkung vom 1. 1. 1990 an eine den deutschen Vorschriften nahezu entsprechende „Touristenklausel" ein (§ 123 Abs. 1 Nr. 1, Abs. 3 Nr. 2). Der deutsche Sportbootführerschein–Binnen ist damit anerkannt. Zu beachten ist allerdings, daß § 2 Nr. 2 und 3 das Sportfahrzeug anders definieren: Maßgeblich ist allein die Höchstlänge von 15 m (entsprechend DonauSchPV). Damit gelten Fahrzeuge unter 15 m³ Wasserverdrängung, aber über 15 m Länge nicht mehr als Sport- und Kleinfahrzeug, so daß ein höherwertiges Patent erforderlich wird. Ein Bodensee-Schifferpatent wird auf anderen österreichischen Gewässern nur bei österreichischen Schiffsführern akzeptiert (§ 123 Abs. 1 Nr. 3).
Schweden	keine Führerscheinpflicht
Schweiz	Führerscheinpflicht besteht für das Führen von Fahrzeugen mit einer Motorleistung von mehr als 6 kW (8,16 PS) oder mit einer Segelfläche von mehr als 15 m². Die Verordnung über die Schiffahrt auf schweizerischen Gewässern vom 8. November 1978 anerkennt ausländische Befähigungsnachweise, die für das Befahren vergleichbarer Gewässer vorgeschrieben sind. Auf dem Bodensee gelten ebenso wie auf den deutschen und österreichischen Teilen die Patentvorschriften der Bodenseeschiffahrtsordnung.
Spanien	Führerscheinpflicht besteht für alle Fahrzeuge mit Ausnahme von Ruder- und Schlauchbooten, die mit einem Außenbordmotor mit einer Leistung von weniger als 4 PS ausgerüstet sind. Das Gesetz vom 6. März 1969 legt dabei „Steuer-PS" zugrunde, die mit unterschiedlichen Faktoren für 2- und 4-Takt-Motoren errechnet werden müssen. Dies bedeutet, daß die Führerscheinpflicht erst bei einer Antriebsleistung von etwa 9 PS beginnt. In jedem Fall ist jedoch eine Fahrterlaubnis erforderlich.
Türkei	keine befahrbaren Binnengewässer
Ungarn	Führerscheinpflicht besteht. Deutsche Sportbootführerscheine werden anerkannt.

II. Beauftragung des DMYV und des DSV

Der DMYV und der DSV sind beauftragt (§ 11 Abs. 1) mit der

- Entscheidung über Anträge auf Zulassung zur Prüfung und Erteilung der Fahrerlaubnis (§ 6 Abs. 1),
- Abnahme von Prüfungen, Erteilung der Fahrerlaubnisse (§§ 7, 8),
- Ausstellung von Ersatzausfertigungen (§ 9),
- Erteilung erforderlicher Auflagen (§ 5 Abs. 3),
- Erhebung festgesetzter Kosten (§ 12).

Diese Aufgaben sind Hoheitsaufgaben. Durch § 3a BinAufgG hat der Gesetzgeber jedoch die Möglichkeit geschaffen, Wassersportorganisationen des privaten Rechts mit der Durchführung hoheitlicher Aufgaben zu beauftragen (sog. beliehene Unternehmen).

Beide Verbände unterstehen bei der Erfüllung der übertragenen Aufgaben der Aufsicht des BMV. DMYV und DSV haben diese Aufgaben nach Maßgabe der Verordnung und der ebenfalls vom BMV erlassenen Durchführungsrichtlinien wahrzunehmen, wobei sie sie ganz oder teilweise

gemeinsam durchführen können (§ 11 Abs. 2).
Nach dem Beitritt der ehemaligen DDR zur Bundesrepublik Deutschland am 3. Oktober 1990 nimmt der bisher in der früheren DDR zur Erteilung von Befähigungsnachweisen berechtigte Sportverband Bund Deutscher Segler (BDS) diese Aufgaben gemeinsam mit dem DMYV und dem DSV wahr (Art. 8, Anlage I, Kapitel XI Sachgebiet E Nr. 6 des Einigungsvertrages vom 31. 8. 1990).

III. Die Zulassung zur Prüfung

1. Welche Voraussetzungen müssen erfüllt sein?

Voraussetzungen für die Zulassung zur Prüfung (§§ 5, 6)

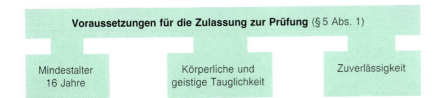

1.1 Wie alt muß der Bewerber sein?

Der Bewerber soll bei der Prüfung für die Fahrerlaubnis für ein Sportboot mit Antriebsmaschine das 16. Lebensjahr vollendet haben. Die Zulassung zur Prüfung darf frühestens 3 Monate vor der Erreichung der vorstehenden Altersgrenze erfolgen. Ist das vorgeschriebene Alter am Tag der Prüfung noch nicht erreicht, darf die Fahrerlaubnis erst erteilt und der Führerschein ausgehändigt werden, wenn das 16. Lebensjahr vollendet ist. Die praktische Prüfung unter Maschinenantrieb kann auch einem Prüfling unter 16 Jahren abgenommen werden, da dieser nicht Rudergänger im Sinne der Polizeiverordnungen ist (2.1.2).

1.2 Wann ist ein Bewerber zum Führen eines Sportbootes körperlich und geistig tauglich?

Der Bewerber besitzt die zum Führen eines Sportbootes erforderliche körperliche und geistige Tauglichkeit, wenn er

- ein ausreichendes Seh- und Farbunterscheidungsvermögen besitzt,
- das erforderliche Hörvermögen besitzt und
- keine sonstigen die Tauglichkeit beeinträchtigenden Befunde vorliegen.

Das Wichtigste über den Sportbootführerschein—Binnen

Hör-, Seh- und Farbunterscheidungsvermögen

Anlage 4, 5

Das erforderliche Hörvermögen ist vorhanden, wenn Sprache in gewöhnlicher Lautstärke in 3 m Entfernung mit dem jeweils dem Untersucher zugewandten Ohr und in 5 m Entfernung mit beiden Ohren zugleich ohne Hörhilfe verstanden wird.
Werden diese Mindestanforderungen nicht erreicht, muß auf dem besseren Ohr mindestens Umgangssprache aus 5 m Entfernung verstanden werden.
Untersuchungen, die vergleichbare Werte mittels eines audiometrischen Verfahrens bestätigen, sind zulässig.

Die Sehschärfe muß mit oder ohne Sehhilfe mindestens noch 0,7 auf dem einen und 0,5 auf dem anderen Auge betragen. Dabei muß auch das Auge mit der geringeren Sehschärfe ohne Korrektur noch ein ausreichendes Orientierungsvermögen besitzen. Als Sehhilfe sind auch Kontaktlinsen oder Haftschalen zugelassen. Die ärztliche bzw. augenärztliche Untersuchung der Sehschärfe soll nach DIN 58220 und ein- und beidäugig erfolgen. Ist die beidäugige Sehschäfe besser als die jedes Einzelauges, kann die beidäugige Sehschärfe angesetzt werden.
Erreicht die Sehschärfe diese Werte nicht, sind folgende Mindestanforderungen zu erfüllen:
Die Sehschärfe auf einem Auge muß mit oder ohne Sehhilfe mindestens 1,0 betragen.
Das Auge mit der besseren Sehschärfe darf keine fortschreitende Augenerkrankung haben.
Die campimetrische Untersuchung muß beiderseits freie Gesichtsfeldaußengrenzen und darf keine pathologischen Skotome ergeben.

Das Farbunterscheidungsvermögen ist ausreichend, wenn die Farbtafeln zweier anerkannter Systeme (Farbtafeln nach Velhagen, Ishihara oder Bostroem) oder die Farbentestscheibe Nr. 173 richtig und schnell erkannt werden. In Zweifelsfällen muß eine augenärztliche Untersuchung mit dem Anomaloskop durchgeführt werden. Ergibt diese Untersuchung keine Farbentüchtigkeit (normale Trichromasie mit einem Anomalquotienten zwischen 0,7 und 1,4), ist nur eine Grünschwäche (Deuteranomalie mit einem Anomalquotienten zwischen 1,4 und 6,0) zulässig.

Über das Vorliegen eines ausreichenden Hör-, Seh- und Farbunterscheidungsvermögen ist ein ärztliches Zeugnis vorzulegen. Das Zeugnis muß vor der Prüfung beim PA vorliegen (§ 5, Abs. 1 2.1.3 RiVerb – Formular Anlage 4 zu den RiVerb).

Zulassung zur Prüfung

Darüber hinaus dürfen keine Krankheiten oder körperliche Mängel vorliegen, die den Bewerber als Schiffsführer untauglich erscheinen lassen. Anzeichen hierfür können die nebenstehenden sein:

Körperliche und geistige Mängel Anl. 4
● Anfallsleiden jeglicher Ursache
● Krankheiten jeglicher Ursache, die mit Bewußtseins- und/oder Gleichgewichtsstörungen einhergehen
● Erkrankungen oder Schäden des zentralen oder peripheren Nervensystems mit wesentlichen Funktionsstörungen, insbesondere organische Krankheiten des Gehirns oder des Rückenmarks und deren Folgezustände, funktionelle Störungen nach Schädel- oder Hirnverletzungen, Hirndurchblutungsstörungen
● Störungen oder erhebliche Beeinträchtigungen der zentralnervösen Belastbarkeit und/oder der Vigilanz
● Gemüts- und/oder Geisteskrankheiten, auch außerhalb eines akuten Schubes
● Diabetes mellitus mit nicht regulierbaren, erheblichen Schwankungen der Blutzuckerwerte
● erhebliche Störung der Drüsen mit innerer Sekretion, insbesondere der Schilddrüse, der Epithelkörperchen oder der Nebennieren
● schwere Erkrankungen der blutbildenden Systeme
● Bronchialasthma mit Anfällen
● Erkrankungen und/oder Veränderungen des Herzens und/oder des Kreislaufes mit Einschränkungen der Leistungs- bzw. Regulationsfähigkeit, Blutdruckveränderungen stärkeren Grades, Zustand nach Herzinfarkt mit erheblicher Reinfarktgefährdung
● Neigung zu Gallen- oder Nierenkoliken
● Gliedmaßenmißbildungen sowie Teilverlust von Gliedmaßen mit Beeinträchtigung der Greiffähigkeit und/oder der Stand- bzw. Gangsicherheit
● Erkrankungen bzw. Unfallfolgen, die zu erheblicher Einschränkung der Beweglichkeit, Verlust oder Herabsetzung der groben Kraft eines für die Durchführung der Tätigkeit wichtigen Gliedes führen
● chronischer Alkoholmißbrauch bzw. Alkoholkrankheit, Betäubungsmittelsucht und/oder andere Suchtformen.

Wenn die mit der mangelnden Tauglichkeit verbundenen Gefahren nicht durch Auflagen (Hilfsmittel, technische Spezialvorrichtungen, bestimmtes Verhalten) ausgeglichen werden können, so kann der Bewerber nicht zur Prüfung zugelassen werden. In Zweifelsfällen, z. B. bei Querschnittslähmung, ist der Bewerber unter Vorbehalt zur Prüfung zuzulassen und die körperliche Tauglichkeit abschließend erst im Rahmen der praktischen Prüfung festzustellen (§ 5, 2.1.3).

1.3 Unter welchen Auflagen können Bewerber mit beschränkter Tauglichkeit zugelassen werden?

Bewerbern, die bedingt tauglich sind, kann die Fahrerlaubnis unter Auflagen erteilt werden, die im Sportbootführerschein eingetragen werden (§ 5 Abs. 3).
Wird von einem Bewerber die erforderliche Sehschärfe nur mit Sehhilfe erreicht, so wird ihm die Auflage erteilt, eine gegen Verlust besonders gesicherte Brille oder andere Sehhilfe bei der Führung des Sportbootes ständig zu tragen und – ausgenommen bei der Führung eines Segelsurfbrettes – eine Ersatzsehhilfe mitzuführen. Zusätzlich ist der Führerschein des Bewer-

bers mit einem Stempel folgenden Inhalts zu versehen:

Brille mit Sicherung oder andere Sehhilfe ist zu tragen; Ersatz ist mitzuführen

(§ 5, 4.2.1).

Wenn ein Bewerber die Anforderungen an das Hörvermögen nicht erfüllt, ist ein Ausgleich durch eine Hörhilfe in der Regel nicht zulässig. Dem Bewerber kann aber die Auflage erteilt werden, eine zweite Person an Bord mitzunehmen. Zusätzlich ist der Führerschein des betreffenden Bewerbers mit einem Stempel folgenden Inhalts zu ver-

sehen:

Zweite Person mit ausreichendem Hörvermögen muß an Bord sein

(§ 5 Abs. 3, 4.2.2).

Eine Hörhilfe kann zugelassen werden, wenn nachgewiesen ist, daß sie die Frequenzbereiche von 500, 1000 und 2000 Hertz/40 Dezibel abdeckt und den Raumklang ausreichend wiedergibt. Der Führerschein des Bewerbers ist mit einem Stempel folgenden Inhalts zu versehen:

Hörhilfe ist zu tragen

(§ 5, 4.2.2)

Das Wichtigste über den Sportbootführerschein–Binnen

Andere technische Hilfsmittel können zugelassen werden, wenn nachgewiesen ist, daß die mit dem Mangel der Hörfähigkeit verbundene Verkehrsschwäche ausgeglichen wird.
(§ 5 Abs. 3,4,2,2).

Werden beim Hör- und Sehvermögen nur die Mindestvoraussetzungen erfüllt, so wird die Auflage erteilt, durch eine im Abstand von 2 Jahren durchzuführende fachärztliche Wiederholungsuntersuchung nachzuweisen, daß die Mindestvoraussetzungen noch vorliegen. Die Frist kann auf Vorschlag des Augenarztes bis auf 4 Jahre verlängert oder bis auf 1 Jahr verkürzt werden.
Der Führerschein des Bewerbers ist dann mit einem Stempel folgenden Inhalts zu versehen:

Wiederholungsuntersuchung im ...
(Monat/Jahr)

Erreicht der Bewerber nur die Mindestvoraussetzungen für das Sehvermögen, ist der Führerschein mit einem Stempel folgenden Inhalts zu versehen:

Darf keine Wasserskiläufer ziehen

(§ 5, 4.2.3).

Leidet ein Bewerber unter Krankheiten oder körperlichen Mängeln, die Bedenken gegen die Tauglichkeit begründen, die Tauglichkeit aber nicht ausschließen, ist ihm die Auflage zu erteilen, durch eine im Abstand von zwei Jahren durchzuführende ärztliche Wiederholungsuntersuchung nachzuweisen, daß die Voraussetzungen für die Tauglichkeit noch vorliegen. Die Frist kann auf Vorschlag des Arztes verkürzt werden.

Leidet der Bewerber unter körperlichen Mängeln, bei denen die mit ihnen verbundenen Gefahren durch bestimmte Vorrichtungen oder bestimmtes Verhalten ausgeglichen werden können, ist ihm die Auflage zu erteilen, daß er ein Sportboot nur unter Benutzung der genau bezeichneten Vorrichtung oder unter Beachtung des genau vorgeschriebenen Verhaltens führen darf (2.1.3, 4.2.3).

1.4 Wann besitzt ein Bewerber die erforderliche Zuverlässigkeit zum Führen eines Sportbootes?

Tatsachen, die Zweifel an der Zuverlässigkeit begründen können und bei der Beurteilung eines Führungszeugnisses zu berücksichtigen sind, sind insbesondere:

- Rechtskräftige Bestrafung wegen Gefährdung des Schiffsverkehrs,
- wiederholte mit Geldbuße geahndete Zuwiderhandlungen gegen schiffahrtspolizeiliche Vorschriften,
- rechtskräftige Bestrafung wegen Verstoßes gegen andere Verkehrsstraftatbestände,
- im Einzelfall rechtskräftige Bestrafung wegen Verstoßes gegen andere Straftatbestände oder wiederholte mit Geldbuße geahndete erhebliche Zuwiderhandlungen gegen andere verkehrsrechtliche Vorschriften, soweit daraus ein Rückschluß auf das künftige Verhalten des Antragstellers im Schiffsverkehr zu ziehen ist,
- Kenntnis von der Teilnahme am Verkehr unter erheblicher Wirkung alkoholischer Getränke oder anderer berauschender Mittel auch ohne (abgeschlossenes) Straf- oder Bußgeldverfahren, sofern der Antragsteller nicht suchtkrank und deshalb untauglich ist (RiVerb 2.1.4).

1.5 Wie und wo ist der Antrag auf Zulassung zur Prüfung und Erteilung der Fahrerlaubnis zu stellen?

Die Zulassung zur Prüfung erfolgt nur auf Antrag bei einem der Prüfungsausschüsse des DMYV oder DSV (§§ 6 Abs. 1, 11 Abs. 2; vgl. Anlage 3 RiVerb Antragsformular).

Der Antrag ist schriftlich an den vom Bewerber ausgewählten PA – Zusammenstellung der PA vgl. Anlage – zu richten. Dem Antrag sind beizufügen (§ 6 Abs. 2 und 3, 2.1.1):

- ein neueres Lichtbild (38 × 45 mm), ohne Kopfbedeckung im Halbprofil,
- ein ärztliches Zeugnis über die Tauglichkeit (Formular) – nicht älter als 12 Monate –,
- die Fotokopie eines gültigen Kraftfahrzeug-Führerscheins oder, wenn der Bewerber keinen Kfz-Schein besitzt,
- auf Verlangen ein Führungszeugnis nach den Vorschriften des BZRG – nicht älter als 6 Monate –,
- die Erklärung auf dem Antrag, ob dem Bewerber der Sportbootführerschein – See oder – Binnen bereits einmal entzogen worden ist,
- der Nachweis über die Bezahlung der Prüfungsgebühren.

Erwerb der Befähigung

2. Wann und durch wen erfolgt die Zulassung zur Prüfung?

Die Vorsitzenden der PAs des DMYV und des DSV entscheiden über Anträge auf Zulassung zur Prüfung, wenn alle Unterlagen vorliegen (§ 6 Abs. 4, 2.1.1).

Der Bewerber kann auch zur Prüfung zugelassen werden, wenn das verlangte Führungszeugnis noch nicht vorliegt, aber die Beantragung nachgewiesen ist. In diesem Fall erhält der Bewerber nach bestandener Prüfung die Fahrerlaubnis durch den Sportbootführerschein – Binnen erst, wenn das Führungszeugnis eingegangen ist und keine Zweifel an der Zuverlässigkeit erkennen läßt.

Der Vorsitzende des PAs hat bei jedem Antrag zu prüfen, ob die Zulassungsvoraussetzungen gegeben und Fristen einzuhalten sind, die eine Zulassung verhindern (§ 7 Abs. 4 S. 2, 2.2). Bei Zweifeln hinsichtlich der körperlichen Tauglichkeit kann der Vorsitzende des PA zusätzlich die Vorlage eines fach- oder hilfsweise amtsärztlichen Zeugnisses anfordern (§ 5 Abs. 2 S. 2).

Sind Zweifel an der geistigen Tauglichkeit des Bewerbers oder aufgrund seines bisherigen Verhaltens im Verkehr begründet, kann der Vorsitzende die Vorlage eines Zeugnisses eines medizinisch-psychologischen Institutes oder eines sonstigen fach- oder amtsärztlichen Zeugnisses anfordern.
Eine förmliche Zulassung ist nicht erforderlich. Sie kann auch durch die Ladung zur Prüfung erfolgen (2.2).

3. Wie kann man sich gegen die Nichtzulassung rechtlich wehren?

Ist die Zulassung zur Prüfung zu versagen, hat der Vorsitzende dem Bewerber einen schriftlichen Bescheid mit Gründen, Kostenentscheidung und Rechtsbehelfsbelehrung zu erteilen (§§ 37–39, 41 Verwaltungsverfahrensgesetz, – Anlage 8 RiVerb). Dieser Bescheid ist ein Verwaltungsakt, der im Widerspruchsverfahren und vor den Verwaltungsgerichten angefochten werden kann (2.2).

Legt der Betroffene Widerspruch gegen eine Entscheidung des PA ein, haben die beauftragten Verbände die Entscheidung zu überprüfen. Halten sie den Widerspruch für begründet, helfen sie ihm ab, d. h. sie ändern die Entscheidung des PA im gewünschten Sinne ab, indem der Ablehnungsbescheid aufgehoben und der Bewerber zur Prüfung zugelassen wird. Halten die Verbände den Widerspruch nicht für begründet, erlassen sie einen Widerspruchsbescheid mit Begründung, Kostenrechnung und Rechtsbehelfsbelehrung (2.3 – Anlage 5 RiVerb Formular).

IV. Erwerb der erforderlichen Befähigung

1. Wer bildet aus?

Die Ausbildung der Bewerber ist gesetzlich nicht geregelt. Es bleibt dem Bewerber überlassen, wie er sich die erforderlichen Kenntnisse aneignet. Nach den bisherigen Erfahrungen steht die Selbstvorbereitung neben der Ausbildung in Ausbildungsstätten der beiden Wassersportverbände (DMYV, DSV) und in privaten, gewerblichen Einrichtungen (Schulen).
Dabei steht dem Bewerber mit dem vorliegenden Werk ein übersichtlicher und klarer Ausbildungsleitfaden zur Verfügung, der ihm das für die Prüfung erforderliche Wis-

sen vermittelt und auf das er sich verlassen kann. Dies ist deshalb von Bedeutung, da eine Berufung auf fehlende Grundlagen oder auf unrichtiges Ausbildungsmaterial in der Prüfung nicht möglich ist.

2. Wo gibt es Ausbildungsstätten?

Da die Durchführung von Ausbildungskursen amtlich nicht geregelt ist, kann ein umfassender Überblick über die einzelnen Ausbildungsstätten nicht gegeben werden. Einen gewissen Hinweis geben aber die Verzeichnisse der von den Verbänden

(DMYV, DSV) anerkannten Ausbildungsstätten, die jährlich auf den neuesten Stand gebracht werden (vgl. z. B. Handbuch des DMYV, das jährlich erscheint und beim DMYV bezogen werden kann).
Welche Kenntnisse sich der Bewerber über das für die Führerscheinprüfung erforderliche Wissen hinaus freiwillig aneignet, um sich oder sein wertvolles Fahrzeug zu schützen, bleibt ihm überlassen. Er sollte sich hierbei bewußt sein, daß es sich bei den vorgeschriebenen Kenntnissen nur um ein Mindestwissen handelt, das ihn in

31

Das Wichtigste über den Sportbootführerschein – Binnen

die Lage versetzen soll, sich richtig im Verkehr zu verhalten.

Der größte Teil der Bewerber bereitet sich jedoch nicht im Selbststudium vor, sondern läßt sich in den vielen Ausbildungseinrichtungen das erforderliche Wissen vermitteln. Was die Qualität der verschiedenen Ausbildungseinrichtungen betrifft, so muß der Bewerber selbst darauf achten, ob die Ausbilder geeignet und befähigt sind, das vorgeschriebene Wissen zu vermitteln.

V. Die Durchführung der Prüfung

1. Wer prüft?

Die Prüfung wird von PAs abgenommen, die von den beauftragten Verbänden gebildet werden (§§ 6, 7). Die Prüfungsausschüsse des DMYV und des DSV sind in der Anlage zusammengestellt worden.

Die Prüfung wird von einer Kommission abgenommen, die aus einem Vorsitzenden und zwei Beisitzern der beiden Verbände besteht, die von den beiden Verbänden bestellt werden. Die Kommission darf nicht mehrheitlich mit an der Ausbildung der Bewerber beteiligten Prüfern besetzt werden (§ 7 Abs. 2, 3.2.1).

2. Wo wird geprüft?

Der Ort und der Zeitpunkt der Prüfung werden von dem Vorsitzenden des PA festgelegt, bei dem der Bewerber den Antrag zur Prüfung gestellt hat. Prüfungsorte und -termine sind unter Beachtung des Grundsalzes der Wirtschaftlichkeit zu bestimmen (§ 7 BHO, 3.2.2).

3. Wie wird geprüft?

Der PA beschließt mit Stimmenmehrheit (§ 7 Abs. 2). Der Vorsitzende hat dafür zu sorgen, daß die Prüfung an einem geeigneten Ort durchgeführt wird, der sowohl genügend große und geeignete Räume für die theoretische Prüfung als auch ein geeignetes Gewässer und einen Bootsanleger für die praktische Prüfung aufweisen muß (3.2.2).

3.1 Vorbereitung zur Prüfung

Die Prüfungsteilnehmer sind schriftlich zu laden – Formular Anlage 6 RiVerb –. Mit der Ladung ist auf die Kostenfolge im Falle eines unentschuldigten Fernbleibens hinzuweisen (7.1.6).

Der Bewerber kann auf die Einhaltung einer Ladungsfrist und auf die Schriftform verzichten. Mit seiner Zustimmung kann die Ladung auch an die Ausbildungsstätte gerichtet werden, was der Bewerber bereits im Antragsformular erklären kann. Die Zahl der Bewerber sollte 40 Personen nicht überschreiten (3.2.2).

3.2 Welche Kenntnisse müssen in der theoretischen Prüfung nachgewiesen werden?

Die theoretische Prüfung soll zeigen, ob der Bewerber über ausreichende Kenntnisse der für das Führen eines Sportbootes der jeweiligen Antriebskraft maßgebenden schiffahrtspolizeilichen Vorschriften verfügt, und ob er die zu seiner sicheren Führung erforderlichen nautischen und technischen Kenntnisse hat (§ 7 Abs. 1, 3.1.1). Der Inhalt der theoretischen Prüfung ergibt sich aus der folgenden Tabelle. Die Antriebsarten der in Frage kommenden Sportboote sind Grundlage für die Gestaltung der Prüfungsanforderungen, die Inhalt der Prüfung sind. Der Teil A (Allgemeiner Teil) gilt für alle Arten der fahrerlaubnispflichtigen Sportboote und ist auch für Surfer mit bestimmten Erleichterungen – Fragen sind mit einem Stern gekennzeichnet – anzuwenden. Die Teile B, C und D betreffen die speziellen Antriebsarten wie Motor (Antriebsmaschine), Segeln und Surfen. Hinzuweisen ist jedoch darauf, daß der Sportbootführerschein – Binnen für Motorboote von weniger als 3,69 kW, für Segelboote und für Surfer nur auf den Gewässern im Großraum Berlin erforderlich ist. Aus diesem Aufbau des Prüfungsstoffes ergeben sich die nachfolgenden Prüfungsmöglichkeiten:

Durchführung der Prüfung

Inhalt der Prüfung			
Allgemeiner Teil alle Antriebsarten Surfer nur teilweise (Teil A)	Besonderer Teil		
	mit Antriebsmaschine (Teil B)	Segeln (Teil C)✲	Surfen (Teil D)✲
● **Maßgebende schiffahrtspolizeiliche Vorschriften,** insbesondere Binnenschiffahrtsstraßen-Ordnung einschl. Ergänzungs- und Anwendungsverordnung (Berlin), Rhein-, Mosel- und Donauschiffahrtspolizeiverordnung, örtliche Sondervorschriften und Schiffahrtszeichen. ● **Wetterkunde:** Kenntnisse über Gebrauch des Barometers, unsichtiges Wetter, Fronten, Gewitter, Wind, Wasserstände. ● **Seemannschaft** Umweltschutz („10 Goldene Regeln für das Verhalten von Wassersportlern in der Natur"), Behandlung von Tauwerk und Beherrschung der wichtigsten Knoten: Achtknoten, zwei halbe Schläge, Kreuzknoten, einfacher Schotstek, doppelter Schotstek, Palstek, Stopperstek, Slipstek, Webeleinenstek, Kopfschlag, Belegen einer Klampe.	● **Fahrzeugkunde** Gleiter, Verdränger, Sog und Wellenschlag, Bauart der Antriebsmaschine (Inbord/Außenbord), Z-Antrieb, Wellenantrieb, Wendegetriebe, Propeller (Schraube), Drehrichtung und Ruderwirkung; Grundkenntnisse über: Wirkungsweise von Schmierstoff- und Kühlkreislauf und deren Überwachung; Bedeutung von elektrischen Schaltern; Sicherheitsmaßnahmen beim Tanken; Pflege und Wartung von Batterien; Maßnahmen bei Öl- und Kraftstoff-Leckagen; Brandbekämpfung, Feuerlöscher und deren Pflege und Wartung. Kenntnis von technischen Regelwerken; Flüssiggas, Landstromversorgung mit Niederspannung. ● **Fahrzeugführung** Steuern nach Schiffahrtszeichen und anderen Objekten oder nach Kompaß; Manövrieren: Ablegen, Anlegen, Begegnen, Festmachen, Wenden auf engem Raum, „Mann-über-Bord"-Manöver mit Hilfe eines treibenden Gegenstandes, Rückwärtsfahrt, Ankermanöver, Verhalten beim Anlaufen von Häfen, Verhalten bei der Fahrt im Strom. ● **Verhalten in besonderen Situationen:** beim Fahren im Schlepp, im Bereich von Sperrwerken und Schleusen. ● **Verhalten gegenüber großen Schiffen.**	● **Fahrzeugkunde** Bau und Ausrüstung von Segelbooten, gebräuchlichste Segelbootarten, Bauweise der Segelboote, Takelung und Segelgrundkenntnisse. ● **Segeltheorie,** insbesondere Segelstellungen und Wirkungsweisen des Windes. ● **Fahrzeugführung** Segelkommandos, Segelklarmachen, Segelsetzen, Segelbergen, Reffen und Ausreffen; Steuern nach Schiffahrtszeichen und anderen Objekten oder nach Kompaß. Manövrieren: An- und Ablegen, Festmachen, an die Boje gehen bzw. von der Boje gehen. Abfallen und Anluven, Wenden und Halsen, Ankermanöver, „Mann-über-Bord"-Manöver mit Hilfe eines treibenden Gegenstandes. ● **Verhalten in besonderen Situationen:** beim Fahren im Schlepp, im Bereich von Brücken, Sperrwerken von Schleusen. ● **Verhalten gegenüber großen Schiffen.**	● **Fahrzeugkunde** Bau und Ausrüstung von Segelsurfbrettern, gebräuchlichste Brettertypen. Grundkenntnisse über Rigg, Segel und Surfbekleidung. ● **Segelsurftheorie** Kenntnisse über Segelsurftheorie, insbesondere über Segelstellungen und Wirkungsweisen des Windes sowie Segelsteuerungen. ● **Fahrzeugführung** Auf- und Abriggen, Schotstart, Abfallen, Anluven, Wenden, Halsen und Notstop. ● **Verhalten in besonderen und Notsituationen** beim Fahren im Schlepp, bergungsfähiges Zusammenlegen des Riggs. ● **Verhalten gegenüber großen Schiffen.**

✲ vgl. I. 5 (Pflicht nur im Großraum Berlin)

Das Wichtigste über den Sportbootführerschein – Binnen

3.3 Wie wird die theoretische Prüfung durchgeführt?

Die theoretische Prüfung ist grundsätzlich schriftlich durchzuführen; eine mündliche Prüfung kann erfolgen. Jedem Bewerber ist ein Fragebogen zur schriftlichen Beantwortung vorzulegen. Gegenstand einer mündlichen Prüfung ist nur der von den beauftragten Verbänden in dem Fragenkatalog festgelegte Prüfungsstoff. Es sollen keine Fragen gestellt werden, die in der schriftlichen Prüfung nicht richtig beantwortet worden sind.

Die Verbände haben Sorge dafür zu tragen, daß die Prüfungszeiten einheitlich festgelegt werden. Hilfsmittel (Bücher, Ausarbeitungen usw.) dürfen bei der Beantwortung der Fragebogen nicht verwendet werden. Die Verwendung solcher Hilfsmittel oder die Durchführung sonstiger Schwindelmanöver stellen einen Täuschungsversuch dar und führen zum Ausschluß des Bewerbers von der Prüfung: Die Prüfung gilt dann als nicht bestanden. Der Vorsitzende hat daher vor Beginn der Prüfung die Bewerber über die Folgen eines solchen Täuschungsversuchs zu belehren. Die Prüfung ist von mindestens einem – an der Ausbildung nicht beteiligten – Mitglied der Prüfungskommission zu beaufsichtigen (3.2.3.1).

Die Fragen sind dem vom DMYV und vom DSV gemeinsam erarbeiteten und herausgegebenen Katalog entnommen und je nach ihrem Schwierigkeitsgrad mit jeweils ●, ●● oder ●●● Punkten bewertet. Die ebenfalls in diesem Katalog enthaltenen Antworten sind Empfehlungen an die Prüfer. Sie sind Modellantworten für die Bewertung der von den Bewerbern gegebenen Antworten und sollen einen einheitlichen Prüfungsmaßstab gewährleisten. Die Antwort braucht daher nicht wörtlich mit

der gegebenen Antwort übereinzustimmen. Die Bewertung der Beantwortung richtet sich danach, in welchem Umfang die gegebenen Antworten mit dem sachlichen Inhalt der Modellantwort übereinstimmt (3.2.3.1).

3.4 Welche Fähigkeiten müssen in der praktischen Prüfung nachgewiesen werden?

Der PA hat sich in der praktischen Prüfung davon zu überzeugen, ob der Bewerber zur praktischen Anwendung der zur sicheren Führung eines Sportbootes erforderlichen Kenntnisse fähig ist (3.2.3.2).
Es sollten mindestens die folgenden Grundkenntnisse in der Praxis beherrscht werden:

- Steuern nach Schiffahrtszeichen und anderen Objekten oder nach Kompaß
- Manövrieren (Ablegen, Anlegen, Festmachen, Wenden auf engem Raum, „Mann-über-Bord"-Manöver mit Hilfe eines treibenden Gegenstandes)
- Wichtige Knoten (Achtknoten, halber Schlag, zwei halbe Schläge, Kreuzknoten, einfacher Schotstek, doppelter Schotstek, Palstek, Stopperstek, Slipstek, Webeleinenstek, Belegen von Enden)
- Anlegen einer Rettungsweste.

3.5 Wie wird die praktische Prüfung durchgeführt?

Die praktische Prüfung kann zunächst von nur einem Prüfer durchgeführt werden, der nicht an der Ausbildung des Bewerbers beteiligt gewesen sein darf. Dieser hat sodann den anderen Prüfern Bericht über den Verlauf des begutachteten Prüfungsteils zu erstatten und einen Bewertungsvorschlag zu unterbreiten. Halten die übrigen Mitglieder die vorgeschlagene Bewertung nach dem Verlauf der bisherigen Prüfung für zutreffend, schließen sie sich dem Vorschlag ohne Fortsetzung des praktischen Prüfung an. Bestehen Zweifel an dem Entscheidungsvorschlag, ist die Prüfung fortzusetzen.

Für die praktische Prüfung soll ein Gewässer gewählt werden, das entweder eine Binnenschiffahrtsstraße ist oder wenigstens in etwa vergleichbare Verhältnisse aufweist. Für die praktische Prüfung unter

Maschinenantrieb hat der Bewerber ein Sportboot mit mehr als 3,68 kW Nutzleistung zu stellen (3.2.3.2).

Die Prüfungskommission kann ein Sportboot ablehnen, wenn es nicht verkehrssicher oder aufgrund seiner Bauart, Größe und Tragfähigkeit für die Durchführung der Prüfung ungeeignet ist (§ 7 Abs. 3). Auf dem Sportboot müssen ein Anker mit ausreichender Leine oder Kette, ein Bootshaken, ein Rettungsring, ein Feuerlöscher und gegebenenfalls zwei Stechpaddel sowie für jede an Bord befindliche Person eine zugelassene Rettungsweste vorhanden sein.

Während der Prüfungsfahrt haben anleitende oder unterstützende Maßnahmen, die dem Zweck der Prüfung zuwiderlaufen, zu unterbleiben. Ergibt die praktische Prüfung, daß der Bewerber die vorgeschriebe-

Fachaufsicht

nen Manöver und Tätigkeiten nicht beherrscht oder die Vorschriften nicht anwenden kann, so gilt die Prüfung als nicht bestanden.

Rudergänger im Sinne des § 1.09 BinSch-StrO, Rhein/MoselSchPV, bleibt der Schiffsführer, der ebenso wie der Prüfer die Tätigkeit des Prüflings überwacht und sich in unmittelbarer Nähe des Ruders aufhält, so daß er jederzeit in der Lage ist, das Ruder selbst zu übernehmen und notwendige Anweisungen zu geben. Den Kurs des Bootes bestimmt der Prüfer, der dem Prüfling im einzelnen die auszuführenden Manöver aufgibt (3.2.3.2).

3.6 Wann kann auf die praktische Prüfung verzichtet oder hiervon befreit werden?

Auf die praktische Prüfung kann verzichtet werden, wenn der Bewerber die erforderlichen Kenntnisse und Fähigkeiten für die sichere Führung eines Sportbootes mit Maschinenantrieb auf den Binnenschifffahrtsstraßen in einer anderen amtlichen Prüfung nachgewiesen hat. Eine Fotokopie dieses Befähigungszeugnisses ist zu den Unterlagen zu nehmen.

Solche Zeugnisse, sofern sie nach dem 31. 3. 1978 – im Land Berlin bis zum Inkrafttreten der SportbootFüV-Bin – erteilt worden sind, sind:

- Sportbootführerschein–See
- Amtlicher Berechtigungsschein zum Führen eines mit Antriebsmaschine ausgerüsteten Dienstfahrzeugs auf den Seeschiffahrtsstraßen nach der vom Bundesminister für Verkehr herausgegebenen Liste.
- Befähigungszeugnis der Gruppen A und B der SBAO vom 19. August 1970
- Befähigungszeugnis nach der Schiffsoffiziersausbildungsverordnung vom 11. Februar 1985 (§ 7 Abs. 5, 3.2.3.3).

3.7 Wie wird das Ergebnis der Prüfung festgestellt?

Die Prüfung ist so lange durchzuführen, bis sich die Prüfer ein ausreichendes Urteil gebildet haben (3.2.1). Der Bewerber hat die Prüfung nur bestanden, wenn er die erforderlichen Kenntnisse und Fähigkeiten durch die theoretische und praktische Prüfung nachgewiesen hat. Der Prüfungsausschuß beschließt mit Stimmenmehrheit. Über den Prüfungsverlauf ist für jeden Bewerber eine Ergebnisniederschrift zu erstellen (§ 7 Abs. 2, 3.2.3.4 – Anlage 7).

VI. Ausübung der Fachaufsicht über die beauftragten Sportbootverbände

Die den beiden Sportverbänden übertragenen Hoheitsaufgaben verpflichten den Staat als Auftraggeber, diese Tätigkeiten zu beaufsichtigen (§ 11 Abs. 1). Die Fach- und Rechtsaufsicht hat sich dabei sowohl auf die Gesetzmäßigkeit als auch auf die Zweckmäßigkeit der Ausübung der Hoheitsbefugnisse zu erstrecken.

1. Welche Behörden sind zuständig?

Der DMYV und der DSV unterliegen der Fach- und Rechtsaufsicht durch den Bundesminister für Verkehr. Die Aufsicht erstreckt sich insbesondere auf die einheitliche und gleichmäßige Durchführung des den Verbänden erteilten Auftrags. Dazu gehört auch die stichprobenartige Kontrolle von einzelnen Prüfungen (§ 11 Abs. 1, 8).

2. Welchen Umfang hat die Fachaufsicht?

Grundsätzlich haben die Organe der Fachaufsicht darauf zu achten, daß die Richtlinien eingehalten werden. Sie haben insbesondere darauf zu achten, daß bei der Prüfung niemand, insbesondere wegen der Zugehörigkeit oder Nichtzugehörigkeit zu einem Verein, bevorzugt oder benachteiligt wird (3.2.1).

3. Wer führt die Aufsicht bei Prüfungen außerhalb des Geltungsbereichs des SportbootFüV-Bin?

Sofern die beauftragten Verbände Prüfungen außerhalb des Geltungsbereichs der SportbootFüV-Bin abnehmen, sind die Prüfungstermine so rechtzeitig bekanntzu-

35

Das Wichtigste über den Sportbootführerschein – Binnen

geben, daß auch dort im Einzelfall die unangemeldete Teilnahme an der Prüfung durch die Aufsichtsbehörden möglich ist.

Die in Betracht kommenden Prüfungsorte, die nur das europäische Ausland und Mittelmeeranliegerstaaten erfassen dürfen, sind mit dem BMV abzustimmen. Es muß aber sichergestellt sein, daß die Erteilung der Fahrerlaubnis und die Ausstellung des Sportbootführerscheins – Binnen ausschließlich im Geltungsbereich der Verordnung erfolgen (8. Abs. 2).

VII. Verwaltungsmaßnahmen nach Abschluß der Prüfung

1. Wann und wie wird der Sportbootführerschein ausgestellt?

Nach bestandener Prüfung ist dem Bewerber die vom Vorsitzenden oder seinem Stellvertreter unterschriebene Fahrerlaubnis auszuhändigen oder auf dessen Wunsch mit Einschreiben zuzustellen. Besteht ein Bewerber die Prüfung nicht, so hat ihm der Vorsitzende das Ergebnis mündlich mitzuteilen und zusätzlich eine schriftliche Rechtsbehelfsbelehrung zu erteilen (4.1.). – Anlage 8 –

2. Wann ist der Sportbootführerschein – Binnen unter Auflagen zu erteilen und wie werden die Auflagen überwacht?

Bewerbern, die beschränkt tauglich sind, kann die Fahrerlaubnis unter Auflagen erteilt werden, soweit dadurch die mit der mangelnden Eignung verbundenen Gefahren durch den Bewerber ausgeglichen werden kann (§ 5 Abs. 3, RiVerb 4.2.4). Neben der Eintragung im Führerschein (vgl. Abschnitt III 1.3) werden die Auflagen vom PA dem Führerscheininhaber durch einen schriftlichen Bescheid mit Rechtsmittelbelehrung mitgeteilt. Die Erteilung der Auflagen ist ein selbständiger Verwaltungsakt, der unabhängig von der Fahrerlaubnis angefochten werden kann.

Für die nachträgliche Erteilung der Auflagen oder die Neuerteilung der Auflagen sind der DMYV und der DSV zuständig. Wird aufgrund einer Wiederholungsuntersuchung, einer polizeilichen Kontrolle oder auf andere Weise festgestellt, daß Anlaß zu der Annahme besteht, daß neben dem Erwerb der Fahrerlaubnis eine Beschränkung der körperlichen oder geistigen Tauglichkeit eingetreten ist oder daß eine angeordnete Wiederholungsuntersuchung nicht durchgeführt worden ist, ist der Führerscheininhaber von den beauftragten Verbänden aufzufordern, sich innerhalb einer angemessenen Frist zur Überprüfung seiner Tauglichkeit einer fachärztlichen Untersuchung zu unterziehen und ein Zeugnis vorzulegen.

3. Wie kann man sich gegen das Nichtbestehen der Prüfung rechtlich wehren?

Erteilung und Nichterteilung der Fahrerlaubnis sind Verwaltungsakte. Sie können nach Durchführung eines Vorverfahrens (Widerspruchsverfahren) vor den Verwaltungsgerichten angefochten werden (§§ 40, 42 VwGO).

Legt ein Betroffener Widerspruch gegen die Nichterteilung einer Fahrerlaubnis ein, haben die beauftragten Verbände die Entscheidung zu überprüfen. Halten sie den Widerspruch für begründet, helfen sie dem Widerspruch ab mit der Folge, daß der Führerschein erteilt wird. Halten sie den Widerspruch nicht für begründet, erläßt der DMYV oder der DSV einen Widerspruchsbescheid mit Kostenrechnung und Rechtsbehelfsbelehrung (2.3, Anlage 5). Für diese Maßnahmen sind die beauftragten Verbände deshalb selbst zuständig, da die nächsthöhere Behörde, nämlich das BVM, oberste Bundesbehörde ist (§ 73, Abs. 1, Nr. 2 VwGO). Das vorstehende Verfahren gilt auch dann, wenn die Ausstellung eines Sportbootführerscheins ohne Prüfung verweigert wird (vgl. Abschn. VIII).

Der DMYV und der DSV haben durch geeignete Maßnahmen sicherzustellen, daß das bei allen Widerspruchsentscheidungen auszuübende Ermessen oder die Ausfüllung bestehender Beurteilungsspielräume nach einer einheitlichen Verwaltungspraxis erfolgt. Bei Widersprüchen grundsätzlicher Bedeutung ist die Entscheidung im gegenseitigen Einvernehmen zu treffen (2.3 Abs. 2).

Verwaltungsmaßnahmen nach der Prüfung

4. Welche Kosten werden für die einzelnen Amtshandlungen erhoben?

Die Kosten sollen den Aufwand der Verwaltung, einschl. der beauftragten Verbände, decken (Kostendeckungsprinzip). Zusätzlich zu den Kosten wird die gesetzlich vorgeschriebene Mehrwertsteuer erhoben. Der Bundesanteil, der den Aufwand der Verwaltung abdecken soll, ist nicht mehrwertsteuerpflichtig (7.1).

Kosten (Gebühren und Auslagen) (§ 12)			
Nr.	Tatbestand		DM
1.	Abnahme der Prüfung		75,–
2.	Abnahme nur theoretische Prüfung		37,50
	Abnahme nur praktische Prüfung		37,50
3.	Erteilung Fahrerlaubnis und Ausstellung des Sportbootführerscheins		30,–
4.	Erteilung Fahrerlaubnis ohne Prüfung		20,–
5.	Nachträgliche Auflagen		11,50
6.	Ablehnung eines Antrags		19,–
7.	Entziehung der Fahrerlaubnis		85,– bis 250,–
8.	Reisekosten der Prüfer		–

Reisekosten sind nach den Vorschriften des Bundesreisekostengesetzes in jeweils gültiger Fassung für die Mitglieder des Prüfungsausschusses als Auslagen zu erheben. Dabei ist für Tages- und Übernachtungsgelder die Reisekostenstufe B zugrunde zu legen. Fahrtkosten sind bei Benutzung öffentlicher Verkehrsmittel in tatsächlich entstandener Höhe, bei Benutzung privater Kraftfahrzeuge nur nach Maßgabe des § 6 BRKG erstattungsfähig. Im Interesse der Bewerber wird darauf zu achten sein, daß die Prüfungen nicht ohne genügenden sachlichen Grund und gegen das Interesse der Bewerber an anderen Orten stattfinden. Reisekosten sind anteilig auch von denjenigen Prüflingen zu zahlen, die unentschuldigt einem solchen Prüfungstermin ferngeblieben sind. Zur Zahlung von Gebühren sind sie jedoch nicht verpflichtet. Erfolgt nach erneuter Ladung wiederum keine Teilnahme, fallen zusätzliche Gebühren an.

5. Wie werden die Kosten erhoben?

Die Kosten werden mit Ausnahme der Kosten für die Entziehung der Fahrerlaubnis von den Prüfungsausschüssen festgesetzt und eingezogen.
Kostenschuldner ist,

- wer die Amtshandlung veranlaßt oder zu wessen Gunsten sie vorgenommen wird,
- wer die Kosten durch eine vor der zuständigen Behörde abgegebene oder ihr mitgeteilte Erklärung übernommen hat (§ 13 VWKG).

Die Gebührenschuld entsteht, soweit ein Antrag notwendig ist, mit dessen Eingang, im übrigen mit der Beendigung der gebührenpflichtigen Amtshandlung. Die Verpflichtung zur Erstattung von Auslagen entsteht mit der Aufwendung des zu erstattenden Betrages (§ 11 VWKG).

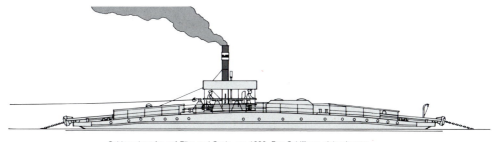

Schleppdampfer auf Elbe und Saale, um 1890. Das Schiff zog sich mit angehängten Schleppkähnen an einer im Flußbett liegenden Kette stromaufwärts

Das Wichtigste über den Sportbootführerschein – Binnen

VIII. Ahndung von Verstößen gegen die Sportbootführerscheinverordnung – Binnen

Verstöße oder Zuwiderhandlungen gegen Vorschriften können durch Strafen oder Geldbußen geahndet werden. Die Strafbarkeit einer Tat wird im Strafgesetzbuch und in Nebenstrafgesetzen bestimmt. Die Möglichkeit, eine Zuwiderhandlung mit einer Geldbuße zu ahnden, ist im Ordnungswidrigkeitengesetz geregelt. Strafe und Ordnungswidrigkeit unterscheiden sich durch ihren Unrechtsgehalt. Straftat ist das kriminelle Unrecht, das sog. Verwaltungsunrecht. Die Bezeichnung „Ordnungswidrigkeit" bringt zum Ausdruck, daß es sich bei diesem Unrecht um Verstöße gegen die Gebots- oder Verbotsvorschriften handelt, die im wesentlichen ordnungsetzende oder -erhaltende Bedeutung haben. Im Gegensatz dazu wird als Straftat die Verletzung von Rechtsvorschriften gewertet, die den Schutz der Grundlagen der Gesellschaftsordnung und sonstiger für das sittliche Zusammenleben von Menschen wesentlicher Rechtsgüter bezwecken.

Die Ordnungswidrigkeit ist also nicht ein Weniger gegenüber der Straftat, sondern etwas anderes. Sie ist ihrem Charakter nach keine Sühne für ein Verschulden; sie soll ausgesprochen werden, wenn der Betroffene einsichtig ist und der erzieherische Zweck dadurch erreicht wird. Sie hat keine herabsetzende Wirkung – keine Eintragung in das Strafregister – und kann nicht in eine Ersatzfreiheitsstrafe umgewandelt werden. Demgemäß bestehen auch gegenüber der Straftat erhebliche Unterschiede in den Verfahrensvorschriften. Es werden nur Verwaltungsbehörden tätig, die im Gegensatz zu den Justizbehörden, für die grundsätzlich Strafverfolgungszwang besteht (Legalitätsprinzip), nach pflichtgemäßem Ermessen zu entscheiden haben, ob sie eine Geldbuße festsetzen wollen oder nicht (Opportunitätsprinzip). Die Grenzen des pflichtgemäßen Ermessens sind gesetzlich nicht näher bestimmt (§ 47 OWiG).

Im Hinblick darauf, daß es sich bei der Sportbootführerscheinverordnung um polizeiliche Gebot- und Verbotvorschriften handelt, hat der Gesetzgeber Zuwiderhandlungen dagegen als Ordnungswidrigkeiten eingestuft, die mit einem Bußgeld geahndet werden.

Ordnungswidrigkeiten (§ 13)		
Lfd. Nr.	Tatbestand	§§ der SportbootFüV-Bin
1.	Führen eines Sportbootes ohne Fahrerlaubnis	§ 2 Abs. 1
2.	Nichtmitführen eines Befähigungsnachweises	§ 2 Abs. 3
3.	Anordnen oder Zulassen der Führung eines Sportbootes ohne erforderliche Fahrerlaubnis	§ 2 Abs. 4 Satz 1
4.	Zuwiderhandlungen gegen eine vollziehbare Auflage	§ 5 Abs. 3 Satz 1, 2 oder 4
5.	Nicht oder nicht rechtzeitige Ablieferung einer entzogenen Fahrerlaubnis	§ 10 Abs. 3 Satz 2 oder 3

Maßnahmen nach Ausstellung des Führerscheins

IX. Welche Maßnahmen erfolgen nach Ausstellung eines Sportbootführerscheins–Binnen?

1. Änderungen der Eintragungen im Führerschein, die sich im Laufe der Zeit ergeben, können von dem DMYV oder dem DSV berichtigt werden. Die Tatsache der einzutragenden Änderung hat der Inhaber des Sportbootführerscheins–Binnen durch Vorlage der Urkunde nachzuweisen (Heiratsurkunde, Bescheinigung des Einwohnermeldeamtes usw.). Kosten werden nicht erhoben. Auf Wunsch kann nach § 9 auch ein neuer Führerschein ausgestellt werden. Wenn der Führerscheininhaber die Ausstellung eines neuen Führerscheins beantragt, ist der bisherige Führerschein einzuziehen und hierfür Gebühren zu erheben (5.1).

2. Der DMYV oder der DSV können auf Antrag Ersatzausfertigungen ausstellen, wenn der Antragsteller als Inhaber des Führerscheins anhand der Unterlagen identifiziert wird, aber nur, wenn der Führerschein unbrauchbar geworden ist, oder wenn glaubhaft gemacht wird, daß er gestohlen oder verlorengegangen ist. Der Sportbootführerschein ist unbrauchbar geworden, wenn er unleserlich geworden oder teilweise beschädigt ist, oder sonst als Urkunde im Rechtsverkehr nur erschwert verwendet werden kann. Ist der Sportbootführerschein gestohlen worden, hat der Antragsteller nachzuweisen, daß er den Diebstahl bei der Polizei angezeigt hat. Ist der Sportbootführerschein verlorengegangen oder sonst abhanden gekommen, hat er diese Tatsache – z. B. durch Angabe von Zeugen – glaubhaft zu machen und durch eine schriftliche Versicherung zu bestätigen (5.2).

3. Vom DMYV und vom DSV wird eine gemeinsame Zentralkartei über die ausgestellten Führerscheine geführt (5.3, 4.3). Auskünfte aus der Zentralkartei dürfen nur an den Bundesminister für Verkehr, an die Wasser- und Schiffahrtsdirektionen, an Gerichte, Seeämter, Staatsanwaltschaften und Polizeibehörden erteilt werden, soweit dies im öffentlichen Interesse liegt und gesetzliche Vorschriften dem nicht entgegenstehen. Der DMYV und der DSV sind gegenüber den genannten Stellen nicht nur zur Auskunftserteilung berechtigt, sondern auch verpflichtet. Die Erteilung von Auskünften an nicht genannte Behörden ist ausgeschlossen, auch wenn sie dort amtlichen Zwecken dienen sollten (5.4).

X. Ausstellung eines Sportbootführerscheins ohne Prüfung

Gegen Vorlage eines der folgenden Befähigungszeugnisse, Berechtigungsscheine, Prüfungszeugnisse, Führerscheine wird dem Inhaber auf Antrag ohne Ablegung einer Prüfung eine Fahrerlaubnis erteilt und ein Sportbootführerschein–Binnen ausgestellt, sofern die allgemeinen Anforderungen nach § 5 Abs. 1 Nr. 1–3 vorliegen (§ 8, RiVerb 6):

Übersicht über die Befähigungsnachweise, die aufgrund landesrechtlicher Vorschriften erteilt werden und bei denen der Befähigungsnachweis als erbracht gilt			(§ 3 Abs. 3 Nr. 1a)✻
Land	Bereich	Umfang	Anerkennung als Spofü–Binnen
Baden-Württemberg	1. Bodensee (GBl. 1976, S. 257)	eigenes Patent; Patentpflicht für Boote mit Maschinenleistung > 6 PS (4,4 kW) oder Segelfläche > 12 m²	ja
	2. Hochrhein (GBl. 1978, S. 594)	eigenes Patent; Patentpflicht für Fahrzeuge > 15 m³ Wasserverdrängung	ja
	3. Nebengewässer des Rheins	kein eigenes Patent; Übernahme der Bundesregelung	nein
	4. übrige Landesgewässer	–	nein

✻ vgl. auch Kowallik S. 73 ff.

Das Wichtigste über den Sportbootführerschein – Binnen

Land	Bereich	Umfang	Anerkennung als Spofü – Binnen
Bayern	1. Bodensee (GVBl. 1988, S. 382) 2. übrige Landesgewässer	wie Baden-Wüttemberg Patentpflicht für Sportboote wurde aufgehoben (GVBl. 1981, S. 35); Regelung ausschließlich durch wasserrechtliche Erlaubnis	nein
Berlin	Landesgewässer (GVBl. 1986, S. 2022)	eigenes Patent; Patentpflicht für alle Motorboote und Segelboote mit mehr als 5 m² Segelfläche	ja; nur Motorboote
Bremen	Landesgewässer	für Sportboote keine Patentpflicht	–
Hamburg	Hafen und übrige Landesgewässer (Gesetz: GVBl. 1986, S. 37; Verordnung: GVBl. 1979, S. 227)	eigenes Patent nach Verordnung über Befähigungszeugnisse in der Hafenschiffahrt; inzwischen Bundesregelung übernommen	ja; nur vor 1. 4. 1978 erteilte Patente oder Fährführerscheine
Hessen	Landesgewässer	keine Patentpflicht	–
Niedersachsen	1. Dümmer und Steinhuder Meer (Nds. MBl. 1988, S. 527)	eigenes Patent; („Steinhuder-Meer-Schein"); Patentpflicht für Segelsurfbretter, Segelboote > 6 m² Segelfläche und Motorboote	ja; nur Motorboote
	2. Maschsee (ABl. RB Hannover 1977, S. 146)	kein eigenes Patent; Patentpflicht für Segelsurfbretter und Segelboote; Motorboote verboten	nein
	3. Binnenschiffahrtsweg Elbe-Weser (ABl. RB Lüneburg 1982, S. 82)	kein eigenes Patent; Patentpflicht für Sportfahrzeuge > 15 m³ Wasserverdrängung	nein
	4. übrige Landesgewässer	keine Patentpflicht	nein
Nordrhein-Westfalen	1. Ruhr (Ruhrschiffahrt ABl. RB Düsseldorf 1981, S. 54; Sportboote ABl. RB Düsseldorf 1979, S. 172)	eigenes Patent; Patentpflicht für Motorboote	ja (Ruhrschifferpatent); nein, weil kein eigener Sportbootführerschein
	2. Talsperrenverband Eifel-Rur (ABl. Aachen 1970, S. 70)	kein eigenes Patent; Patentpflicht für Segelboote mit mehr als 5 m² Segelfläche; Motorboote verboten	nein
	3. übrige Landesgewässer	für Sportboote keine Patentpflicht	nein
Rheinland-Pfalz	1. Stausee Bitburg (StAnz. 1972, S. 130)	kein eigenes Patent; Patentpflicht für Segelboote mit mehr als 5 m² Segelfläche; Motorboote verboten	nein
	2. übrige Landesgewässer	für Sportboote keine Patentpflicht	nein
Saarland	Landesgewässer	für Sportboote keine Patentpflicht	nein
Schleswig-Holstein	Landesgewässer	für Sportboote keine Patentpflicht; bei Motorbooten teilweise Mindestalter 16 Jahre	nein

Teil II

Die Fragen und Antworten

Für die Surfprüfung, Teil A, gelten nur die mit **★** gekennzeichneten Fragen.

Hinweis:
Wenn in den Erläuterungen unter „Vorschriften" keine der 4 Verkehrsordnungen angegeben ist, sind die Vorschriften gleichlautend, andernfalls wird die spezielle Verkehrsordnung angegeben.

Allgemeines

A Allgemeiner Teil

A 1 Allgemeines

1.1 Schiffahrtspolizeivorschriften

1*

Welche gesetzlichen Bestimmungen regeln den Verkehr auf den Binnenschiffahrtsstraßen?

Antwort: ● ● ●

**Binnenschiffahrtsstraßen-Ordnung
Rheinschiffahrtspolizeiverordnung
Moselschiffahrtspolizeiverordnung
Donauschiffahrtspolizeiverordnung**

2*

In welchen Vorschriften sind die Gewässer, auf denen die Binnenschiffahrtsstraßen-Ordnung mit den jeweiligen Sondervorschriften gilt, aufgeführt?

Antwort: ● ●

Im Teil II der Binnenschiffahrtsstraßen-Ordnung und den dazu erlassenen Regelungen für vorübergehende Abweichungen.

Zu Fragen 1 und 2:
Binnenschiffahrtsstraßen und Seeschiffahrtsstraßen sind Bundeswasserstraßen. Für den Erlaß der Verkehrsvorschriften (Rechtsverordnungen) ist der Bundesminister für Verkehr zuständig (§ 3 BinSchAufG). Für Binnenschiffahrtsstraßen, die auch fremdes Hoheitsgebiet berühren, wurden jeweils internationale Kommissionen gebildet, die sicherstellen, daß in allen Anliegerstaaten einheitliche Vorschriften gelten. Es sind dies die Rheinzentralkommission, die Moselkommission und die Donaukommission. In diesen Kommissionen ist jeder Anliegerstaat vertreten. Hieraus ergibt sich die Notwendigkeit des Erlasses von vier Rechtsverordnungen, und zwar der

Binnenschiffahrtsstraßen-Ordnung

Rheinschiffahrtspolizeiverordnung

Moselschiffahrtspolizeiverordnung

Donauschiffahrtspolizeiverordnung

Die BinSchStrO gilt auf folgenden Binnenschiffahrtsstraßen:

Neckar, Main, Main-Donau-Kanal mit Regnitz und Seitenkanälen, Lahn, Schiffahrtsweg Rhein-Kleve mit Griethausener Altrhein und Spoy-Kanal, Westdeutsche Kanäle, gesamtes Kanalnetz zwischen Rhein und Nordsee, Weser – soweit Binnenschiffahrtsstraße – mit Werra, Fulda, Aller und Leine, Elbe (Oberelbe), Ilmenau, Elbe-Lübeck-Kanal, Saar (vgl. die Erweiterung der Binnenschiffahrtsstraßen in den östlichen Bundesländern in der Karte S. 18/19).

Die Sondervorschriften für die vorstehenden Binnenschiffahrtsstraßen ergeben sich aus den Kapiteln 10 bis 20 BinSchStrO, wobei auch durch die Angabe der jeweiligen § ..01 auf den örtlichen Geltungsbereich hingewiesen wird. Die BinSchStrO gilt auch in Berlin; sie enthält jedoch noch nicht die Sondervorschriften für Berlin.

Damit der Fahrzeugführer sich stets über das zu befahrende Flußrevier informieren kann, *sollte* die dort geltende Verkehrsvorschrift an Bord vorhanden sein. Bei Fahrzeugen, auch Sportbooten, ab 15 t Wasserverdrängung *muß* die betreffende Verkehrsvorschrift stets mitgeführt werden.

Hinweise:
Darstellung der Binnenschiffahrtsstraßen mit farblicher Hervorhebung der jeweils geltenden Verkehrsordnungen in Abschnitt I.3.
Beachte: Erläuterungen in Teil I.3–4.
Vorschriften: § 1.11.

1.2 Pflichten des Fahrzeugführers vor Fahrtantritt

3*
Welche Verpflichtung haben Sie, wenn Sie ein Ihnen unbekanntes Revier befahren wollen?

Antwort:
1. Ich informiere mich über die dort geltenden Vorschriften, Fahrwasserbezeichnungen, Sonderregelungen.
2. Ich beschaffe mir das erforderliche Kartenmaterial.

4*
Weshalb muß sich der Schiffsführer vor dem Befahren fremder Gewässer über die dort geltenden Vorschriften informieren?

Antwort:
Damit er die dort möglichen Abweichungen der Verkehrs-, Führerschein- und Zulassungsvorschriften sowie mögliche Fahrverbote für Teile der Wasserflächen oder zu bestimmten Zeiten berücksichtigen kann.

5* ● ●
Wo kann man Verkehrsbeschränkungen erfahren und nähere Informationen über bestimmte Binnenschiffahrtsstraßen erhalten?

Antwort:
Bei den Dienststellen der Wasser- und Schiffahrtsverwaltung und der Wasserschutzpolizei.

6*
Bei welchen Dienststellen erhalten Sie nähere Informationen über Sondervorschriften auf bestimmten Wasserstraßen?

Antwort:
Bei den Dienststellen der Wasser- und Schiffahrtsverwaltung und der Wasserschutzpolizei.

Zu Fragen 3 bis 6:

Informationen:
Vor Antritt jeder Fahrt ist eine der wichtigsten Voraussetzungen für einen ordentlichen und möglichst störungsfreien Ablauf jeder Schiffsreise die Einholung von Informationen und Unterlagen, vor allem Kartenmaterial, über das zu befahrende Gebiet und dessen genaues Studium. Es reicht jedoch nicht aus, sich einmal vor Beginn der Bootssaison zu informieren. Jede Information muß ständig auf dem laufenden gehalten werden, da sich die unterschiedlichen örtlichen Verhältnisse sehr schnell ändern können.

Verkehrsvorschriften:
Die Einholung von Informationen über eventuelle von den Vorschriften abweichende Anordnungen oder örtliche Sonderregelungen ist unerläßlich. Dringend zu empfehlen ist auch die Planung der täglichen Fahrtstrecken, um sicherzustellen, daß noch bei Tag ein sicherer Hafen erreicht wird.

Kartenmaterial:
Das Kartenmaterial ist auf dem neuesten letzten Stand zu halten. Die Verwendung von Autokarten oder gar Atlanten genügt nicht. Es müssen die jeweils neuesten Spezialkarten verwendet werden.

Allgemeines

Schleusenbetriebszeiten:
Die Berücksichtigung der Schleusenbetriebszeiten auf den zu befahrenden Strecken gehört ebenfalls zur Planung jeder Fahrt, da die Zeiten zwischen den einzelnen Binnenschiffahrtsstraßen abweichend sind; z. T. wird an Samstagen nur begrenzt und an Sonn- und Feiertagen überhaupt nicht geschleust. Schleusengebühren fallen in der Regel nicht an, da diese für die Sportboote pauschal durch den DMYV und den DSV entrichtet werden.

Informationsmaterial:
Informationsmaterial, Streckenerläuterungen usw. kann vom DMYV und vom DSV, beide Gründgensstraße 18, 2000 Hamburg 60, bezogen werden.

Hinweise:
Verkehrsordnungen siehe Fragen 1 und 2
Dienststellen der Wasser- und Schiffahrtsverwaltung und der Wasserschutzpolizei siehe Anlagen 3 und 5

1.3 Schiffahrtspolizeiliche Überwachung

7*	Antwort:	● ●
Wer überwacht die Befolgung der schiffahrtspolizeilichen Vorschriften?	**Die Wasserschutzpolizei.** **Die Wasser- und Schiffahrtsverwaltung.**	

8	Antwort:	●
Wer ist auf einem Fahrzeug für die Befolgung der schiffahrtspolizeilichen Vorschriften verantwortlich?	**Der Schiffsführer.**	

Zu Fragen 7 und 8:
Schiffahrtspolizeibehörden sind die Behörden der Wasser- und Schiffahrtsverwaltung des Bundes. Nach einer vom Bundesminister für Verkehr mit den einzelnen Ländern geschlossenen Vereinbarung werden die schiffahrtspolizeilichen Vollzugsaufgaben von den Wasserschutzpolizeien der betreffenden Länder wahrgenommen. In dringenden Fällen oder in den Bereichen, in denen keine Wasserschutzpolizei zur Verfügung steht, können schiffahrtspolizeiliche Vollzugs-

aufgaben auch von der Wasser- und Schiffahrtsverwaltung des Bundes wahrgenommen werden, im übrigen obliegt ihr hauptsächlich die Verwaltung und Unterhaltung einschließlich der Baumaßnahmen der Bundeswasserstraßen.
Jedes Fahrzeug muß unter der Führung einer geeigneten, zuverlässigen Person stehen. Hierfür ist eine Fahrerlaubnis erforderlich, die für Sportboote durch den gültigen Führerschein oder einen gleichgestellten anerkannten Befähigungsnachweis nachzuweisen ist.

Hinweise:
Anerkannte Befähigungnachweise siehe Abschnitt I.8
Dienststellen der Wasser- und Schiffahrtsverwaltung und der Wasserschutzpolizei siehe Anlagen 3 und 4
Mitzuführende Schiffspapiere siehe Frage 29, Anforderungen an den Schiffsführer siehe Fragen 400–403
Vorschrift: § 1.02

1.4 Grundregeln für das Verhalten im Verkehr

9	Antwort:	● ●
Was ist zu tun, wenn vor Antritt der Fahrt nicht feststeht, wer Schiffsführer ist?	**Wenn nicht feststeht, wer Schiffsführer ist, und wenn mehrere Personen zum Führen eines Fahrzeuges berechtigt sind, haben sie vor Antritt der Fahrt zu bestimmen, wer verantwortlicher Schiffsführer ist.**	

Grundregeln für das Verhalten im Verkehr

Zu Frage 9:
Der verantwortliche Schiffsführer muß sich während der Fahrt stets an Bord befinden. Befindet sich der Eigentümer an Bord und hat er eine Fahrerlaubnis, wird er in der Regel der verantwortliche Schiffsführer sein. Besitzt er keinen Führerschein oder will er sich vertreten lassen, muß er einem anderen Führerscheininhaber die Verantwortung übertragen. Sind mehrere Personen zur Führung eines Fahrzeugs berechtigt, haben sie vor Antritt der Fahrt festzulegen, wer der verantwortliche Schiffsführer ist. Wird während der Fahrt diese Festlegung geändert, sollte dies zur Beweissicherung mit Datum, Uhrzeit, Namen und Ort/Km des Wechsels festgehalten werden.

Der Schiffsführer muß nicht selbständig das Ruder führen. Er kann sich in der Ruderführung durch eine mindestens 16 Jahre alte und geeignete Person vertreten lassen. An der Verantwortung in der Fahrzeugführung ändert sich jedoch nichts, d. h. der Schiffsführer muß ggf. die für die sichere Führung des Fahrzeugs erforderlichen Weisungen geben und sicherstellen, daß ihnen auch Folge geleistet wird.

Hinweis:
Grundregeln für das Verhalten im Verkehr siehe Abschnitt I 5.1

Vorschriften:
§§ 1.02, 1.03, 1.09

10*
Wie hat sich ein Schiffsführer zu verhalten, wenn er durch Einwirkung geistiger Getränke oder anderer berauschender Mittel in der Führung des Fahrzeuges behindert ist?

Antwort: ●

Er darf das Fahrzeug nicht führen.

Zu Frage 10:
Ist ein Schiffsführer aufgrund des Genusses alkoholischer Getränke oder anderer berauschender Mittel nicht mehr in der Lage, das Fahrzeug sicher zu führen, besteht für ihn automatisch ein Fahrverbot. Setzt er sich über dieses Verbot hinweg, kann ein strafrechtliches Verfahren einschl. der Entziehung der Fahrerlaubnis die Folge sein, wobei der festgestellte Blutalkoholgehalt berücksichtigt wird.

Da vom BMV für den Verkehr auf den Wasserstraßen keine Promillegrenzwerte festgelegt sind, ist von dem Grenzwert der absoluten Fahruntüchtigkeit im Straßenverkehr (1,1 Promille)

auszugehen, der von der höchstrichterlichen Rechtsprechung festgelegt ist. Dieser Wert wird in der Regel auch von den Gerichten bei ihren Entscheidungen betreffend den Verkehr auf den Bundeswasserstraßen zugrunde gelegt.
Im Falle einer alkoholbedingten Beeinträchtigung der Verkehrstauglichkeit ist ein Rudergänger nicht ausreichend. Schiffsführer kann nur der Inhaber eines gültigen Befähigungsnachweises sein.

Hinweise:
Verantwortlichkeit des Schiffsführers siehe Fragen 8 und 9. Vorschriften: §§ 315a, 316 StGB

11*
Wie lauten die Grundregeln für das Verhalten im Verkehr auf den Binnenschiffahrtsstraßen?

Antwort: ● ● ●

Alle Verkehrsteilnehmer haben Vorsichtsmaßregeln zur sicheren Führung des Fahrzeuges zu treffen, damit kein anderer geschädigt, gefährdet oder mehr als nach den Umständen unvermeidbar behindert oder belästigt wird.

Allgemeines

12*

Wann darf man von den Grundregeln für das Verhalten im Verkehr auf den Binnenschiffahrtsstraßen abweichen?

Antwort:

Bei unmittelbar drohender Gefahr müssen die Schiffsführer alle Maßnahmen treffen, die die Umstände gebieten, auch wenn sie dadurch gezwungen sind, von den geltenden Bestimmungen abzuweichen.

Zu Fragen 11 und 12:
Die Grundregeln für das Verhalten im Verkehr sind für den Binnenschiffsverkehr in § 1.04 enthalten; sie ist die wichtigste Verhaltensvorschrift, denn aus ihr lassen sich nicht nur alle Einzelregelungen der Verkehrsbestimmungen als Konkretisierungen herleiten, sondern auch die Verpflichtung zur Beachtung sonstiger Vorsichtsmaßregeln, die nicht ausdrücklich vorgeschrieben sind und die die Übung der Schiffahrt oder besondere Umstände erfordern. Verkehrsvorschriften können niemals alle Verkehrssituationen erfassen. Die Grundregeln als eine pauschale Erfassung aller möglichen Verhaltenspflichten im Verkehr sind daher unabdingbar.
Zur Beachtung der Grundregeln sind alle Verkehrsteilnehmer verpflichtet. Verkehrsteilnehmer ist nicht nur der verantwortliche Schiffsführer, sondern auch der sonst für die Sicherheit Verantwortliche im Sinne des § 1.04; ferner alle übrigen, die mit eigenen Rechten und Pflichten am Verkehr teilnehmen, z. B. Wasserskiläufer, Surfer, Fischer u. a.
Die Grundregeln dienen nicht nur der Gewährleistung der Sicherheit des Verkehrs, sondern auch der Leichtigkeit (Flüssigkeit) des Verkehrs. Die Sicherheit ist dann nicht mehr gewährleistet, wenn ein anderer geschädigt oder gefährdet wird, z. B. durch eine Kollision oder einen Beinahe-Unfall.
Die Leichtigkeit des Verkehrs ist nicht mehr gewährleistet, wenn ein anderer vermeidbar behindert oder belästigt wird, z. B. durch zu hohe Geschwindigkeit, Zwang zum Aufstoppen, o. ä.
Da die Grundregeln nach den Einführungsverordnungen selbständig unter Bußgeldandrohung stehen, kann eine Ordnungswidrigkeit auch dann vorliegen, wenn gegen keine besonderen Vorschriften verstoßen wurde.
Weiter verpflichtet die Vorschrift jeden Verkehrsteilnehmer, bei unmittelbar drohender Gefahr notfalls auch solche Maßnahmen zu ergreifen, die einen Verstoß gegen einzelne Verkehrsvorschriften darstellen, um die drohende Gefahr abzuwenden oder die Schadensauswirkung möglichst zu vermindern, z. B. Ausweichen entgegen den Ausweichregeln (Manöver des letzten Augenblicks).
Hinweis:
Ausweichregeln siehe Fragen 172 bis 175
Vorschriften:
§§ 1.03, 1.04, 1.05

1.5 Hilfeleistungspflicht bei Unfällen

13*

Wozu ist der Schiffsführer jedes Fahrzeuges verpflichtet, wenn sich in seiner Nähe ein Unfall ereignet?

Antwort:

Jeder Schiffsführer ist verpflichtet, unverzüglich Hilfe zu leisten, soweit das mit der Sicherheit seines eigenen Fahrzeuges zu vereinbaren ist.

14

Wie hat sich der Schiffsführer bei einem Unfall mit drohender Gefahr für die Sicherheit der an Bord befindlichen Personen zu verhalten?

Antwort:

Der Schiffsführer muß alle Maßnahmen treffen, die die Umstände zur Abwendung der Gefahr erfordern.

Verhalten bei Hochwasser

15*
Wie verhalten Sie sich nach einem Zusammenstoß?

Antwort:

Grundsätzlich Erste Hilfe leisten, Fahrzeug aus dem Fahrwasser bringen, erforderliche Daten beteiligter Personen und Fahrzeuge notieren. Erforderlichenfalls Wasserschutzpolizei verständigen.

Zu Fragen 13 bis 15:
Neben der moralischen Verpflichtung zur Hilfeleistung bei Unglücks- oder Notfällen besteht auch eine gesetzliche Verpflichtung, deren Mißachtung strafrechtlich sanktioniert ist (§ 323c StGB). Daraus ist zu folgern, daß unterlassene Hilfeleistung keinesfalls ein Kavaliersdelikt ist. Diese Pflicht besteht bei Unglücksfällen, gemeiner Gefahr oder Notfällen, und zwar für alle Verkehrsteilnehmer, nicht nur für eventuelle Unfallbeteiligte, ohne Rücksicht darauf, ob auf dem eigenen oder einem fremden Fahrzeug oder aus anderen Gründen Hilfe notwendig ist (z. B. bei über Bord gefallenen Personen, Schwimmern in Not usw.). Unverzügliche Maßnahme in letzteren Fällen muß das Zuwerfen eines Rettungsringes und die sofortige Einleitung der Bergung sein. Ist letzteres ohne eigene Gefährdung nicht möglich, muß ggf. über Funk Hilfe angefordert werden und/oder müssen nachfolgende Fahrzeuge unterrichtet und zur Hilfeleistung aufgefordert werden. Nach der Rettung/Bergung müssen diese Personen entsprechend den »Erste Hilfe«-Kenntnissen versorgt und erforderlichenfalls umgehend ärztlicher Betreuung zugeführt werden.

Vor allem bei Kollisionen, gleichgültig ob als Beteiligter oder Unbeteiligter, ist die Hilfeleistung für die unfallbetroffenen Menschen das oberste Gebot, wobei sofort festgestellt werden muß, ob Personen über Bord gefallen oder verletzt sind. Die Sachbergung steht an zweiter Stelle, wobei zu versuchen ist, das Fahrzeug aus dem Fahrwasser zu bringen, um weitere Gefahrensituationen durch andere Fahrzeuge zu vermeiden. Ob das Fahrzeug am Ufer gesichert oder außerhalb des Fahrwassers vor Anker gegangen wird, ist nach den örtlichen Umständen zu entscheiden. Wichtig ist, daß hiernach alle Tatumstände als Notizen festgehalten werden.

Eine generelle Unterrichtungspflicht der Wasserschutzpolizei besteht nicht; der unmittelbaren Einigung der Beteiligten wird auch auf dem Wasser Vorrang eingeräumt. Eine **Unterrichtungspflicht** besteht jedoch, wenn

- Menschen ums Leben gekommen sind, vermißt werden oder verletzt wurden, Gegenstände in die Wasserstraße gelangt sind, die die Schiffahrt gefährden können,
- Schiffahrtszeichen losgerissen, zerstört, beschädigt oder in ihrer Lage versetzt wurden,
- ein Fahrzeug festgefahren oder gesunken ist, Ufer und Anlagen (Buhnen, Schleusen, Brücken u. ä) beschädigt wurden.

Soweit sich daraus Hindernisse für die übrige Schiffahrt ergeben, sind diese Stellen zu kennzeichnen und/oder für eine rechtzeitige und entfernte Wahrschau zu sorgen.

Hinweise:
Arbeitsgeräte, festgefahrene, gesunkene Fahrzeuge siehe Fragen 55–64
Notsituationen siehe Fragen 156–162
Mann-über-Bord siehe Fragen 451–452
Vorschriften:
§§ 1.12–1.17, § 323c StGB

1.6 Verhalten bei Hochwasser

16
Worauf ist bei Hochwasser besonders zu achten?

Antwort:

1. **Eventuelle Geschwindigkeitsbegrenzungen.**
2. **Eventuelle Begrenzung der Fahrwasserbreite.**
3. **Rundfunk/Sprechfunk auf Empfang schalten.**
4. **Eventuelles Fahrverbot.**

Allgemeines

Zu Frage 16:
Bei starkem, anhaltendem Ansteigen des Wassers und damit der Pegelstände sollten Sportboote rechtzeitig einen sicheren Liegeplatz als Schutzhafen aufsuchen. Die stärkere Strömung und das umfangreiche Treibgut in fließenden Gewässern beinhalten bereits erhebliche Gefahren. Treibgut, das vielfach aus Teilen von Bäumen besteht, ist in seinen Ausmaßen nicht erkennbar und kann bei Berührung zu starken Schäden am Boot, unter Umständen sogar zum Verlust des Bootes führen. Je nach Motorstärke ist gegen die Strömung eine Fahrt über Grund nicht mehr möglich.

Da bei stark ansteigenden Wasserständen durch den Rundfunk und auf dem örtlich üblichen Funkkanal bereits frühzeitig in kurzen Abständen Warnmeldungen ausgestrahlt werden, müssen die Geräte stets auf Empfang geschaltet sein.

Auf den einzelnen Bundeswasserstraßen sind die Hochwassermarken unterschiedlich festgelegt. Auf dem Rhein z. B. die Hochwassermarken I und II und auf der Mosel die Hochwassermarken I, II und III. Die Hochwassermarken sind zum Teil an Ufern und Kaimauern angebracht (aufgemalt). Die Wasserstände dieser Hochwassermarken sind in den Vorschriften angegeben. Für die gewerbliche Schiffahrt gibt es bereits bei Erreichen der Hochwassermarke I Einschränkungen, z. B. Höchstgeschwindigkeit in der Talfahrt von 20 km/h. Diese Einschränkungen gelten auch für die Sportfahrschiffahrt. Die Höchstgeschwindigkeit kann je nach Strömungsgeschwindigkeit bereits mit geringer Maschinenkraft überschritten werden. Es besteht auch ein

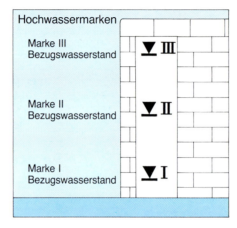

Fahrverbot auf dem Rhein für Fahrzeuge, die weder mit einem Rundfunk- noch mit einem Sprechfunkgerät ausgerüstet sind. Auf dem Rhein müssen Talfahrer möglichst in der Mitte und Bergfahrer im mittleren Drittel des Stromes fahren.

Bei Erreichen der Hochwassermarke II auf dem Rhein und III auf der Mosel ist die Schiffahrt verboten. Auf der Donau ist für jeden Pegel der höchst schiffbare Wasserstand festgelegt, bei dessen Erreichen jegliche Schiffahrt verboten ist.

In der BinSchStrO gibt es Hochwasserregelungen nur in den Sondervorschriften der Binnenschiffahrtsstraßen der Kapitel 10 bis 20. Auf kanalisierten Flüssen wird bei Erreichen des höchst schiffbaren Wasserstandes der Schleusenbetrieb eingestellt und damit auch der Schiffsverkehr.

Aus den vorstehend aufgeführten unterschiedlichen Festlegungen ergibt sich die Folgerung, daß die einzelnen Vorschriften rechtzeitig nachgelesen werden sollten. Nur dadurch wird vermieden, daß die Fahrt auf der Strecke oder vor einer Schleuse unterbrochen werden muß.

Vorschriften:
§ 10.01 Rhein- und MoselSchPV,
§ 11.01 DonauSchPV,
§ ..11 in den Kapiteln 10 bis 20 BinSchStrO.

1.7 Definitionen

17*
Bis zu welcher Länge gilt auf den Binnenschiffahrtsstraßen ein Fahrzeug als Kleinfahrzeug?

Antwort:
Weniger als 20 m Länge.

18*
Wann gilt ein Sportboot nach der Binnenschiffahrtsstraßen-Ordnung nicht mehr als ein Kleinfahrzeug?

Antwort:
Wenn es 20 m oder länger ist.

Definitionen

Zu Fragen 17 und 18:
Nach den Vorschriften, mit Ausnahme der Donau, darf der Schiffskörper eines Kleinfahrzeugs ohne Ruder und Bugspriet eine Höchstlänge von 20 m nicht erreichen. Fahrzeuge, die zwar die 20-m-Grenze nicht erreichen, aber gebaut und eingerichtet sind, um andere Fahrzeuge als Kleinfahrzeuge zu schleppen, zu schieben oder längsseits gekuppelt mitzuführen oder für die Beförderung von mehr als 12 Fahrgästen zugelassen sind, Fähren und schwimmendes Gerät fallen nicht unter den Begriff »Kleinfahrzeug« und werden als gewerbliche Fahrzeuge behandelt.

Nach der DonauSchPV wird ein Fahrzeug als »Kleinfahrzeug« bezeichnet, wenn dessen Länge 15 m und dessen Breite 3 m, gemessen am Schiffskörper, nicht überschreitet oder dessen größte Wasserverdrängung unter 15 m^3 liegt.

Nach der BinSchStrO werden Segelsurfbretter, Amphibienfahrzeuge, Luftkissenfahrzeuge und Tragflügelboote in der genannten Länge den Kleinfahrzeugen zugeordnet. Dies gilt auch für die übrigen Wasserstraßen, wenn für sie keine Sondervorschriften bestehen.

Fahrzeuge, die die 20-m-Länge erreichen oder überschreiten, fallen ohne Rücksicht auf ihre Wasserverdrängung nicht mehr unter den Begriff »Kleinfahrzeuge« und haben sich im Verkehrsgeschehen wie ein gewerbliches Fahrzeug zu verhalten.

Die vorstehende 20-m-Länge gilt nicht für die Untersuchungs- und Patentbefreiung:
Nach den Untersuchungsordnungen und den Patentverordnungen für die Binnenschiffahrt sind alle Fahrzeuge ab 15 m^3 Wasserverdrängung, ohne Rücksicht auf deren Länge, untersuchungspflichtig, d. h. für das Fahrzeug muß ein Schiffsattest erteilt und der Schiffsführer im Besitz eines Patentes, bei einem Sportboot unter 60 t Wasserverdrängung, im Besitz des Sportschifferpatentes sein.

Beachte:

==Kleinfahrzeuge sind gegenüber den gewerblichen Fahrzeugen und auch Sportbooten von 20 m und mehr Länge grundsätzlich ausweichpflichtig.==
==Gegenüber den Kleinfahrzeugen besteht keine generelle Schallsignalpflicht.==
==Eine Steuerbordbegegnung muß nicht angezeigt werden.==

Auf der Donau müssen einzeln fahrende Kleinfahrzeuge mit Maschinenantrieb, deren Schiffskörper über 7 m lang ist, bei Tag eine weiße Flagge mit waagerechtem rotem Streifen in der Mitte führen.

Hinweise:
Steuerbordbegegnung siehe Fragen 75–78
Schallsignale siehe Fragen 140–141
Vorschriften:
§ 1.01/7 bzw. 1.01/i,
§ 3.31 DonauSchPV.

19
Wann ist ein Fahrzeug »in Fahrt«?

Antwort:

Wenn es weder vor Anker liegt noch am Ufer festgemacht ist, noch auf Grund sitzt.

Zu Frage 19:
Es wird oft die Meinung vertreten, daß ein Boot dessen Antriebskraft nicht genutzt wird, als ein stilliegendes Fahrzeug anzusehen ist. Diese Meinung ist falsch. Nach den Verkehrsvorschriften wird ein Fahrzeug dann als stilliegend bezeichnet, wenn es unmittelbar oder mittelbar vor Anker liegt, am Ufer festgemacht hat oder festgefahren ist. Der Begriff »fahrend« oder »in Fahrt befindlich« gilt demgemäß für Fahrzeuge, die weder unmittelbar noch mittelbar vor Anker liegen, am Ufer festgemacht oder festgefahren sind. Daraus folgt, daß beispielsweise ein treibendes Fahrzeug als in Fahrt befindlich gilt und daher die Verkehrsvorschriften beachten muß, insbesondere die Ausweichregeln, und erforderlichenfalls Lichter setzen muß. Ob das Fahrzeug dabei Fahrt durchs Wasser oder Fahrt über Grund macht oder beides nicht, spielt keine Rolle.

Vorschriften:
§ 1.01/15 und 16 bzw. 1.01/l und m.

20
Wann gilt ein Segelfahrzeug als Maschinenfahrzeug?

Antwort:

Wenn es unter Segel und mit Motor oder nur mit Motor fährt.

49

Allgemeines

Zu Frage 20:
Sobald ein Segelfahrzeug mit gesetzten Segeln auch den Maschinenantrieb benutzt oder ohne Segel sich nur mit Maschinenkraft fortbewegt, gilt es als Fahrzeug mit eigener in Tätigkeit gesetzter Antriebsmaschine und wird zum Motorboot bzw. Maschinenfahrzeug. Es muß somit die Lichter wie ein Motorboot führen und die Ausweichregeln eines Motorboots beachten. Fährt es unter Segel und Antriebsmaschine, muß es bei Tag ferner einen schwarzen Kegel mit der Spitze nach unten setzen.
Hinweis:
Segelfahrzeug unter Segel und Motor siehe Fragen 74, 415, 416
Vorschriften: § 1.01/8 bzw. 01/u.

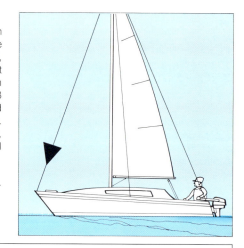

21*
Welche Seite wird als Luvseite bezeichnet?

Antwort:
Die dem Wind zugekehrte Seite.

22*
Welche Seite wird als Leeseite bezeichnet?

Antwort:
Die dem Wind abgekehrte Seite.

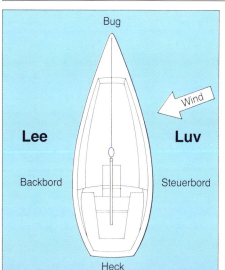

Zu Fragen 21 und 22:
Die Frage, von welcher Seite der Wind kommt, und zwar in Blickrichtung auf den Bug, d. h. von der Steuerbord- oder der Backbordseite des Fahrzeugs, ist ausschließlich für Segelfahrzeuge im Hinblick auf die Ausweichregeln relevant.

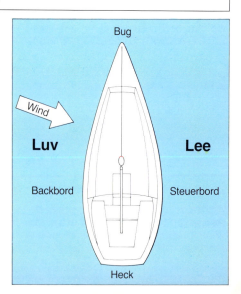

Kennzeichnung

23*

Was verstehen Sie
1. **unter unsichtigem Wetter?**
2. **unter Nacht?**

Antwort: ● ● ●

1. **Sichtbeeinträchtigung durch Nebel, Schneefall, heftige Regengüsse oder ähnliche Umstände.**
2. **Den Zeitraum von Sonnenuntergang bis Sonnenaufgang.**

Zu Frage 23:
Die Nachtzeit, d. h. der Zeitraum von Sonnenuntergang bis Sonnenaufgang, bestimmt den vorgeschriebenen Zeitraum der Lichterführung. Der Begriff »Tag« umfaßt dementsprechend den Zeitraum von Sonnenaufgang bis Sonnenuntergang.

Im Hinblick auf die Sichtbeeinträchtigung sind die Lichter bei unsichtigem Wetter auch am Tag zu führen. Darüber hinaus sind die vorgeschriebenen Nebelschallsignale zu geben.

Hinweis:
Verhalten bei unsichtigem Wetter siehe Fragen 179, 180
Vorschriften:
§§ 1.01/25, 26, 27 bzw. 1.01/n, o

1.8 Kennzeichnung

24

Welche Kennzeichnungsarten für Sportboote gibt es?

Antwort: ● ● ●

1. **Mit seinem Namen und dem Namen und der Anschrift des Eigentümers**
2. **oder mit dem amtlichen Kennzeichen**
3. **oder mit dem Verbandskennzeichen.**

25

Welche Stelle ist für die Zuteilung eines amtlichen Kennzeichens für Sportboote zuständig?

Antwort: ●

Das zuständige Wasser- und Schiffahrtsamt.

26

Was beinhaltet die Verbandskennzeichnung?

Antwort: ● ●

1. **Name des Fahrzeugs oder eine Unterscheidungsnummer.**
2. **Name des Vereins in Abkürzung am Heck.**
3. **Führen der Verbandsflagge.**
4. **Ausweis über die Vereinszugehörigkeit.**

27

Wie muß die Kennzeichnung an einem Sportboot angebracht werden?

Antwort: ● ●

Beidseits des Bugs, 10 cm hohe Schrift in dunkler Farbe auf hellem Grund oder in heller Farbe auf dunklem Grund.

Allgemeines

Zu Fragen 24 bis 27:
Die Kennzeichnung der Kleinfahrzeuge ist auf allen Binnenschiffahrtsstraßen vorgeschrieben. Ein amtliches Kennzeichen wird zum Teil in den Verordnungen der WSDn gefordert. Hiervon ausgenommen sind Sportfahrzeuge von Sportvereinen, die einem anerkannten Wassersportverband angehören. Anerkannte Wassersportverbände sind u. a. der DMYV und der DSV. Das Kennzeichen wird in diesem Fall von diesen beiden Verbänden zusammen mit der Ausstellung des von der ECE eingeführten Internationalen Bootsscheines zugeteilt und ist entsprechend den Antworten zu den Fragen 26 und 27 anzubringen. Der Nachweis ist an Bord mitzuführen. Ferner muß ein Mitglied der Besatzung einen mit einem Lichtbild versehenen Ausweis und einen Ausweis über seine Zugehörigkeit zum Verein bei sich führen, aus dem sich auch die Mitgliedschaft des Vereins zu dem Verband ergibt. Die Flagge des Verbandes muß mindestens 20 × 30 cm groß sein.
Ein amtliches Kennzeichen wird auf Antrag vom örtlich zuständigen WSA zugeteilt. Es ist entsprechend der Antwort zur Frage 27 anzubringen und der Zuteilungsnachweis an Bord mitzuführen.
Auf Landeswasserstraßen kann die Zuteilung eines Kennzeichens auch von der unteren Verwaltungsbehörde (Landratsamt) erfolgen, z. B. Bodensee.
Sportfahrzeuge, die in das See- oder Binnenschiffsregister eingetragen sind, haben den Schiffsnamen beidseits des Bugs, ferner den Namen mit Heimathafen/Registerhafen am Heck anzubringen. Die genannten Kennzeichnungen gelten auf allen Bundeswasserstraßen, also auch auf den Seeschiffahrtsstraßen.
Soweit für Sportboote (Kleinfahrzeuge) auf einer Wasserstraße ausnahmsweise eine amtliche bzw. Verbandskennzeichnung nicht vorgeschrieben ist und auch nicht beantragt wurde, muß der Name auf beiden Außenseiten des Bootes in mindestens 10 cm hohen lateinischen Schriftzeichen angebracht werden. Ferner ist der Name und die Anschrift des Eigentümers an auffallender Stelle an der Innen- oder Außenseite des Sportbootes anzubringen.
Beiboote eines Fahrzeuges müssen an der Innen- oder Außenseite nur ein Kennzeichen tragen, das die Feststellung des Eigentümers gestattet. Auf der Donau müssen Kleinfahrzeuge mit Maschinenantrieb mit mehr als 7 m Länge eine weiß-rot-weiße Flagge mindestens 60 × 60 cm führen.
Neben dem DMYV und dem DSV ist neuerdings auch der ADAC berechtigt, den Internationalen Bootsschein auszustellen. Da der ADAC nicht als Wassersportverband anerkannt ist, gilt der von ihm ausgestellte Bootsschein *nicht* als Grundlage für die Verbandskennzeichnung, so daß trotzdem ein amtliches Kennzeichen erforderlich ist.

Hinweis:
Eintragungspflicht im Binnenschiffsregister siehe Frage 28.

Vorschriften:
§ 2.02, VO des BMV vom 20. 7. 1960 für den Rhein, vom 26. 10. 1966 für die Mosel, VOen der WSDen für die Donau und fast alle Binnenschiffahrtsstraßen nach der BinSchStrO.
3.31 DonauSchP

Amtliches Kennzeichen

Organisationskennzeichen

Verbandskennzeichnung — Bei kleineren Fahrzeugen Verbandsflagge am Bug oder Heck

Kennzeichen von im Schiffsregister eingetragenen Fahrzeugen

1.9 Sonstige behördliche Anforderungen

28
Wann muß ein Wassersportfahrzeug in das Binnenschiffsregister eingetragen werden?

Antwort:

Ab 10 m³ Wasserverdrängung.

Zu Frage 28:
Der Antrag auf Eintragung ist grundsätzlich vom Eigentümer zu stellen. Er kann frei entscheiden, ob die Eintragung im Binnen- oder im Seeschiffsregister erfolgen soll. Wird ein Sportfahrzeug ausschließlich zur Seefahrt eingesetzt oder hat es seinen Liegeplatz für längere Zeit im Ausland, ist das Seeschiffsregister anzuraten.

Eintragungspflicht im Seeschiffsregister besteht für seegehende Sportfahrzeuge ab 15 m Länge, im Binnenschiffsregister für Fahrzeuge ab 10 m³ Wasserverdrängung; sie können auf Antrag ab 5 m³ eingetragen werden.
Detaillierte Informationen sind beim DMYV oder DSV und beim ab 1. 7. 1990 neueingerichteten Bundesamt für Seeschiffahrt und Hydrographie (BSH) erhältlich.

Hinweis:
Kennzeichnungspflicht siehe Fragen 24 bis 27
Anschriften DMYV, DSV, BSH siehe Anlagen
Vorschriften:
§§ 3 u. 10 Schiffsregisterordnung

29
Welche Papiere muß der Führer eines Sportbootes mit sich führen?

Antwort:

1. **Den Führerschein.**
2. **Ggf. den Nachweis über die Kennzeichnung.**

Zu Frage 29:
Die vorstehend genannten Unterlagen sind verkehrsrechtlich ausreichend. Befindet sich jedoch eine Funkausrüstung an Bord, ist das Funk-/Funksprechzeugnis und die postalische Zulassungsurkunde sowie das Merkblatt für den Sprechfunk in der Rheinschiffahrt und bei Radarfahrt das Radarschifferzeugnis mitzuführen. Ist das Sportfahrzeug im Seeschiffsregister eintragungspflichtig (vgl. Erl. zu Frage 28), muß das Flaggenzertifikat mitgeführt werden.
Diese Nachweise müssen sich stets an Bord befinden und sind auf Verlangen den Bediensteten der zuständigen Behörde vorzulegen bzw. auszuhändigen.

Hinweis:
Zum Nachweis der Verbandskennzeichnung siehe Frage 26; zu den postalischen Voraussetzungen bei Sprechfunkanlagen siehe Frage 30.
Vorschriften:
§§ 1.10 b, k, l bzw. c, m.
1.02, 2.02, 4.05, 6.32
§ 2 Abs. 3 SportbootfüV-Bin.

30
Welche postalischen Voraussetzungen sind bei Sprechfunkanlagen zu beachten?

Antwort:

1. **Das Gerät muß postalisch genehmigt sein.**
2. **Beim Betrieb der Anlage muß eine Person mit Sprechfunkzeugnis an Bord sein.**

Zu Frage 30:
Es dürfen nur Sprechfunkanlagen eingebaut und benutzt werden, die von der Post zugelassen und genehmigt sind. Eine Person an Bord muß im Besitz des Sprechfunkzeugnisses sein; fehlt diese Person, darf die Anlage nicht benutzt werden. Beim Betrieb ist das Merkblatt für den Rheinfunkdienst zu beachten.
Diese Nachweise müssen sich stets an Bord befinden und sind auf Verlangen den Bediensteten der zuständigen Behörden vorzulegen bzw. auszuhändigen.

Hinweise:
Benutzung der Sprechfunkanlage bei Hochwasser siehe Frage 16
Vorschriften:
§§ 1.10/1, 4.05, 6.28/2 bzw. 4 und postalische Vorschriften.

Allgemeines

1.10 Verhalten bei der Annäherung an Schleusen, Häfen und Kanälen

---

31

Sie haben Sprechfunk an Bord. Was unternehmen Sie bei Annäherung an eine Schleuse?

Antwort: ●

Entsprechenden Sprechweg schalten und bei der Schleuse melden.

32

Was ist beim Anlaufen von Häfen zu beachten?

Antwort: ● ● ●

1. **Hafenpolizeiverordnung.**
2. **Sog- und Wellenschlag vermeiden.**
3. **Geschwindigkeitsbegrenzungen beachten.**
4. **Eventuell erforderliche Genehmigung einholen.**

Zu Fragen 31 und 32:
Das Vorhandensein einer Sprechfunkeinrichtung an Bord erleichtert die Abwicklung des Schleusenbetriebes und die Durchfahrt durch die Schleusen. Ist keine solche Einrichtung an Bord, bedarf es der mündlichen Kontaktaufnahme mit dem Schleusenbetriebspersonal.
Die Verkehrsbestimmungen der jeweiligen Wasserstraße gelten überwiegend auch in den angrenzenden Häfen. Abweichende oder zusätzliche Bestimmungen ergeben sich aus den einzelnen Hafenordnungen.

Solche Abweichungen sind in der Regel:

● Fahren nur mit Genehmigung der Hafenbehörde,
● bei Notfällen Einholung der Genehmigung umgehend nach dem Einlaufen,
● schädlicher Sog- und Wellenschlag ist grundsätzlich zu vermeiden; dies gilt auch bei festgelegten Höchstgeschwindigkeiten.

Hinweise:
Einlaufverbot siehe Frage 118
Schallsignale siehe Fragen 149, 150
Auslaufen aus Häfen siehe Frage 187

Das Einlaufen in einen Hafen kann auch durch Schiffahrtszeichen geregelt werden. Sind solche Zeichen nicht vorhanden oder nicht in Betrieb und ist für die gleichzeitige Ein- und Ausfahrt kein genügender Raum vorhanden, darf erst eingefahren werden, wenn kein Fahrzeug ausfährt. Dies gilt seitens der gewerblichen Schiffahrt nicht gegenüber Kleinfahrzeugen. Auf evtl. Schallzeichen für die Ein- und Ausfahrt wird verwiesen.
In den Hafengebieten sind Hafenmeister ermächtigt, Hoheitsaufgaben nach der Hafen-VO wahrzunehmen.
Vorschriften:
§ 6.16 und Hafen-VO

33

Warum ist in den Kanälen das Ankern verboten?

Antwort: ● ●

Um eine Beschädigung des Kanalbettes zu vermeiden und um den Schiffsverkehr nicht zu behindern.

Zu Frage 33:
Unter die Begriffsbestimmung »Kanäle« fallen: Schiffahrtskanäle und Schleusenkanäle mit Schleusen. Hierbei handelt es sich um Wasserstraßen bzw. Teile von ihnen mit künstlicher Flußsohle (Beton usw.). Das Ankern ist dort deshalb verboten, weil die Anker den Grund beschä-

digen können. Die sich dadurch ergebenden undichten Stellen würden zum Sinken des Wasserstandes führen. Da auf den genannten Strecken ein allgemeines Ankerverbot besteht, sind in der Regel keine Ankerverbotszeichen aufgestellt.

Hinweis:
Ankerverbotszeichen siehe Frage 128
Vorschriften:
§§ 6.28/5, 7.03

54

1.11 Geltungsbereich des Sportbootführerscheins – Binnen

34*
Für welche Sportboote ist der Sportbootführerschein-Binnen gesetzlich vorgeschrieben?

Antwort:

Für Sportboote von mehr als 3,68 kW (5 PS) Motorleistung und weniger als 15 m³ Wasserverdrängung. Auf Gewässern im Großraum Berlin für alle Sportboote mit Maschinenantrieb und für Segelfahrzeuge und Segelsurfbretter mit mehr als 3 m² Segelfläche.

35
Auf welchen Gewässern gilt der Sportbootführerschein-Binnen?

Antwort: ●

Auf den Binnenschiffahrtsstraßen.

36*
Wann wird der Sportbootführerschein-Binnen entzogen?

Antwort:

Wenn der Inhaber nicht mehr tauglich ist oder sich durch sein Verhalten im Verkehr als unzuverlässig erwiesen hat.

Zu Fragen 34 bis 36:
Der Sportbootführerschein-Binnen ist grundsätzlich als Nachweis von drei verschiedenen Fahrerlaubnissen vorgesehen, nämlich für Sportboote –

- mit Antriebsmaschine,
- unter Segel,
- als Segelsurfbrett.

Für alle Sportboote mit einer der drei Antriebsarten ist eine Fahrerlaubnis jedoch nur auf Gewässern im Großraum Berlin erforderlich:
- Für Fahrzeuge mit Antriebsmaschine grundsätzlich, d. h. ohne jegliche PS-Freigrenze, und somit für alle Fahrzeuge, die mit einer Antriebsmaschine ausgerüstet sind,
- für Fahrzeuge unter Segel und für Segelsurfbretter mit mehr als 3 m² Segelfläche.

Auf den sonstigen Binnenschiffahrtsstraßen ist dagegen eine Erlaubnis nur für Fahrzeuge erforderlich, die mit einer Antriebsmaschine ausgerüstet sind, deren Nutzleistung mehr als 3,68 kW (5 PS) beträgt.

Für die Seeschiffahrtsstraßen ist der Sportbootführerschein–See ebenfalls nur für Sportboote mit Antriebsmaschine mit mehr als 3,68 kW vorgeschrieben. Vor dem 1.1.1978 ausgestellte Sportbootführerscheine–See sind dem Sportbootführerschein–Binnen gleichgestellt. Im Großraum Berlin erstreckt sich die Gültigkeit des Sportbootführerscheins–See bis zum Inkrafttreten der SportbootFüV-Bin vom 22.3.1989.

Auf dem Bodensee sind Bodensee-Schifferpatente für Fahrzeuge mit Maschinenantrieb von mehr als 4,4 kW (6 PS) – Kategorie A – und für Segelfahrzeuge mit mehr als 12 m² Segelfläche – Kategorie D – vorgeschrieben.

Ein amtlicher Befähigungsnachweis für Vergnügungsfahrzeuge, der von einem Bodenseeuferstaat ausgestellt ist, also die Sportbootführerscheine–Binnen und See, wird für Urlauber für höchstens einen Monat innerhalb eines Jahres als ausreichend für den Bodensee anerkannt.

Die Anerkennung ist rechtzeitig bei einem Landratsamt am Bodensee zu beantragen und die Bescheinigung an Bord mitzuführen. Eine Teilung in zweimal zwei Wochen o. ä. ist nicht möglich. Das Boot muß für den Bodensee zugelassen sein.

Entziehungsgründe für den Sportbootführerschein–Binnen können sein:
- Beeinträchtigung der körperlichen und geistigen Tauglichkeit;
- erhebliche Verstöße gegen verkehrsstrafrechtliche Vorschriften mit rechtskräftiger Verurteilung;
- wiederholte Nichteinhaltung einer erteilten Auflage.

Hinweis:
Mitführungspflicht Sportbootführerschein–Binnen siehe Frage 29.

Vorschriften:
§§ 2, 3, 5, 10 SportbootFüV-Bin
§ 1 SportbootFüV-See
Artikel 12.01, 12.02, 12.09 BodenseeSchO

Tag- und Nachtbezeichnung der Fahrzeuge und schwimmenden Geräte

A 2 Tag- und Nachtbezeichnung der Fahrzeuge und schwimmenden Geräte

2.1 Allgemeine Anforderungen an die Bordlichter

37

Welchen Sichtwinkel und welche Farbe haben die einzelnen Bordlichter?

Antwort: • • •

Topplicht: weiß 225°
Seitenlichter:
Backbord rot 112° 30′
Steuerbord grün 112° 30′
Hecklicht: weiß 135°

38

Wann müssen die vorgeschriebenen Lichter von Fahrzeugen geführt werden?

Antwort: •

Bei Nacht und unsichtigem Wetter.

39

Welche Bordlichter dürfen auf Sportbooten verwendet werden?

Antwort: •

Nur solche Lichter, deren Baumuster vom BSH oder DHI zur Verwendung auf Binnen- oder Seeschiffahrtsstraßen zugelassen sind.

40

Welchen Anforderungen müssen die Bordlichter entsprechen?

Antwort: •

Sie müssen die Baumusterprüfung des BSH oder DHI haben.

Zu Fragen 37 und 38:
Bei Nacht ist die Fahrt und die Kursrichtung eines Fahrzeuges nur an den Lichtern zu erkennen. Aus ihrer Identifizierung muß abgeleitet werden, ob ein Ausweichmanöver notwendig oder die Passage ohne Gefährdung möglich ist. Ist die Anbringung der Lichter fehlerhaft, führt dies zu einer falschen Kursannahme, woraus gefährliche Situationen bis zum Zusammenstoß entstehen können. Deshalb müssen die Lichter genauestens angebracht und eingestellt sein. Die Verantwortung für die richtige Anbringung der Lichter obliegt dem Schiffsführer.

Aus der Horizontbogen-Sektoreneinteilung ergibt sich, daß Anfang und Ende eines Fahrzeuges und auch eines Fahrzeugverbandes, ausgenommen geschleppte Schubverbände, stets durch ein weißes Licht (Topp- und Hecklicht) erkennbar sind. Ob das Fahrzeug ein Entgegenkommer oder ein Vorausfahrer ist, ergibt sich aus der Farbe der Seitenlichter.
Die Lichter müssen stets ein gleichmäßiges, ununterbrochenes Licht ausstrahlen. Es ist verboten, andere als die in den Verkehrsbestimmungen vorgesehenen Lichter zu gebrauchen oder sie unter Umständen zu gebrauchen, für die

sie nicht vorgeschrieben oder zugelassen sind. Sofern vorgeschriebene Lichter ausfallen, müssen unverzüglich Ersatzlichter gesetzt werden. Zu diesem Zweck müssen entsprechende Ersatzlichter mitgeführt werden.
Es ist auch verboten, Lampen oder Scheinwerfer in einer Weise zu gebrauchen, daß sie blenden und dadurch die Schiffahrt oder den Verkehr an Land gefährden oder behindern.

Allgemeine Anforderungen an die Bordlichter

Darstellung der Lichtsektoren

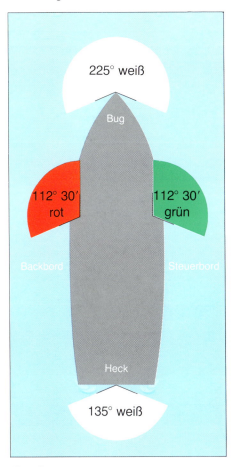

Hinweise:
Unsichtiges Wetter siehe Frage 23
Anforderungen an die Bordlichter siehe Fragen 39, 40.
Darstellung der Lichter siehe Zeichenerklärungen

Vorschriften: §§ 3.01, 3.02, 3.05, 3.06, 3.07

Zu Fragen 39 und 40:

Die in der Binnenschiffahrt zur Verwendung kommenden Lichter müssen der Verordnung über die Farbe und Lichtstärke der Bordlichter sowie die Zulassung von Signalleuchten in der Rheinschiffahrt und im Geltungsbereich der BinSchStrO vom 14. 9. 1972 (BGBl. I S. 1775) entsprechen.

Die frühere und heute noch in der Seeschiffahrt übliche Bezeichnung „Positionslaternen" ist damit in der Binnenschiffahrt entfallen. Die vorstehende Verordnung wurde auch für die Mosel übernommen. Für die Donau wurden Lichtstärke und Sichtweite in die DonauSchPV übernommen. Somit dürfen auf den Binnenschiffahrtsstraßen nur noch die vom Bundesamt für Seeschiffahrt und Hydrographie (BSH) zugelassenen Bordlichter und Signalleuchten verwendet werden, die mit einem Zulassungszeichen des BSH versehen sind. Das Zulassungszeichen besteht aus einem Anker, dem Zulassungsbuchstaben des Zulassungslandes, eines Rheinuferstaates oder Belgien und der Zulassungsnummer.

Beispiel: ⚓ **D 378**

Kleinfahrzeuge und Sportfahrzeuge mit 15 und mehr Tonnen Wasserverdrängung können auch Bordlichter und Signalleuchten, die für sie auf den Seeschiffahrtsstraßen vorgeschrieben sind, verwenden. Die Zulassungsbezeichnung lautet dann:

BSH 01/05/80

Die bis zur Bildung des BSH am 1. 8. 1990 vergebenen Zeichen mit der Bezeichnung DHI gelten weiter.

Die Signalleuchten sind in starke, helle und gewöhnliche Lichter eingeteilt und müssen folgende Sichtweiten erbringen.

Lichter	Farbe	
	weiß km	rot/grün km
stark	5,9–8	–
hell	3,9–5,3	2,8–5,0
gewöhnlich	2,3–3,0	1,7–3,2

Beim Wechsel oder Ersatz von Glühlampen ist besonders auf die Stärke zu achten, die insbesondere bei den roten und grünen Lichtern durch die Farbfilter in der Sichtweite beeinträchtigt sein kann.

Hinweis:
Zu den Sichtweiten und Farben siehe Frage 37
Vorschriften:
Bordlichter- und Signallichterverordnung §§ 1.01p, q bzw. 17, 3.05

Tag- und Nachtbezeichnung der Fahrzeuge und schwimmenden Geräte

2.2 Allgemeine Tag- und Nachtbezeichnung der Fahrzeuge der gewerblichen Schiffahrt

41

Sie sehen nebenstehende Lichter.
Welches Fahrzeug erkennen Sie?

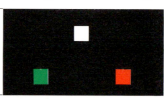

Antwort: • •

Fahrzeug mit Maschinenantrieb in Fahrt von vorn.

42

Sie sehen nebenstehende Lichter.
Welches Fahrzeug erkennen Sie?

Antwort: • •

Fahrzeug mit Maschinenantrieb in Fahrt von Steuerbordseite.

Zu Fragen 41 und 42:
Einzeln fahrende Fahrzeuge mit Maschinenantrieb bis 110 m Länge müssen bei Nacht ein weißes Topplicht, die Seitenlichter (rot an Bb, grün an Stb) und ein weißes Hecklicht führen. Je nach Fahrtrichtung (z. B. Querlage) sind nur das Topplicht und ein Seitenlicht zu sehen.

Bei einer Länge von mehr als 110 m ist zusätzlich ein zweites Topplicht auf dem Hinterschiff und in größerer Höhe als das vordere Licht zu führen (ausgenommen Donau).
Schubverbände, deren Länge 110 m und deren Breite 12 m nicht überschreiten, gelten als einzeln fahrende Fahrzeuge mit Maschinenantrieb

von gleicher Länge (siehe Absatz 1).
Hinweis:
Lichterführung siehe Frage 38;
Farben und Sichtwinkel siehe Frage 37
Vorschriften:
§§ 3.01, 3.08

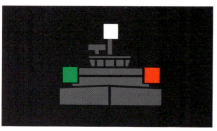

(Frage 41)

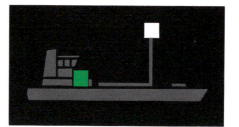

(Frage 42)

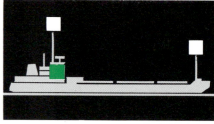

(über 110 m Länge)

43

Sie sehen nebenstehende Lichter.
Welches Fahrzeug erkennen Sie?

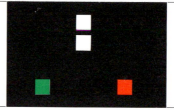

Antwort: •

Das erste Fahrzeug eines Schleppverbandes (Schlepper) von vorn.

Allgemeine Tag- und Nachtbezeichnung der Fahrzeuge der gewerblichen Schiffahrt

44
Woran erkennen Sie Anfang und Ende eines Schleppverbandes:
1. bei Tag?
2. bei Nacht?

Antwort:
1. **Bei Tag erstes Fahrzeug einen gelben Zylinder, letztes Fahrzeug einen gelben Ball.**
2. **Bei Nacht erstes Fahrzeug zwei weiße Topplichter übereinander, letztes Fahrzeug ein weißes Rundumlicht und ein weißes Hecklicht.**

45*
Was bedeuten nebenstehende Tagsignale?

1   2

Antwort:
1. **Erstes Fahrzeug,**
2. **letztes Fahrzeug in einem Schleppverband.**

Zu Fragen 43 bis 45:
Bei den Schleppverbänden der gewerblichen Schiffahrt ist besonders zu beachten, daß der Schleppverband zwischen den einzelnen Fahrzeugen, die mit Schleppdrähten miteinander verbunden sind, auf den Binnenschiffahrtsstraßen verschiedene Abstände aufweisen kann. Auf dem Rhein darf dieser Abstand bis zu 200 m betragen. Deshalb ist die Erkennung und Beachtung von Anfang und Ende eines Schleppverbandes besonders wichtig, damit der Zwischenraum bei einem Seitenwechsel nicht durchfahren wird. Ein solches grob fahrlässiges Verhalten kann zu einer Kollision und mindestens zu beachtliche Schadensfolgen führen.

Faustregel:
- Am Tage beginnt ein Schleppverband am gelben Zylinder und endet am gelben Ball.
- Bei Nacht beginnt der Schleppverband an den 2 Topplichtern übereinander und endet am weißen Hecklicht.

Beim Überholen eines Schleppverbandes gilt die umgekehrte Reihenfolge. Zu beachten ist auch, daß die Fahrzeuge im Schleppverband nicht in gerader Linie hintereinander fahren, da jedes Fahrzeug des Verbandes einen Fluß- oder Fahrrinnenbogen (Krümmung) ausfahren muß. In einem Schleppverband in Fahrt bei Nacht führt das erste Fahrzeug (Schlepper) zwei weiße Topplichter senkrecht übereinander, die Seitenlichter und ein gelbes Hecklicht. Die geschleppten Fahrzeuge führen als Topplicht ein weißes Rundumlicht und das letzte Fahrzeug zusätzlich ein weißes Hecklicht.

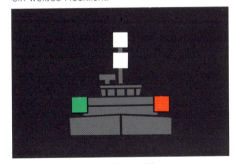

(zu Frage 43)

Bei Tag führt das erste Fahrzeug einen gelben Zylinder und das letzte einen gelben Ball; die geschleppten Fahrzeuge dazwischen führen eine rote Flagge mit weißem Quadrat. Auf der Donau sind der gelbe Ball und die Flagge nicht vorgeschrieben.

Fahren mehrere Fahrzeuge (Schlepper) an der Spitze des Verbandes, haben diese ein drittes weißes Topplicht zu führen. Damit wird angezeigt, daß zwischen diesen Fahrzeugen eine Durchfahrt nicht möglich ist. Am Tage haben die Schlepper dieser Formation alle den Zylinder zu führen.

Schleppt ein Kleinfahrzeug mit Maschinenantrieb andere Kleinfahrzeuge, so muß es bei Nacht die für die Kleinfahrzeuge vorgeschriebenen Fahrtlichter und die geschleppten Kleinfahrzeuge müssen, auch wenn längsseits geschleppt wird, ein weißes Rundumlicht führen. Eine besondere Tagbezeichnung ist nicht vorgeschrieben.

Hinweise:
Lichter eines Schubverbandes siehe Fragen 47 bis 49.
Lichter von Kleinfahrzeugen siehe Frage 52.

Vorschriften:
§§ 1.02/2, 3.09, 3.13, 3.29

Tag- und Nachtbezeichnung der Fahrzeuge und schwimmenden Geräte

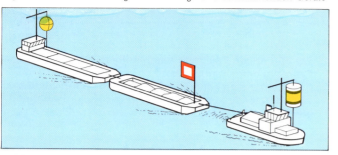
Bei Tag

(zu Frage 44)

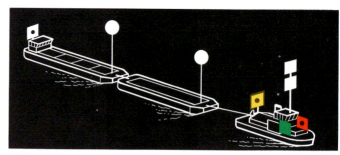
Bei Nacht

46

Welche Lichter führt ein Schubverband?

Antwort: ● ● ●

Drei weiße Topplichter in einem Dreieck angebracht, die Seitenlichter (Backbord rot/Steuerbord grün), drei weiße Hecklichter waagerecht nebeneinander.

47

Sie sehen nebenstehende Lichter. Welches Fahrzeug erkennen Sie?

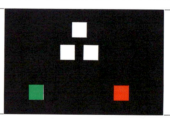

Antwort: ● ●

Schubverband in Fahrt von vorn.

48

Sie sehen vor sich nebenstehende Lichter. Welches Fahrzeug erkennen Sie?

Antwort: ●

Vorausfahrender Schubverband.

49

Sie sehen vor sich nebenstehende Lichter. Welches Fahrzeug erkennen Sie?

Antwort: ● ●

Vorausfahrender Schubverband, der geschleppt wird.

Allgemeine Tag- und Nachtbezeichnung der Fahrzeuge der gewerblichen Schiffahrt

Zu Fragen 46 bis 49:
Ein Schubverband ist eine starre Verbindung von mehreren Fahrzeugen. Der Verband kann bei einer Breite von 22,80 m bis zu 270 m lang sein. Bei einer Breite von 34,20 m kann die Länge noch 153 m betragen. Bedingt durch den in der Länge versetzten Drehpunkt eines Wasserfahrzeugs ist bei Kursänderungen der Manövrierraum des Verbandes am Heck größer als am Bug. Bei einem Überholvorgang mit möglichem Gegenverkehr muß dies in den Überholzeitraum einbezogen werden. Das gilt auch für die Breite beim Begegnen.

Bei Tag sind die Schubverbände als eine große Einheit erkennbar. Deshalb wurde auf eine besondere Tagesbezeichnung verzichtet. Schubverbände bis 110 m Länge und 12 m Breite gelten als einzeln fahrende Fahrzeuge mit Maschinenantrieb, so daß sie die Lichter eines Einzelfahrers führen.

(zu Frage 47)

(zu Frage 48)   (zu Frage 49)

Für die Lichterführung bei Nacht gilt für Schubverbände von mehr als 110 m Länge und mehr als 12 m Breite folgende Regelung:
Bei den in den Fragen 46 und 47 dargestellten Lichtern handelt es sich um einen Schubverband mit einer Fahrzeug-Schubleichterbreite. Bei mehr als einer Breite muß auf dem Vorschiff jedes weiteren Fahrzeuges, dessen Breite nach vorn sichtbar ist, ein Topplicht ca. 3 m tiefer als das oberste Licht des Lichterdreiecks geführt werden. Bei mehreren Breiten ist das Lichterdreieck auf dem Vorschiff des linken (Bb) Fahrzeugs an der Spitze des Verbandes zu führen. An diesen seitlich versetzten niedrigen 1 oder 2 Topplichtern ist bei Nacht die Breite von bis zu 22,80 m oder 34,20 m erkennbar. Die Seitenlichter sind auf dem breitesten Teil des Verbandes höchstens 1 m von den Außenseiten entfernt und möglichst nahe am schiebenden Fahrzeug zu führen, so daß auch hieraus die Breite erkennbar ist.

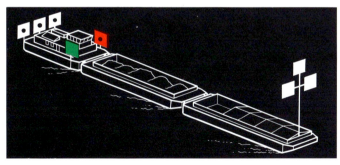

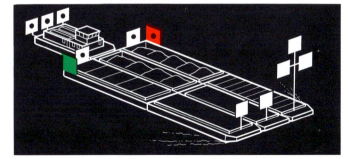

Die 3 waagerecht angebrachten Hecklichter zeigen eine Breite bis zu 2 Fahrzeugen/Schubleichtern an. Ist die ganze Breite eines Fahrzeuges von hinten sichtbar, was bei 3 Breiten in der Regel der Fall ist, muß auf jedem dieser Fahrzeuge ebenfalls ein Hecklicht geführt werden.

Insgesamt ist festzuhalten: Bei 5 Topplichtern und 5 Hecklichtern handelt es sich um einen Schubverband mit einer Breite bis zu 34,20 m.

Tag- und Nachtbezeichnung der Fahrzeuge und schwimmenden Geräte

Wird der Schubverband geschleppt, sind anstelle der 3 weißen 3 gelbe Hecklichter zu führen; evtl. weitere Hecklichter werden hiervon nicht berührt. Wird der Schubverband am Tage geschleppt, hat er den gelben Ball und der Schlepper den gelben Zylinder zu führen.

Schubverbände mit mehr als 193 m Länge oder mit mehr als 22,80 m Breite müssen auf dem Rhein zusätzlich ein viertes weißes Hecklicht über dem mittleren Licht führen, womit auch auf die besondere Länge oder Breite des vorausfahrenden Schubverbandes aufmerksam gemacht wird.

Neben Schlepp- und Schubverbänden gibt es auch noch gekuppelte Fahrzeuge. Hierbei handelt es sich um mindestens 2 längsseits (nebeneinander) festverbundene gewerbliche Fahrzeuge als Verband, die in der Lichterführung als einzelne Fahrzeuge behandelt werden. Die Seitenlichter auf der jeweiligen Innenseite müssen gelöscht sein, so daß nur einmal sowohl das rote als auch das grüne Seitenlicht sichtbar ist und daraus die Gesamtbreite erkennbar wird.

Hinweise:
Tag- und Nachtbezeichnung der Fahrzeuge siehe Fragen 37–40 und 42–46.
Schallsignal für Talfahrzeuge, die mit Radarhilfe fahren, siehe Frage 151.
Vorschriften:
§§ 1.01/c, d bzw. 4, 3.01, 3.09–3.11, 3,29, 8.02

50
**Sie sehen ein Fahrzeug, das nebenstehende Lichter gesetzt hat.
Um welches Fahrzeug handelt es sich?**

Antwort:
Eine nicht freifahrende Fähre.

51
**Sie sehen ein Fahrzeug, das nebenstehende Lichter gesetzt hat.
Um welches Fahrzeug handelt es sich?**

Antwort:
Eine freifahrende Fähre von vorn.

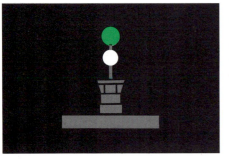

Zu Fragen 50 und 51:
Fähren dienen dem Übersetzverkehr von einem Ufer zum anderen.
Es gibt frei fahrende, d. h. mit eigenem Maschinenantrieb fahrende Fähren, und nicht frei fahrende Fähren ohne Maschinenantrieb am

● Längsseil
● Grundseil
● Hochseil.

(zu Frage 50)   *(zu Frage 51)*

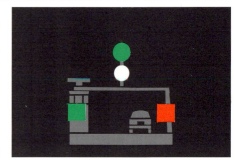

Allgemeine Tag- und Nachtbezeichnung der Fahrzeuge der gewerblichen Schiffahrt

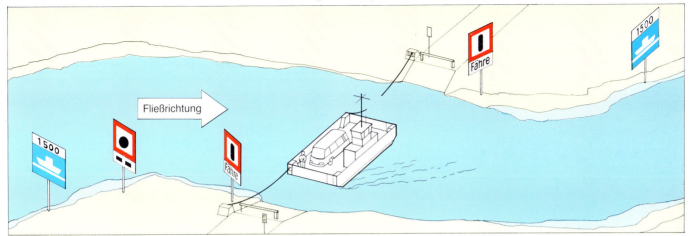

Die frei fahrenden Fähren sind hinsichtlich ihrer Manövrierfähigkeit mit einzeln fahrenden Fahrzeugen mit Maschinenantrieb vergleichbar. Sie führen deshalb auch Seitenlichter und Hecklicht. Die Fähreigenschaft ergibt sich aus den grün/weißen Rundumlichtern anstelle des Topplichtes.

Nicht frei fahrende Fähren sind wegen der angebrachten Halterung in ihrer Manövriereigenschaft beeinträchtigt.

Bei einer Fähre am Längsseil verläuft das Längsseil nach Oberstrom, wo es in der Regel ein Stück oberhalb über einem Buchtnachen oder Döpper verankert ist. Buchtnachen oder Döpper sind jeweils bei Nacht mit einem weißen Rundumlicht bezeichnet. Das Längsseil verläuft am festen Liegeplatz der Fähre stets entlang des Ufers. Wechselt die Fähre zum gegenüberliegenden Ufer, verläuft das Seil schräg über die Wasserstraße, so daß eine Durchfahrt anderer Fahrzeuge nicht möglich ist.

Fähren am Grundseil ziehen sich zum anderen Ufer. Eine Gefahr für die Vorbeifahrt besteht unmittelbar vor und hinter der Fähre, weil das

Vorschriften:
§§ 1.01/10 bzw. h, 1.04, 3.16, 6.23, 7.02
§ 6.02/2 nur BinSchStrO
§§ 3.34, 9.08 DonauSchPV

Grundseil durch den Zug über die Fähre schräg nach oben bzw. nach unten verläuft.

Eine Fähre am Hochseil hängt an einem quer über die Wasserstraße verlaufenden Hochseil, das so hoch angebracht ist, daß die durchgehende Schiffahrt nicht behindert wird.

Die Fähren am Längsseil und am Hochseil werden durch keinen mechanischen Antrieb fortbewegt. Sie legen sich schräg gegen die Strömung und werden vom Druck der Strömung zum anderen Ufer gedrückt.

Auf der Donau müssen die Fähren, die ohne zu wenden in gerader Linie zwischen gegenüberliegenden Landestellen verkehren, ab der Staustufe Kachlet (Donau-km 2230,70) talwärts zusätzlich ein von vorn und möglichst auch von hinten sichtbares weißes Rundumlicht führen. Auf der Donau müssen ferner die Fähren – ausgenommen frei fahrende Fähren, die nicht länger als 15 m sind, – einen grünen Ball führen.

Unabhängig von der Pflicht der Fähren, das Fahrwasser nur zu überqueren, wenn dies ohne Beeinträchtigung des übrigen Verkehrs möglich

Hinweise:
Grundregel für das Verhalten im Verkehr siehe Fragen 11, 12.
Hinweiszeichen auf nicht frei fahrende Fähren

ist, ergibt sich besonders aus der Art der Verankerung (Längsseil), daß eine entsprechende Rücksichtnahme, insbesondere seitens der schnelleren Sportschiffahrt, auch im eigenen Sicherheitsinteresse angebracht ist. Die Verpflichtung der Fähren besteht nicht gegenüber Kleinfahrzeugen im Bereich der BinSchStrO.

Auf nicht frei fahrenden Fähren wird insbesondere oberhalb der Fährstrecke für die Talfahrt durch das Hinweiszeichen (Frage 101) aufmerksam gemacht. Ferner besteht in der Fährlinie ein grundsätzliches Stilliegeverbot.

Es kann auch das Gebotszeichen mit der Verpflichtung zur Abgabe von Schallzeichen, die zusätzlich angegeben sind, in entsprechender Entfernung aufgestellt sein.

Auch durch das Achtungszeichen mit dem Zusatz Fähre wird teilweise auf Fähren aufmerksam gemacht. Hierdurch wird auf die besondere Rücksichtnahme hingewiesen, die beim Passieren von Fährlinien notwendig ist.

siehe Frage 101.
Anker, Festmache- und Liegeverbote siehe Fragen 127–130.

Tag- und Nachtbezeichnung der Fahrzeuge und schwimmenden Geräte

2.3 Nachtbezeichnung der Kleinfahrzeuge

52

Welche Lichter müssen motorisierte Kleinfahrzeuge führen, und wie müssen diese Lichter angebracht sein? Tragen Sie die drei Möglichkeiten unter Angabe der Farben und Sichtwinkel ein.

Antwort: ● ● ●

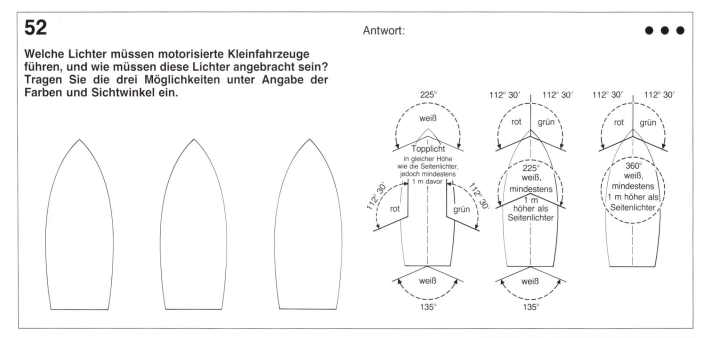

Zu Frage 52:
Hinsichtlich der Lichterführung der Kleinfahrzeuge mit Maschinenantrieb sind die Verkehrsbestimmungen für die verschiedenen Binnenschiffahrtsstraßen abweichend.
Diese Fahrzeuge müssen folgende Lichter führen:

① Entweder Topplicht (vorderes Licht), Seitenlichter und Hecklicht, wobei das Topplicht auf gleicher Höhe wie die Seitenlichter und mindestens 1 m vor diesen gesetzt sein muß,

② oder das Topplicht mindestens 1 m höher als die Seitenlichter, die unmittelbar nebeneinander oder in einer einzigen Laterne am oder nahe am Bug gesetzt sein müssen, und das Hecklicht.

Nach der RheinSchPV und der MoselSchPV können die Seitenlichter wie vorstehend geführt werden, so daß auf Rhein und Mosel auch die Anbringung der Seitenlichter nach Nr. 1 möglich ist,

③ oder das Topplicht als Rundumlicht, und die Seitenlichter nach Nr. 2; das Hecklicht entfällt.

Bei der Lichterführung nach Nr. 2 und insbesondere nach Nr. 3 muß das Topplicht nicht 1 m vor den Seitenlichtern, sondern 1 m höher als diese geführt werden, so daß eine Versetzung in der Längsachse wegen möglicher Blendwirkungen möglich ist.

Sonderregelungen nach der DonauSchPV:

Von der Lichterführung nach Nr. 1 sind Kleinfahrzeuge mit Maschinenantrieb dann ausgenommen, wenn sie in stehendem Wasser nicht schneller als 10 km/h fahren können, und zwar von mehr als 7 m Länge – sie müssen mindestens ein weißes Rundumlicht führen;
bis 7 m Länge – sie müssen mindestens ein weißes Rundumlicht bei Annäherung anderer Fahrzeuge zeigen.
Besteht ein Schleppverband nur aus Kleinfahrzeugen oder befinden sich Kleinfahrzeuge am Schluß eines Schleppverbandes, muß nur das letzte Kleinfahrzeug, das kein Beiboot ist, ein Hecklicht führen.

Nachtbezeichnung der Kleinfahrzeuge

Zu ①　　　　　Zu ②　　　　　Zu ③　　　　　Längsseitsschleppen

Hinweise:
Tag- und Nachtbezeichnung der Fahrzeuge siehe Fragen 37–40.

Lichterführung beim Schleppen von Kleinfahrzeugen siehe Fragen 43–45.

Vorschriften:
§ 3.13, DonauSchPV 9.07

53

Welche drei Möglichkeiten der Lichterführung gibt es nach der Binnenschiffahrtsstraßen-Ordnung für Kleinfahrzeuge unter Segel?

Antwort:　● ● ●

1. **Ein weißes, von allen Seiten sichtbares Licht. Bei Annäherung an andere Fahrzeuge ist ein zweites Licht zu zeigen,**
   oder
2. **Seitenlichter am oder nahe am Bug und Hecklicht,**
   oder
3. **Dreifarbenlampe im Topp.**

Zu Frage 53:
Nur unter Segel fahrende Kleinfahrzeuge müssen bei Nacht wie folgt gekennzeichnet sein:

① Ein weißes, von allen Seiten sichtbares Licht. Bei Annäherung anderer Fahrzeuge ist ein zweites Licht zu zeigen oder

② Seitenlichter am oder nahe am Bug und ein Hecklicht oder

Die Lichterführung nach den Nummern ② und ③ ist auf der Donau nicht zugelassen.
Fahrzeuge unter Segel, die auch die Antriebsmaschine benutzen, müssen die Lichter wie Fahrzeuge mit Maschinenantrieb führen.

③ Dreifarbenlampe im Topp.

Hinweise:
Tag- und Nachtbezeichnung der Fahrzeuge siehe Fragen 37–40.
Kennzeichnung eines Fahrzeugs, das unter Segel und Motor fährt, siehe Frage 74.
Vorschriften:
§ 3.13, DonauSchPV 3.12

Tag- und Nachtbezeichnung der Fahrzeuge und schwimmenden Geräte

54

Welche Lichter müssen Kleinfahrzeuge ohne Maschinenantrieb mindestens führen?

Antwort:

Ein weißes, von allen Seiten sichtbares Licht.

Zu Frage 54:
Weder mit Maschinenantrieb noch unter Segel fahrende Kleinfahrzeuge müssen bei Nacht ein weißes Rundumlicht führen. Beiboote, auf die die gleichen Voraussetzungen zutreffen, und vorstehende Fahrzeuge auf der Donau, brauchen dieses Licht jedoch nur bei der Annäherung anderer Fahrzeuge zeigen.

Vorschriften:
§ 3.13

2.4 Tag- und Nachtbezeichnung der schwimmenden Geräte, festgefahrenen und gesunkenen Fahrzeuge

55

**Sie sehen voraus im Fahrwasser nebenstehende Lichter.
Was bedeuten diese Lichter, und wie verhalten Sie sich?**

Antwort:

**Schwimmendes Gerät bei der Arbeit oder ein festgefahrenes oder gesunkenes Fahrzeug. Vorbeifahrt an jeder Seite gestattet.
Sog und Wellenschlag vermeiden.**

56*

**Sie sehen voraus im Fahrwasser nebenstehende Zeichen.
Was bedeuten diese Zeichen, und wie verhalten Sie sich?**

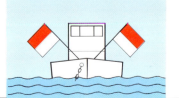

Antwort:

**Schwimmendes Gerät bei der Arbeit oder ein festgefahrenes oder gesunkenes Fahrzeug. Vorbeifahrt an jeder Seite gestattet.
Sog und Wellenschlag vermeiden.**

Tag- und Nachtbezeichnung der Fahrzeuge und schwimmenden Geräte

57

Sie sehen voraus im Fahrwasser nebenstehende Lichter.
Was bedeuten diese Lichter, und wie verhalten Sie sich?

Antwort: ● ● ●

**Schwimmendes Gerät bei der Arbeit oder ein festgefahrenes oder gesunkenes Fahrzeug. Vorbeifahrt nur an der rot-weißen Seite gestattet; rote Seite gesperrt.
Sog und Wellenschlag vermeiden.**

58*

Sie sehen voraus im Fahrwasser nebenstehende Zeichen.
Was bedeuten diese Zeichen, und wie verhalten Sie sich?

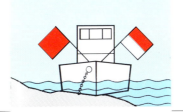

Antwort: ● ● ●

**Schwimmendes Gerät bei der Arbeit oder ein festgefahrenes oder gesunkenes Fahrzeug. Vorbeifahrt nur an der rot-weißen Seite gestattet; rote Seite gesperrt.
Sog und Wellenschlag vermeiden.**

59

Sie sehen voraus im Fahrwasser nebenstehende Lichter.
Was bedeuten diese Lichter, und wie verhalten Sie sich?

Antwort: ● ●

Schwimmendes Gerät bei der Arbeit. Vorbeifahrt nur an den grünen Lichtern gestattet; rote Seite gesperrt.

60*

Sie sehen voraus im Fahrwasser nebenstehende Zeichen.
Was bedeuten diese Zeichen, und wie verhalten Sie sich?

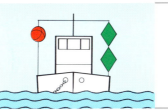

Antwort: ● ●

Schwimmendes Gerät bei der Arbeit. Vorbeifahrt nur an den grünen Doppelkegeln gestattet; rote Seite gesperrt.

61*

Sie sehen voraus im Fahrwasser nebenstehende Zeichen.
Was bedeuten diese Zeichen, und wie verhalten Sie sich?

Antwort: ● ●

Schwimmendes Gerät bei der Arbeit. Vorbeifahrt nur an der grün-weiß-grünen Tafel gestattet; Rot-Weiß-Rot gesperrt.

Tag- und Nachtbezeichnung der Fahrzeuge und schwimmenden Geräte

62

Sie sehen voraus im Fahrwasser nebenstehende Lichter.
Was bedeuten diese Lichter, und wie verhalten Sie sich?

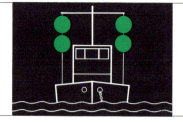

Antwort: ● ●

Schwimmendes Gerät bei der Arbeit. Vorbeifahrt an jeder Seite gestattet.

63*

Sie sehen voraus im Fahrwasser nebenstehende Zeichen.
Was bedeuten diese Zeichen, und wie verhalten Sie sich?

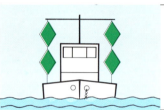

Antwort: ● ●

Schwimmendes Gerät bei der Arbeit. Vorbeifahrt an jeder Seite gestattet.

64*

Sie sehen voraus im Fahrwasser nebenstehende Zeichen.
Was bedeuten diese Zeichen, und wie verhalten Sie sich?

Antwort: ● ●

Schwimmendes Gerät bei der Arbeit. Vorbeifahrt an jeder Seite gestattet.

Zu Fragen 55 bis 64:
Schwimmende Geräte bei der Arbeit und Fahrzeuge, die in der Wasserstraße Arbeiten, Peilungen oder andere Messungen ausführen und dabei stilliegen, müssen die entsprechenden Zeichen bei Tag und die Lichter bei Nacht führen. Wenn diese Fahrzeuge gegen Sog oder Wellenschlag geschützt werden müssen oder bei festgefahrenen oder gesunkenen Fahrzeugen liegen, werden nur die Zeichen bzw. Lichter nach den Fragen Nummern 55–58 gesetzt. Aufgrund dieser Zeichen besteht für jeden Schiffsführer die Verpflichtung zur Geschwindigkeitsverminderung, um schädlichen Sog oder Wellenschlag zu vermeiden. Das wird durch einen möglichst großen Passierabstand unterstützt. Liegt ein gesunkenes Fahrzeug so, daß die Bezeichnung auf ihm nicht angebracht werden kann, sind sie auf Nachen, Tonnen oder auf andere geeignete Weise zu setzen. Untiefen, die zwischen dem Ufer und der Untiefe in der Regel nicht passiert werden können, werden mit den Zeichen und Lichtern nach den Fragen Nr. 59–64 bezeichnet.

Wenn durch festgefahrene oder gesunkene Fahrzeuge das Fahrwasser erheblich verengt, aber eine Schiffssperre nicht unbedingt erforderlich ist, können Nachen ober- und unterhalb des Hindernisses mit den Zeichen/Lichtern zur rechtzeitigen Verkehrslenkung ausgelegt werden. Bei festgefahrenen oder gesunkenen Fahrzeugen muß der Schiffsführer umgehend die Benachrichtigung der WSV oder der WSP veranlassen, damit eine entsprechende Verkehrslenkung und Bezeichnung erfolgt. Bis dies geschieht, muß der Schiffsführer unverzüglich für eine Wahrschau der herankommenden Fahrzeuge an geeigneten Stellen und in einer entsprechenden Entfernung von der Unfallstelle sorgen, damit diese rechtzeitig die erforderlichen Maßnahmen treffen können.

Die Beachtung der Vorbeifahrtseite ist auch für Kleinfahrzeuge, Sportboote zwingend, weil insbesondere bei schwimmenden Geräten (Bagger usw.) Querdrähte an der gesperrten Seite zum Ufer ausgebracht sein können.

Schwimmende Geräte (Bagger usw.) liegen in der Regel vor Anker, wobei die Anker in größerer Entfernung vom Gerät ausgebracht sein können,

68

Bezeichnung von Fahrzeugen des öffentlichen Dienstes

so daß die Anker die Schiffahrt gefährden können. In diesem Falle muß jeder Anker mit einem gelben Döpper (Tonne) mit Radarreflektor bezeichnet sein, bei Nacht zusätzlich mit einem weißen Rundumlicht über dem Anker.

Auf der Donau sind die Zeichen und Lichter nach den Fragen Nr. 59–64 nicht vorgesehen. Neben den Zeichen nach den Fragen Nr. 56 und 58 können auf der Donau schwimmende Geräte bei der Arbeit am Tage an der freien Seite mit einem roten über einem weißen Ball und an der gesperrten Seite mit einem roten Ball bezeichnet sein.

Zu den schwimmenden Geräten bei der Arbeit gehören auch Fischereifahrzeuge. Sind die Netze oder Ausleger im Fahrwasser oder in dessen Nähe ausgebracht, müssen diese bei Tag durch gelbe Döpper, bei Nacht neben dem Stillliegelicht durch von allen Seiten sichtbare weiße Lichter gekennzeichnet sein. Die Leinen-Drahtverbindung zum Stilliegeufer kann in der Regel beibehalten werden, so daß die Vorbeifahrt nur außerhalb der Netzseite möglich ist.

Hinweise:
Verantwortung des Schiffsführers siehe Frage 13–15.
Lichterführung schwimmender Anlagen und Stillieger siehe Fragen 79–82.

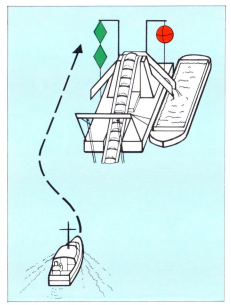

Maßnahmen bei Grundberührungen siehe Fragen 163, 164.
Bereiche, in denen die Geschwindigkeit zu vermindern ist, um Sog oder Wellenschlag zu vermeiden, siehe Frage 165.

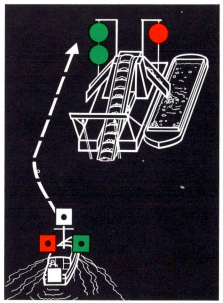

Vorschriften:
§§ 1.17, 3.26–3.28/4, 3.40–3.42, 6.22a

2.5 Bezeichnung von Fahrzeugen des öffentlichen Dienstes

65*
Sie sehen auf einem Fahrzeug ein blaues Funkellicht. Um welches Fahrzeug handelt es sich?

Antwort:
Fahrzeuge der Überwachungsbehörden und Feuerlöschboote im Einsatz.

Zu Frage 65:
Fahrzeuge der Überwachungsbehörden (WSV, WSP) können bei Tag und bei Nacht das blaue Funkellicht zeigen, um sich kenntlich zu machen.

Zur Hilfeleistung eingesetzte Feuerlöschboote dürfen dieses Licht ebenfalls zeigen.
Darüber hinaus kann Fahrzeugen der anerkannten Rettungsdienste für dringende Einsatzfahrten das Führen des Lichtes durch besondere Anordnung gestattet werden, z. B. DLRG.

Das Licht wird von den Überwachungsfahrzeugen in der Regel nur bei besonderen Vorkommnissen (Schiffsunfälle oder sonstige Schadensfälle, Verkehrsbehinderungen, Verkehrsregelung, dringende Einsatzfahrten usw.) gezeigt. Mit dem Licht wird somit auf eine Behinderungs-

69

oder Gefahrensituation hingewiesen. Damit werden die Verkehrsteilnehmer zur besonderen Aufmerksamkeit aufgefordert, wobei im weiteren Verlauf der Fahrtstrecke mit konkreten Anordnungen durch Schiffahrtszeichen oder mündlichen Anweisungen zu rechnen ist.

Fahrzeuge der Überwachungsbehörden sind von der Beachtung der Verkehrsvorschriften befreit, soweit dies zur Erfüllung hoheitlicher Aufgaben unter Berücksichtigung der öffentlichen Sicherheit und Ordnung dringend geboten ist (z. B. Nichteinhaltung einer Geschwindigkeitsbegrenzung usw.).

Die Schiffsführer haben ferner die Anweisungen von Dienstkräften der WSV und der WSP zu befolgen, die ihnen im öffentlichen Interesse erteilt werden. Sie müssen ferner diesen Kräften Unterstützung geben, insbesondere das sofortige Anbordkommen bei Kontrollen erleichtern. Dies gilt auch für Sportboote hinsichtlich der

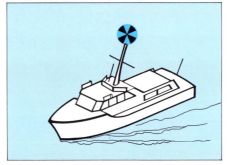

Befolgung der Anordnung, zwecks Überprüfung usw. am Überwachungsfahrzeug längsseits zu gehen.
Auf der Donau führen die Fahrzeuge der Überwachungsbehörden an beiden Seiten am Vorschiff zusätzlich als Unterscheidungszeichen einen weißen Rhombus mit blauem Rand und ferner am Tag einen weißen Wimpel mit dem Unterscheidungszeichen.

Hinweis:
Schutzbedürftige Anlagen usw. siehe Fragen 55–64.
Vorschriften:
§§ 1.19, 1.20, 1.24, 3.45
§ 9.13 DonauSchPV

2.6 Besondere Tag- und Nachtbezeichnung der Fahrzeuge mit gefährlichen Gütern

66
Sie sehen auf einem Fahrzeug ein blaues Licht. Welche Bedeutung hat dieses Licht?

Antwort:
Fahrzeug hat feuergefährliche Güter geladen.

67*
Welche Bedeutung hat nebenstehendes Zeichen?

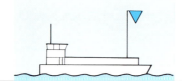

Antwort:
Fahrzeug hat feuergefährliche Güter geladen.

68
Sie sehen auf einem Fahrzeug zwei blaue Lichter übereinander. Welche Bedeutung haben diese Lichter?

Antwort:
Fahrzeug hat Ammoniak oder andere besonders gefährliche Güter geladen.

Besondere Tag- und Nachtbezeichnung der Fahrzeuge mit gefährlichen Gütern

69*
Welche Bedeutung haben nebenstehende Zeichen?

Antwort:

Fahrzeug hat Ammoniak oder andere besonders gefährliche Güter geladen.

70
Sie sehen auf einem Fahrzeug drei blaue Lichter übereinander. Welche Bedeutung haben diese Lichter?

Antwort:

Fahrzeug hat explosionsgefährliche Güter geladen.

71*
Welche Bedeutung haben nebenstehende Zeichen?

Antwort:

Fahrzeug hat explosionsgefährliche Güter geladen.

Zu den Fragen 66 bis 71:
Von Fahrzeugen, die gefährliche Güter geladen haben oder geladen hatten und noch nicht entgast sind, können, insbesondere bei Havarien, bei Schäden an technischen Einrichtungen oder bei menschlichem Fehlverhalten, besondere Gefahren ausgehen; sie müssen daher entsprechend der unterschiedlichen Gefährlichkeit der Ladung zusätzlich bezeichnet sein, und zwar: Mit 1, 2 oder 3 blauen Zeichen/Lichtern.

Diese Zeichen/Lichter müssen auch beim Stillliegen beibehalten werden.
Andere Fahrzeuge müssen beim Stillliegen folgende Abstände gegenüber diesen Fahrzeugen einhalten:
- 10 m gegenüber einem blauen Licht/Kegel
- 50 m gegenüber zwei blauen Lichtern/ Kegeln
- 100 m gegenüber drei blauen Lichtern/ Kegeln

Auf der Donau gilt statt der Abstandsbestimmung von 50 m ein Abstand von 100 m.
Außer beim Überholen, Begegnen oder Vorbeifahren ist es verboten, näher als 50 m an Fahrzeuge und Verbände heranzufahren, auf denen die 2 oder 3 blauen Lichter/Kegel gesetzt sind. Ein Schiff ist im Grunde einer Wohnung gleichgestellt und darf daher nur mit Genehmigung des Schiffsführers betreten werden. Auf Fahrzeugen, die die blauen Zeichen/Lichter führen, kann

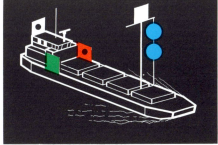

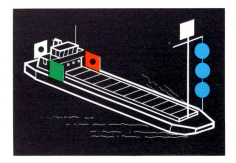

Tag- und Nachtbezeichnung der Fahrzeuge und schwimmenden Geräte

außerdem mit dem Zeichen »Betretungsverbot« und, wenn Rauchverbot besteht, mit dem »Rauchverbotszeichen« hierauf besonders hingewiesen werden.

Auf der Donau wird anstelle der 2 und 3 blauen Kegel ein roter Kegel und anstelle der 2 und 3 blauen Lichter ein rotes Licht geführt. Diese Bezeichnungen sind nicht nur von dem Fahrzeug, das die Güter geladen hat, sondern auch von dem ersten Fahrzeug im Schleppverband zu führen; ferner bei Schubverbänden auf dem Vorschiff und auf dem schiebenden Fahrzeug, wobei das blaue bzw. rote Licht auf dem Schlepper als Sektorenlicht unter den beiden Topplichtern und beim Schubverband unter dem Lichterdreieck gesetzt werden müssen.
Bei Zwischenfällen oder Unfällen, die ein Freiwerden gefährlicher Güter verursachen können, muß von dem Beförderungsfahrzeug auf den Binnenschiffahrtsstraßen – ausgenommen Donau – das »Bleib-weg-Signal« als Schallsignal ausgelöst werden, das 15 Minuten lang ununterbrochen zu geben ist, gleichzeitig mit gleichlangen gelben Lichtzeichen. Hiernach müssen sich alle Fahrzeuge – auch Kleinfahrzeuge – in möglichst weiter Entfernung von der Gefahrenzone halten und erforderlichenfalls wenden d. h. in Gegenrichtung fahren, oder, wenn sie bereits an der Gefahrenzone vorbeigefahren sind, so schnell wie möglich weiterfahren.
Auf diesen Fahrzeugen sind sofort
- alle Fenster und nach außen führende Öffnungen zu schließen,
- alle nicht geschützten Feuer und Lichter zu löschen, auch bei Gasanlagen und Kühlschränken, ferner ist
- das Rauchen einzustellen,
- jede Funkenbildung zu vermeiden (keine Funkgeräte bedienen), und sind
- die für den Betrieb nicht erforderlichen Hilfsmaschinen abzustellen.

Ist das Fahrzeug zum Halten gebracht, sind alle technischen Einrichtungen stromlos zu machen, d. h. Hauptschalter ausschalten. Bei den Maßnahmen sind Strömung und Windrichtung zu beachten und auch die Art der eigenen Antriebsmaschine zu berücksichtigen (Funkenbildung bei Otto-Motoren, Gas-Luft-Gemisch beim Dieselmotor).

Sofern bezeichnete Liegeplätze vorhanden sind, dürfen Fahrzeuge mit gefährlichen Gütern nur auf den für sie besonders bezeichneten Liegestellen stilliegen.
Schiffsführer, die das »Bleib-weg-Signal« hören, müssen eine Dienststelle der WSV oder der WSP entsprechend den gegebenen Möglichkeiten hiervon sofort unterrichten.

Hinweise:
Spezielle Liegeplätze für Fahrzeuge mit gefährlichen Gütern siehe Fragen 135, 136
Bleib-weg-Signal siehe Frage 153
Vorschriften:
§§ 3.14, 3.21, 3.32, 3.37, 3.43, 3.44, 6.17/2, 6.28/8,9, bzw. 7.02, 7.06, 7.07, 8.14 Rhein- und MoselSchPV und BinSchStrO §§ 3.14, 3.15, 3.21, 3.22, 3.32, 3.33, 3.37, 3.38, 3.43, 3.44, 7.06, 8.01, 8.02, 17.02, 17.06 DonauSchPV

2.7 Bezeichnung der Vorrangfahrzeuge

72
Welches Fahrzeug führt am Bug einen roten Wimpel

Antwort:
Fahrzeug mit Vorrang z. B. beim Schleusen.

73
Welche Bedeutung hat der rote Wimpel?

Antwort:
Fahrzeug mit Vorrang z. B. beim Schleusen.

Bezeichnung eines Fahrzeugs unter Segel mit Maschinenantrieb

Zu Fragen 72 bis 73:
An Stellen, an denen für die Durchfahrt eine bestimmte Reihenfolge gilt, kann die zuständige Behörde bestimmten Fahrzeugen Vorrang einräumen.

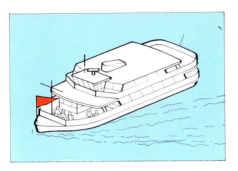

Beispiel:
Reihenfolge an Schleusen; das bedeutet praktisch ein Vorschleusungsrecht gegenüber anderen wartenden Fahrzeugen. Hierbei kann es sich u. a. um folgende Fahrzeuge handeln:

- Fahrgastschiffe, die nach einem festen Fahrplan verkehren;
- Fahrzeuge des öffentlichen Dienstes im Einsatz;
- Fahrzeuge, die einem in Not geratenen Fahrzeug zur Hilfe kommen;
- Baufahrzeuge, die an der Wasserstraße Arbeiten ausführen;
- Fahrzeuge mit gefährlichen Gütern, für deren Klasse keine gesonderten Liegeplätze vorhanden sind.

Vorrangfahrzeuge auf dem Bodensee müssen bei Tag einen **grünen Ball** führen.

Hinweise:
Tag- und Nachtbezeichnung der Fahrzeuge mit gefährlichen Gütern siehe Fragen 65–71
Einlaufen in Schleusen siehe Frage 190
Vorschriften:
§ 3.36, Art. 3.09 BodenseeSchO

2.8 Bezeichnung eines Fahrzeugs unter Segel mit Maschinenantrieb

74*
Sie sehen auf einem Fahrzeug unter Segel einen schwarzen Kegel, Spitze nach unten. Was bedeutet dieses Zeichen?

Antwort:
Das Fahrzeug fährt unter Segel und Motor und gilt als Maschinenfahrzeug.

● ●

Zu Frage 74:
Diese Bezeichnungspflicht gilt nicht auf dem **Bodensee**, und auf der **Donau** erst ab 15 m³. Ein Segelboot, das nur unter Motor – ohne gesetzte Segel – fährt, gilt ebenfalls als Maschinenfahrzeug, muß aber am Tage keine besondere Bezeichnung führen.

Hinweise:
Wann ein Segelfahrzeug als Maschinenfahrzeug gilt siehe Frage 20.
Verhalten des Segelfahrzeugs siehe Frage 415.

Vorschriften:
§ 3.30

73

Tag- und Nachtbezeichnung der Fahrzeuge und schwimmenden Geräte

2.9 Anzeige der Steuerbordbegegnung von gewerblichen Fahrzeugen

75*
Ein Fahrzeug zeigt an der Steuerbordseite seines Ruderhauses eine blaue Tafel mit weißem Funkellicht. Welche Bedeutung hat dieses Zeichen?

Antwort:
Fahrzeuge begegnen sich an Steuerbord.
Dieses Zeichen gilt nicht für Kleinfahrzeuge, verpflichtet aber zu erhöhter Aufmerksamkeit.

● ●

76
Auf einem entgegenkommenden Fahrzeug sehen Sie über oder nahe dem grünen Seitenlicht ein weißes Funkellicht. Welche Bedeutung hat dieses Licht?

Antwort:
Fahrzeuge begegnen sich an Steuerbord.
Dieses Zeichen gilt nicht für Kleinfahrzeuge, verpflichtet aber zu erhöhter Aufmerksamkeit.

● ●

77
Sie fahren nachts hinter einem Fahrzeug der gewerblichen Schiffahrt zu Tal, das plötzlich an Steuerbord ein weißes Funkellicht zeigt.
1. Was bedeutet dieses Licht?
2. Wie verhalten Sie sich?

Antwort:
1. Begegnung mit einem Bergfahrer Steuerbord an Steuerbord.
2. Hinter dem Talfahrer bleiben, nicht überholen.

● ● ●

78
Sie fahren hinter einem Fahrzeug der gewerblichen Schiffahrt in den Schleusenvorhafen ein. Aus der Schleusenkammer kommt ein Schiff, das an Steuerbord eine blaue Tafel mit einem weißen Funkellicht zeigt. Was bedeutet dieses Zeichen?

Antwort:
Das aus- und das einfahrende Fahrzeug passieren sich an Steuerbordseite.

● ● ●

Zu Fragen 75 bis 78:
Beim Begegnen auf den Binnenschiffahrtsstraßen sind die Bergfahrer verpflichtet, den Talfahrern einen geeigneten Weg freizulassen. Dem Bergfahrer ist damit im Grunde ein Kursweisungsrecht übertragen, aber auch die Verpflichtung, den Talfahrer (Fahrt mit der Strömung) nicht zu behindern und ggf. sogar vor einer kritischen Begegnungsstelle (Fahrt gegen die Strömung) anzuhalten, bis der Talfahrer passiert hat. Will der Bergfahrer die Talfahrer an Backbord vorbeilassen, d. h. Backbord-an-Backbord-Verkehr (Rechtsverkehr), werden keine optischen Zeichen gesetzt. Die Absprache erfolgt in der Regel über Funk.
Will der Bergfahrer die Talfahrer an Steuerbord vorbeifahren lassen, d. h. Steuerbord-an-Steuerbord-Verkehr (Linksverkehr), muß er rechtzeitig an Steuerbord bei Tag eine hellblaue Tafel, gekoppelt mit einem weißen Funkellicht, und bei Nacht ein weißes Funkellicht, das mit der Tafel gekoppelt sein darf, setzen. Die Zeichen müssen von vorn und hinten sichtbar sein. Bei Gefahr der Nichterkennung durch den Talfahrer kann der Bergfahrer das Schallzeichen »einen kurzen Ton« oder »zwei kurze Töne« geben. Talfahrer müssen die Zeichen als Einverständnis ebenfalls setzen bzw. wiederholen und den zugewiesenen Weg nehmen.

Anzeige der Steuerbordbegegnung von gewerblichen Fahrzeugen

Die gewerbliche Schiffahrt ist nicht verpflichtet, diese Zeichen gegenüber Kleinfahrzeugen zu geben, da Kleinfahrzeuge generell ausweichpflichtig sind. Die Zeichen sollten die Führer von Kleinfahrzeugen zu erhöhter Aufmerksamkeit veranlassen. Ein vorausfahrendes Fahrzeug mit diesen Zeichen sollte keinesfalls auf der Begegnungsseite, d. h. auf der Steuerbordseite, überholt werden, um nicht zwischen die Begegnungsfahrzeuge zu kommen. Ist ein Überholen an der anderen Seite nicht möglich, sollte das Überholen erst nach Passieren des entgegenkommenden Fahrzeugs erfolgen.

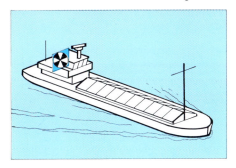

Hinweis:
Begegnungs- und Überholverbote siehe Frage 123
Kurssignale siehe Fragen 140, 141

Verhalten von Sportfahrzeugen beim Begegnen siehe Fragen 166, 167
Überholen siehe Fragen 168, 169
Vorschrift:
§ 6.04

2.10 Bezeichnung der Ankerlieger

79
Welches Licht setzt ein vor Anker liegendes Fahrzeug?

Antwort:
Ein weißes, von allen Seiten sichtbares Licht auf der Fahrwasserseite.

●

80
Sie sehen auf einem stilliegenden Fahrzeug zwei weiße Lichter übereinander. Welche Bedeutung haben diese Lichter?

Antwort:
Ein Ankerlieger, dessen Anker die Schiffahrt gefährden kann.

●

81
Sie sehen nachts auf der Wasserstraße ein weißes Licht. Um was handelt es sich?

Antwort:
1. Um einen Ankerlieger,
2. um das Hecklicht eines Vorausfahrenden,
3. um ein Ruder- oder Segelboot.

● ●

82*
Wie sind Anker am Tage bezeichnet, die die Schiffahrt behindern können?

Antwort:
Mit einem gelben Döpper.

●

Tag- und Nachtbezeichnung der Fahrzeuge und schwimmenden Geräte

Zu Fragen 79 bis 82:
Stilliegende Fahrzeuge, auch Kleinfahrzeuge, müssen bei Nacht auf der Fahrwasserseite das weiße Licht führen. Dieses Licht kann entfallen, wenn

- Fahrzeugzusammenstellungen nicht vor dem Ende der Nacht aufgelöst werden; in diesem Falle muß nur das äußerste Fahrzeug das Licht führen,
- das Fahrzeug völlig zwischen nicht überfluteten Buhnen oder hinter einem aus dem Wasser ragenden Parallelwerk oder Leitdamm stilliegt,
- das Fahrzeug am Ufer stilliegt und von diesem aus hinreichend beleuchtet ist.

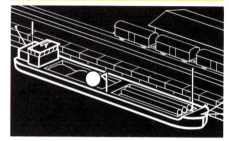

Sind **Anker so ausgeworfen,** daß sie die Schiffahrt gefährden können, muß
bei Nacht auf Fahrzeugen ein zweites Rundumlicht unter dem ersten geführt werden, sowie

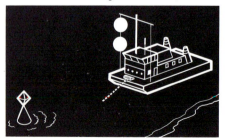

bei Tag und Nacht jeder Anker mit einem gelben Döpper mit Radarreflektor bezeichnet sein.

Schwimmkörper und schwimmende Anlagen müssen beim Stilliegen bei Nacht weiße Rundumlichter in genügender Anzahl führen, um die Umrisse zur Fahrwasserseite hin deutlich zu machen. Wenn die Anker so ausgeworfen sind, daß sie die Schiffahrt gefährden können, muß über den diesen Ankern nächstgelegenen Lichtern ein zweites Rundumlicht geführt werden und bei Tag und Nacht der betreffende Anker mit einem gelben Döpper mit Radarreflektor bezeichnet sein.
Bei den Ankern schwimmender Geräte bei Nacht muß auf dem Döpper/Tonne mit Radarreflektor ferner ein weißes Rundumlicht angebracht sein.

Fahrzeuge, die die Bezeichnung für gefährliche Güter führen, müssen diese Zeichen beim Stilliegen bei Tag und bei Nacht beibehalten.

Radarreflektoren auf den gelben Döppern sind auf der **Donau** und auf dem **Bodensee** nicht vorgesehen, und die gelben Döpper können – mit Ausnahme bei schwimmenden Geräten – auf der Donau durch 2 weiße Flaggen auf dem Fahrzeug usw. ersetzt werden.

Hinweis:
Lichterführung von Maschinenfahrzeugen siehe Fragen 41–44
Lichterführung von Kleinfahrzeugen siehe Fragen 52–54
Zeichen und Lichter schwimmender Geräte usw. siehe Fragen 55–64
Lichterführung von Gefahrgutschiffen siehe Fragen 66–71
Vorschriften:
§§ 3.08, 3.09, 3.13, 3.20, 3.21, 3.25, 3.28, 3.37, 3.42
§§ 3.22, 3.38, 9.12 DonauSchPV
Art. 3.08, 3.11 BodenseeSchO

Bezeichnung der Fahrrinne einschl. Hindernisse

A3 Sichtzeichen im Fahrwasser, am Ufer, an Brücken und an Schleusen

3.1 Bezeichnung der Fahrrinne einschl. Hindernisse

Die Wasser- und Schiffahrtsverwaltung des Bundes betreibt und unterhält alle Schiffahrtszeichen auf den Bundeswasserstraßen/Binnenschiffahrtsstraßen. Die Schiffahrtszeichen geben dem Fahrzeugführer die erforderlichen Informationen über den Verlauf der Fahrwasser und das Vorhandensein von Schiffahrtshindernissen. Die Bedeutung der Schiffahrtszeichen ist in Anlage 8 zu den Verkehrsvorschriften erläutert.

Die Schiffahrtszeichen werden nicht durchgehend gesetzt (ausgelegt). Trotz aller Vorsichtsmaßnahmen der zuständigen Behörde kann es vorkommen, daß die Schiffahrtszeichen gestört werden: Tonnen können versenkt oder abgetrieben werden, Feuer durch äußere Einwirkungen zum Erlöschen kommen. Bei Hochwasser oder Eisgang kann die Betonnung vorübergehend eingezogen werden. Diese Risiken müssen von den Schiffsführern beachtet werden.

Schwimmende Schiffahrtszeichen werden in der Regel etwas außerhalb (ca. 5 m) der durch sie bezeichneten Begrenzungen verankert. Auch können sie durch Wasserstandsschwankungen, Strömungs- oder Windeinwirkungen seitlich versetzt werden, weshalb ein ausreichender Sicherheitsabstand gehalten werden muß, um nicht zu raken oder aufzulaufen.

Die bei den Schiffahrtszeichen angeführten Toppzeichen und Feuer sind nicht bei allen vorhanden, was die Bedeutung aber nicht beeinflußt.

Die Grundfarben der Schiffahrtszeichen sind für die Seitenbezeichnung

grün. und rot

Die Seitenregelung wird von See kommend

– grün an Steuerbord, rot an Backbord –

auf den Binnenschiffahrtsstraßen von der Mündung zur Quelle fortgesetzt, so daß sich für den Bergfahrer – Fahrt gegen die Strömung – keine Änderung ergibt. Bei Kanälen ist in den betreffenden Vorschriften die Richtung Bergfahrt festgelegt; z.B. § .. 05 der Kapitel 12, 15 und 19 BinSchStrO. In Häfen gilt die Fahrt von der Hafeneinfahrt in den Hafen als Bergfahrt.

Unabhängig von den Farben der Tonnen ist für die Ufer-/Fahrwasserseitenbezeichnung die Richtung Talfahrt, u. a. die Fahrt mit der Strömung maßgebend.

Rechte Seite ist die Seite mit den roten Tonnen.

Linke Seite ist die Seite mit den grünen Tonnen.

83*

Wie werden die Uferseiten – rechtes, linkes Ufer – bezeichnet?

Antwort:

Bei Flüssen in Fließrichtung.

84*

Welche Zeichen begrenzen die Fahrrinne zum rechten Ufer?

Antwort:

Rote Stumpftonnen oder Schwimmstangen, evtl. mit rotem Zylinder als Toppzeichen.

85*

Welche Zeichen begrenzen die Fahrrinne zum linken Ufer?

Antwort:

Grüne Spitztonnen oder Schwimmstangen, evtl. mit grünem Kegel, Spitze nach oben, als Toppzeichen.

Sichtzeichen im Fahrwasser, am Ufer, an Brücken und an Schleusen

86

Welche Fahrwasserseite eines strömenden Gewässers hat ein Bergfahrer an seiner Steuerbordseite, und wie ist diese gekennzeichnet?

Antwort: ● ●

Die linke Fahrwasserseite, gekennzeichnet durch grüne Spitztonnen.

Zu Fragen 83 bis 86:

Linke Seite

grüne Spitztonne (auch Leuchttonne), Schwimmstange, als Toppzeichen ein grüner Kegel – Spitze oben –.

Schwimmende Schiffahrtszeichen

Fahrrinne ist der Teil der Wasserstraße, in dem für den durchgehenden Schiffsverkehr bestimmte Breiten und Tiefen vorhanden sind, deren Erhaltung angestrebt wird.
Die Fahrrinne kann wie folgt bezeichnet sein:

Auf der **Donau** können auch rote oder grüne Schwimmer oder Spieren mit dem betreffenden Toppzeichen verwendet werden.

Rechte Seite

rote Stumpftonne (auch Leuchttonne), Schwimmstange, als Toppzeichen ein roter Zylinder.

Linke Seite

Stange mit einer auf der Spitze stehenden quadratischen Tafel, obere Hälfte grün, untere Hälfte weiß oder einem weißen Lattenrahmen mit grüner Umrandung in Form eines auf der Spitze stehenden Quadrates.

Feste Schiffahrtszeichen

Zur Bezeichnung der Lage der Fahrrinne zum Ufer sowie des Übergangs der Fahrrinne von einem zum anderen Ufer können auch feste Schiffahrtszeichen am Ufer aufgestellt sein.
Die Bezeichnung der Fahrrinne zum Ufer kann mit folgenden Zeichen erfolgen:

Rechte Seite

Stange mit einer roten quadratischen Tafel mit weißen waagerechten Streifen am oberen und unteren Rand oder einem weißen quadratischen Lattenrahmen mit roter Umrandung.

Linke Seite

Stange mit einer gelben auf der Spitze stehenden quadratischen Tafel mit einem senkrechten schwarzen Mittelstreifen oder einem gelben liegenden Lattenkreuz.

Der Übergang der Fahrrinne von einem zum anderen Ufer kann wie folgt bezeichnet sein:

Rechte Seite

Stange mit einer gelben quadratischen Tafel mit einem senkrechten schwarzen Mittelstreifen oder einem gelben stehenden Lattenkreuz.

87

Sie fahren zu Tal. Voraus haben Sie eine rote, stumpfe Tonne.
1. **Auf welcher Fahrwasserseite befindet sich diese Tonne?**
2. **Auf welcher Schiffsseite lassen Sie diese Tonne bei der Vorbeifahrt liegen?**

Antwort: ● ●

1. **Auf der rechten Fahrwasserseite.**
2. **An meiner Steuerbordseite.**

88

Sie fahren zu Berg. Voraus haben Sie eine rote, stumpfe Tonne.
1. **Auf welcher Fahrwasserseite befindet sich diese Tonne?**
2. **Auf welcher Schiffsseite lassen Sie diese Tonne bei der Vorbeifahrt liegen?**

Antwort: ● ●

1. **Auf der rechten Fahrwasserseite.**
2. **An meiner Backbordseite.**

Bezeichnung der Fahrrinne einschl. Hindernisse

89

Sie fahren im Fahrwasser gegen den Strom. Voraus haben Sie eine grüne Spitztonne.
1. Auf welcher Fahrwasserseite befindet sich diese Tonne?
2. Auf welcher Schiffsseite lassen Sie diese Tonne bei der Vorbeifahrt liegen?

Antwort:

1. Auf der linken Fahrwasserseite.
2. An meiner Steuerbordseite.

● ●

Zu Fragen 87 bis 89:
Die einwandfreie Kenntnis der rechten und linken Fahrrinnen-/Uferseite in Fließrichtung ist für

die Praxis eine zwingende Voraussetzung, um jeweils auf der richtigen Seite der vorhandenen Fahrrinnenbezeichnung vorbeizufahren.

Hinweis:
siehe Darstellung der Schiffahrtszeichen und Systemplan

90

Was bedeutet eine grün-rotgestreifte Tonne oder Schwimmstange?

Antwort:

Fahrrinnenspaltung.

●

Zu Frage 90:
Eine Fahrrinnenspaltung – Teilung der Fahrrinne in ein Berg- und ein Talfahrwasser, oder in zwei gleichberechtigte Fahrwasser, oder in ein fortführendes und ein abzweigendes Fahrwasser – kann durch Untiefen, Einmündung von Neben-

wasserstraßen, o. ä. erfolgen. Die Spaltung kann wie folgt bezeichnet sein:
Rot-grün waagrecht gestreifte Kugeltonne (auch Leuchttonne), Schwimmstange, als Toppzeichen rot-grün waagrecht gestreifter Ball, evtl. weißes Funkellicht- oder Gleichtaktfeuer.

Auf der Donau können auch Schwimmer oder Spieren mit dem Balltoppzeichen verwendet werden.
Hinweis:
siehe Darstellung der Schiffahrtszeichen und Systemplan

91

Mit welchen Zeichen werden Hindernisse (Buhnen etc.) am rechten Ufer bezeichnet?

Antwort:

Rot-weiß gestreifte Stangen mit rotem Kegel, Spitze nach unten, oder rote Tonnen mit rot-weiß gestreiftem Aufsatz.

● ●

92

Sie sehen voraus eine grün-weiß gestreifte Stange mit grünem Kegel, Spitze nach oben, oder eine grüne Tonne mit grün-weiß gestreiftem Aufsatz.
An welcher Uferseite befinden sich diese Zeichen?

Antwort:

An der linken Uferseite.

●

Zu Fragen 91 und 92:
Hindernisse, Buhnen, Parallelwerke o. ä., können durch feste und schwimmende Zeichen

bezeichnet sein. Sie sind im allgemeinen vor oder auf den Buhnenköpfen und Parallelwerken angebracht und es muß von ihnen aus Sicher-

heitsgründen ein entsprechender Abstand eingehalten werden.

Sichtzeichen im Fahrwasser, am Ufer, an Brücken und an Schleusen

Bezeichnung von Fahrwassern

Bezeichnung der Fahrrinnen		
Linke Seite (stromab)	Spaltung	Rechte Seite (stromab)
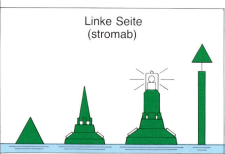		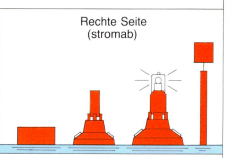
Spitztonne (auch Leuchttonne), Schwimmstange, Farbe: Grün. Toppzeichen (wenn vorhanden) grüner Kegel, Spitze oben. Grünes Taktfeuer (wenn vorhanden) – in der Regel mit Radarreflektor	Kugeltonne (auch Leuchttonne), Schwimmstange, Farbe: Rot-Grün waagerecht gestreift, Toppzeichen (wenn vorhanden) rot-grün waagerecht gestreifter Ball. Weißes Funkel- oder Gleichtaktfeuer (wenn vorhanden) – in der Regel mit Radarreflektor	Stumpftonne (auch Leuchttonne), Schwimmstange, Farbe: Rot. Toppzeichen (wenn vorhanden) roter Zylinder. Rotes Taktfeuer (wenn vorhanden) – in der Regel mit Radarreflektor

Bezeichnung von Hindernissen		
Linke Seite (stromab)	Spaltung	Rechte Seite (stromab)
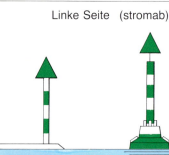 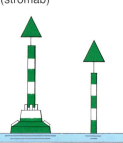		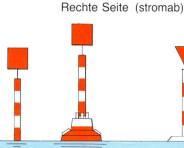 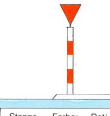
Stange, Farbe: Grün/Weiß. Toppzeichen grüner Kegel – Spitze oben. Grünes Taktfeuer (wenn vorhanden)	Spierentonne (auch Leuchttonne), Schwimmstange, Farbe: Grün/Weiß waagerecht gestreift. Toppzeichen grüner Kegel – Spitze oben. Grünes Taktfeuer (wenn vorhanden) – in der Regel mit Radarreflektor	Stange und Toppzeichen rot/grün, roter Kegel – Spitze unten – über grünem Kegel – Spitze oben –. Weißes Funkel- oder Gleichtaktlicht (wenn vorhanden)	Spierentonne (auch Leuchttonne), Schwimmstange, Farbe: Rot/Weiß waagerecht gestreift. Toppzeichen roter Zylinder. Rotes Taktfeuer (wenn vorhanden) – in der Regel mit Radarreflektor	Stange, Farbe: Rot/Weiß. Toppzeichen roter Kegel, Spitze unten. Rotes Taktfeuer (wenn vorhanden)

Feste Zeichen

Rechte Seite
rot-weiße Stange mit rotem Kegel – Spitze unten –

Linke Seite
grün-weiße Stange mit grünem Kegel – Spitze oben –
Im Bereich von Abzweigungen, Einmündungen und Hafeneinfahrten kann für jede Seite der Wasserstraße die Ufersicherung durch vorstehende feste Schiffahrtszeichen gekennzeichnet sein.

Bezeichnung der Fahrrinne einschl. Hindernisse

Spaltung
rot-grüne Stange mit Toppzeichen roter Kegel – Spitze unten – über einem grünen Kegel – Spitze oben.

Schwimmende Zeichen
Rechte Seite
rot-weiß waagrecht gestreifte Spierentonne (auch Leuchttonne), Schwimmstange mit rotem Zylinder
Linke Seite
grün-weiß gestreifte Spierentonne (auch Leuchttonne), Schwimmstange mit grünem Kegel – Spitze oben.
Evtl. vorhandene Feuer entsprechen hinsichtlich der Art und Farbe denen der Fahrrinnenbezeichnung.

Auf der **Donau** kann die Hindernis-/Gefahrenbezeichnung wie die Fahrrinnenbezeichnung erfolgen. Daneben können auf der Donau Gefahrenstellen und Schiffahrtshindernisse mit folgenden festen Schiffahrtszeichen bezeichnet werden:
Rechte Seite
Stange mit weißem Dreieck mit rotem Rand – Spitze unten

Linke Seite
Stange mit weißem Dreieck mit grünem Rand – Spitze oben.
Spaltung, wenn Vorbeifahrt an beiden Seiten möglich ist
Stange mit zwei weißen, mit der Spitze gegeneinandergestellte dreieckige Tafeln, die obere mit rotem Rand – Spitze unten – die untere mit grünem Rand – Spitze oben, weißes Gleichtaktfeuer.
Auf der Donau können ferner die Liegestellen wie folgt bezeichnet sein:
Rechte Seite
rote Stumpftonnen mit rotem Gleichtaktlicht
Linke Seite
mit grünen Spitztonnen mit grünem Gleichtaktlicht.

93
Welche Bedeutung haben gelbe Tonnen vor Brückenpfeilern?

Antwort:
Es sind Tonnen mit einem Radarreflektor zur Kenntlichmachung der Brückenpfeiler auf dem Radarschirm.

Zu Frage 93:
Auf dem Radarbild erscheint eine Brücke wie eine feste weiße Wand. Brückenpfeiler sind nicht festzustellen. Das Erkennen der Brückenpfeiler ist für die Durchfahrt unabdingbar, weshalb eine Bezeichnung mit gelben Tonnen mit Radarreflektoren unbedingt erforderlich ist. Die Tonnen sind oberhalb und unterhalb der Brückenpfeiler ausgelegt. Teilweise ist an Brücken über den Brückenpfeilern eine entsprechend weit herausragende Stange mit einem Radarreflektor als Ersatz für die Radartonne angebracht.
Die Radartonnen können auch unter Freileitungen ausgelegt sein und zwar je zwei nebeneinander auf jeder Uferseite, die im Radarbild je zwei nebeneinanderliegende Punkte ergeben, so daß eine Verwechslung mit einer Brücke kaum erfolgen kann. An den Freileitungen können Radarreflektoren auch unmittelbar an den Leitungen angebracht sein (Abstand ca. 50 m), so daß sich im Radarbild eine Punktereihe zur Identifizierung der Freileitung ergibt.

94
Warum muß von den ausgelegten Tonnen ein ausreichender Sicherheitsabstand eingehalten werden?

Antwort:
Weil die Tonnen durch Wasserstandsschwankungen, Wind- oder Strömungseinwirkung ihre Lage ändern können.

Zu Frage 94:
Hinweise:
Sicherheitsabstand von Tonnen allgemein zu Fragen 83–94 und Fragen 91, 92 speziell.

Hinweise zu Fragen 83–94:
Informationspflicht siehe Fragen 3–6
Grundregeln für das Verhalten im Verkehr siehe Fragen 11, 12

Vorschriften:
§§ 1.04, 5.02 und Anlage 8

Sichtzeichen im Fahrwasser, am Ufer, an Brücken und an Schleusen

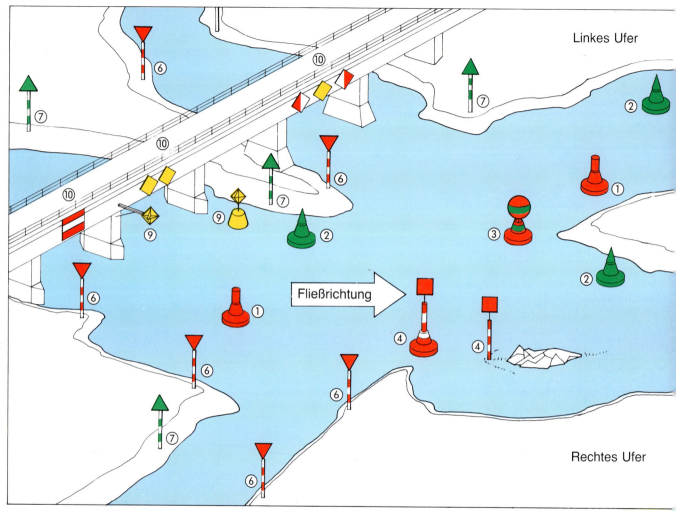

Betonnungssystem auf den Binnenschiffahrtsstraßen
① Fahrwasserbezeichnung rechte Seite (schwimmend)
② Fahrwasserbezeichnung linke Seite (schwimmend)
③ Fahrwasserspaltung (schwimmend)
④ Hindernisbezeichnung rechte Seite (schwimmend)
⑤ Hindernisbezeichnung linke Seite (schwimmend)

Bezeichnung der Fahrrinne einschl. Hindernisse

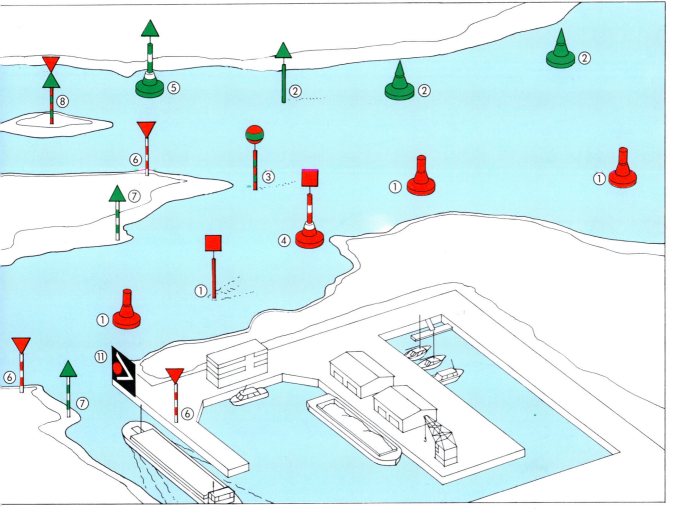

⑥ Hindernisbezeichnung/Uferbezeichnung rechte Seite (feste Zeichen)
⑦ Hindernisbezeichnung/Uferbezeichnung linke Seite (feste Zeichen)
⑧ Hindernisbezeichnung/Spaltung (feste Zeichen)
⑨ Radartonnen/-stangen, Bezeichnung von Brückenpfeilern
⑩ Mögliche Bezeichnungen von Brückenöffnungen
⑪ Hafeneinfahrtsverbot

Sichtzeichen im Fahrwasser, am Ufer, an Brücken und an Schleusen

3.2 Durchfahrt durch Brücken

95*
Sie sehen an einer Brücke nebenstehende Tafel.
Welche Bedeutung hat diese Tafel?

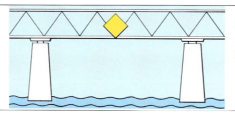

Antwort:

Empfohlene Durchfahrt in beiden Richtungen.

96*
Sie sehen an einer Brücke nebenstehende Tafeln.
Welche Bedeutung haben diese Tafeln?

 oder

Antwort:

**Empfohlene Durchfahrt.
In der Gegenrichtung gesperrt.**

97*
Sie sehen an einer Brücke nebenstehendes Zeichen.
Welche Bedeutung hat dieses Zeichen?

Antwort:

Durchfahrt durch diese Brückenöffnung ist für alle Fahrzeuge gesperrt.

98*
Sie sehen an einer Brücke nebenstehende Tafeln.
Welche Bedeutung haben diese Tafeln?

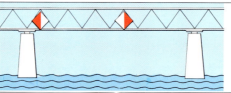

Antwort:

Die Brückenöffnung darf nur zwischen diesen Tafeln durchfahren werden.

Durchfahrt durch Brücken

99*
Sie kommen am Tage an die nebenstehend gekennzeichnete Brücke. Welche Bedeutung haben diese Tafeln?

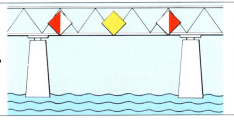

Antwort: ● ●

**Gelb: empfohlene Durchfahrt mit Gegenverkehr.
Rot/weiß: Seitliche Begrenzung der erlaubten Brückendurchfahrt.**

100*
Sie kommen am Tage an die nebenstehend gekennzeichnete Brücke. Was bedeuten diese Tafeln, und wo fahren Sie durch?

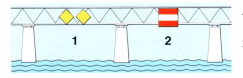

Antwort: ● ●

**1. Durchfahrt ohne Gegenverkehr.
2. Verbot der Durchfahrt.**

Zu Fragen 95 bis 100:
Durchfahrt unter festen Brücken
Die Durchfahrtsbreite unter festen Brücken wird von den Zwischenräumen der Brückenpfeiler bestimmt. Vielfach ist die Durchfahrt nur in einer Breite möglich. Die Durchfahrtsbreite kann zusätzlich durch Verbreiterung des Pfeilersockels durch Bauwerke oder Aufschüttungen verringert sein. Die Wölbung eines Brückenbogens kann ebenfalls zur Verringerung der Durchfahrtsbreite führen, weil die veröffentlichte Durchfahrtshöhe nur in einem Teilbereich vorhanden ist. Für diese möglichen Einschränkungen bzw. Begrenzungen werden an den Brückendurchfahrten Zeichen angebracht, die bei Nacht beleuchtet sind.

Mit quadratischen, auf der Spitze stehenden gelben Tafeln werden die empfohlenen Durchfahrten wie folgt bezeichnet:

1 Tafel: „Empfohlene Durchfahrt in beiden Richtungen", Gegenverkehr ist möglich (siehe Fragen 95, 99).

2 Tafeln: „Verkehr ist nur in Fahrtrichtung erlaubt", die Gegenrichtung ist durch eine rot-weiß-rote Tafel gesperrt (siehe Fragen 96, 100).

Die rot-weiß-rote Tafel findet auch Verwendung für die Durchfahrtssperre von einzelnen Brückenöffnungen; ersatzweise können auch ein rotes Licht oder zwei rote Lichter gesetzt sein (siehe Frage 97).

Die Einschränkung der Durchfahrtsbreite in einer Öffnung wird durch rot-weiße quadratische Tafeln angezeigt. Hier ist die Durchfahrt nur zwischen den weißen Schnittlinien erlaubt (siehe Fragen 98, 99). Sind anstelle der rot-weißen, weiß-grüne quadratische Tafeln angebracht, wird empfohlen, nur zwischen den grünen Schnittlinien durchzufahren.

Sind an Brückenöffnungen keine Zeichen angebracht, kann der Verkehrsteilnehmer die Durchfahrt unter Berücksichtigung der Fahrwasserverhältnisse wählen.

Das Stilliegen unter Brücken ist grundsätzlich verboten. Beim Passieren von Brückenöffnungen sollte, unabhängig eventueller Zeichen, nicht zu nahe an Brückenteile herangefahren werden, weil die stärkere Strömung ein seitliches Versetzen bewirken und die Ruderwirkung beeinträchtigen kann. Aus diesen Gründen sollte auch in Brückenbereichen nicht überholt werden.

Durchfahren beweglicher Brücken
Sind an einer beweglichen Brückenöffnung die rot-weißen oder weiß-grünen Zeichen angebracht, gelten für die Durchfahrtsbreits die jeweiligen Schnittlinien (siehe Frage 98). Ist die Durchfahrt ohne Öffnung (Drehung oder Hebung) möglich, kann die Brücke passiert werden. Vielfach ist es jedoch nicht möglich, das Verkehrsgeschehen auf der gegenüberliegenden Seite ausreichend einzusehen, so daß kurzfristig mit Gegenverkehr gerechnet werden muß, weshalb besondere Vorsicht geboten ist. Dies trifft bei Brücken mit Signalanlagen zu, die ein weißes Licht über den roten Lichtern (Verkehr in beiden Richtungen) zeigen.

Die Durchfahrt kann zur Engstelle werden, was ganz besonderer Aufmerksamkeit bedarf. Bei Annäherung an bewegliche Brücken und bei der Durchfahrt ist das Überholen verboten.

Sichtzeichen im Fahrwasser, am Ufer, an Brücken und an Schleusen

 Keine Durchfahrt (Brücke gesperrt)

 Keine Durchfahrt (Brücke geschlossen, sie kann vorübergehend nicht geöffnet werden)

 Keine Durchfahrt (Brücke geschlossen oder Gegenverkehr)

 Keine Durchfahrt (Brücke in Bewegung)

 Durchfahrt frei (Brücke geöffnet)

Wird über den 2 oder 3 roten Lichtern nebeneinander zusätzlich ein weißes Licht gezeigt, müssen die Fahrzeuge die geschlossene Brücke durchfahren, wenn die Durchfahrtshöhe dies mit Sicherheit zuläßt.

Zusätzliche Regelung der BinSchStrO:
Nach der BinSchStrO müssen Fahrzeuge, wenn sie das Öffnen der Brücke verlangen, erforderlichenfalls 2 lange Töne geben. Bis zur Freigabe der Durchfahrt müssen sie sich mindestens 50 m von der Brücke entfernt halten. Ist das Anhaltegebotszeichen (siehe Frage 116) angebracht, müssen sie vor diesem Zeichen anhalten.
Die Durchfahrt kann bei Tag und bei Nacht auch durch Lichter mit nebenstehender Bedeutung geregelt sein (siehe linkes Bild):

Zusätzliche Regelung nach der DonauSchPV:
Auf der Donau kann die Durchfahrt bei Tag und bei Nacht auch durch Lichter mit folgender Bedeutung geregelt sein:

 Durchfahrt verboten

 Durchfahrt gestattet

 Der Betrieb zur Öffnung der Brücke ist unterbrochen

Zusätzliche Regelung nach der RheinSchPV:
Für die Durchfahrt durch Schiffsbrücken und Vorbeifahrt an Schiffsbrücken gleichgestellter Fähren gilt für die Vorbeifahrt an der Fähre Seltz-Plittersdorf auch für Kleinfahrzeuge folgende Regelung:

- Keine höhere Geschwindigkeit als zur sicheren Steuerung notwendig ist.
- Bergfahrer dürfen innerhalb von 100 m unterhalb nicht anhalten.
- Beim Ankern, Festmachen an Land oder bei anderen Manövern müssen Beschädigungen der Brückenverankerung vermieden werden.

Hinweise:
Anhaltegebot siehe Frage 116
Engstelle siehe Frage 167
Überholen siehe Frage 170
Stilliegen siehe Frage 182
Geschwindigkeit siehe Frage 411
Vorschriften:
§§ 6.07, 6.24, 6.25, 7.02
§ 6.26 ohne MoselSchPV

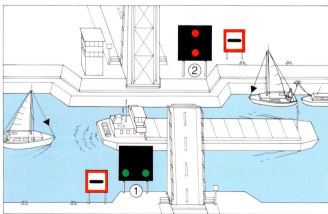

① Durchfahrt frei, Brücke geöffnet
② Durchfahrt für alle Fahrzeuge verboten
Ist nur ein rotes Licht gesetzt
= Keine Durchfahrt; Brücke in Bewegung

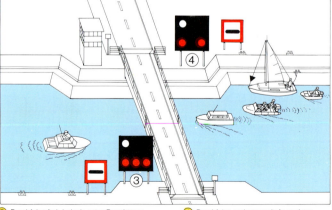

③ Durchfahrt frei, jedoch unter Beachtung der Vorfahrtregeln für Engstellen (Gegenverkehr)
④ Durchfahrt verboten mit Ausnahme von Fahrzeugen, für welche die Durchfahrthöhe mit Sicherheit ausreicht

3.3 Hinweiszeichen für Fähren

101*
**Sie sehen am Ufer nebenstehendes Zeichen.
Welche Bedeutung hat dieses Zeichen?**

Antwort: •

Hinweiszeichen auf eine nicht freifahrende Fähre.

Zu Frage 101:
Neben den Hinweiszeichen auf eine nicht freifahrende Fähre kann auch auf eine freifahrende Fähre hingewiesen werden. Bei diesem Zeichen fehlt der weiße Querbalken unter dem Fährbild. Daneben kann mit Gebotszeichen auf eine Fähre aufmerksam gemacht und zu besonderer Rücksichtnahme aufgefordert werden. In bestimmter Entfernung kann oberhalb der Fähre auch durch das Gebotszeichen die Abgabe von Schallzeichen gefordert werden.

Hinweise:
Lichterführung und Fahrverhalten der Fähren siehe Fragen 50, 51
Gebotszeichen für Fähren siehe Frage 121
Liegeverbote siehe Fragen 127–130, 182
Vorschriften:
§§ 1.01/10 bzw. h, 1.04, 3.16, 7.02

3.4 Schutzbedürftige Fahrzeuge und Anlagen

102
**Auf einem Fahrzeug oder am Ufer sehen Sie eine rot-weiße Flagge.
Was bedeutet diese Flagge, und wie verhalten Sie sich?**

Antwort: • •

**Schutzbedürftiges Fahrzeug oder schutzbedürftige Anlage.
Geschwindigkeit vermindern.
Sog und Wellenschlag vermeiden.**

103
Welche Bedeutung hat die Tag- und Nachtbezeichnung dieser Fahrzeuge?

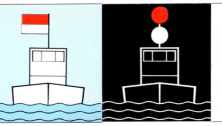

Antwort: • • •

**Schutzbedürftiges Fahrzeug oder schutzbedürftige Anlage.
Vorbeifahrt in möglichst weitem Abstand.
Geschwindigkeit vermindern.
Sog und Wellenschlag vermeiden.**

104
**Sie sehen nebenstehendes Zeichen.
Welche Bedeutung hat dieses Zeichen?**

Antwort: •

Sog und Wellenschlag vermeiden.

Sichtzeichen im Fahrwasser, am Ufer, an Brücken und an Schleusen

105

Sie befinden sich auf einer Binnenschifffahrtsstraße und sehen nebenstehendes Zeichen.
1. Welche Bedeutung hat das Zeichen?
2. Welche Lichter haben die gleiche Bedeutung?

Antwort: ● ●
1. **Sog und Wellenschlag vermeiden.**
2. **Rotes über weißem Licht.**

106

Sie befinden sich nachts auf einer Binnenschiffahrtsstraße und sehen nebenstehende Lichter.
1. Was bedeuten diese Lichter?
2. Wie ist das Tagsignal?

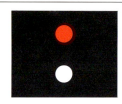

Antwort:
1. **Sog und Wellenschlag vermeiden.**
2. **Rot-weiße Flagge/Tafel oder Tafel mit Wellenlinien.**

Zu Fragen 102 bis 106:
Die Zeichen und Lichter der Fragen 102 und 103 dürfen nur auf Fahrzeugen, Schwimmkörpern und schwimmenden Anlagen gesetzt werden, die

- schwer beschädigt sind oder die sich an Rettungsarbeiten beteiligen sowie manövrierunfähige Fahrzeuge oder
- wenn ihnen die Schiffahrtspolizeibehörde eine schriftliche Erlaubnis erteilt hat.

Die Zeichen und Lichter der Fragen 104 bis 106 sind in der Regel an Land und in Gewässern mit Strömung wegen der stärkeren Wellen der Talfahrt vielfach nur oberhalb des betreffenden Objektes aufgestellt. Mit den Zeichen und Lichtern werden alle Fahrzeuge aufgefordert, die Geschwindigkeit so einzurichten, daß Wellenschlag oder Sogwirkung keinerlei Schäden verursachen können, was durch einen größeren Passierabstand unterstützt wird.

Hinweise:
Grundregeln siehe Fragen 11, 12
Vorbeifahrt an schwimmenden Geräten siehe Fragen 55–58
Geschwindigkeitsbestimmung siehe Frage 411
Sog und Wellenschlag siehe Frage 412
Vorschriften:
§§ 1.04, 3.27, 3.41, 6.20
§ 3.48 (ohne Donau)

3.5 Schiffahrtssperre und gesperrte Wasserflächen

107*

Sie sehen nebenstehende Zeichen.
Welche Bedeutung haben diese Zeichen?

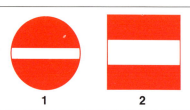

Antwort:
1. **Gesperrte Wasserfläche, jedoch für Kleinfahrzeuge ohne Maschinenantrieb befahrbar.**
2. **Gesperrt für alle Fahrzeuge.**

Schiffahrtssperre und gesperrte Wasserflächen

108*
Sie sehen nebenstehendes Zeichen. Welche Bedeutung hat dieses Zeichen?

Antwort: ● ●

Schiffahrtssperre. Verbot der Durchfahrt für alle Fahrzeuge.

109*
Sie sehen an der Einfahrt zu einer Wasserfläche nebenstehendes Zeichen. Welche Bedeutung hat dieses Zeichen?

Antwort: ● ●

Wasserfläche gesperrt. Ausgenommen Kleinfahrzeuge ohne Maschinenantrieb.

Zu Fragen 107 bis 109:
Schiffahrtssperre

Das Zeichen der Frage 108 bedeutet Sperrung der Schiffahrt in der gesamten Breite der Schiffahrtsstraße, d. h. von Ufer zu Ufer, für alle Fahrzeuge, auch für Kleinfahrzeuge. Vor diesem Zeichen müssen alle Fahrzeuge anhalten. Das Zeichen kann am Ufer aufgestellt oder auf Wahrschaufahrzeugen gesetzt sein.
Die Sperrung kann u. a. ausgelöst sein durch:

- Unfälle mit Sperrung des Fahrwassers
- Festfahren von Fahrzeugen im Fahrwasser
- Freitörnen von festgefahrenen Fahrzeugen
- Gesunkene Fahrzeuge
- Bergungs- und Hebearbeiten
- Wasserbauarbeiten

Bei Nacht kann die Sperrung durch 2 rote Lichter übereinander oder nebeneinander oder durch 1 rotes Licht angezeigt werden, wobei 2 rote Lichter übereinander ein langanhaltendes Durchfahrtsverbot bedeutet.

Die Sperrung kann außerdem bei Tag durch eine rote Flagge oder bei langanhaltender Sperre durch 2 rote Flaggen übereinander angezeigt werden. Dies erfolgt in der Regel unmittelbar nach Eintritt der Sperrung, bis die anderen Zeichen aufgestellt oder ausgelegt sind, oder am Ende einer größeren Schiffsansammlung vor der Sperrstelle, damit ankommende Fahrzeuge nicht an den wartenden Fahrzeugen vorbeifahren, oder bei kleineren Wasserstraßen.

Auf der **Donau** kann die Sperre durch Schwenken einer roten Flagge angezeigt werden. Ferner wird auf der Donau eine langanhaltende Sperre mit 2 rot-weiß-roten Tafeln übereinander angezeigt. Mit der Aufhebung der Sperrung werden die Zeichen eingezogen.

Die einzelnen Sperrzeichen, Sperrlichter können auch bei Hochwasser gesetzt sein.

Bei den vorgenannten Beispielen kann oft eine Sperrung der Schiffahrt durch Richtungsverkehr (Einbahnverkehr) vermieden werden. Da die betreffende Stelle dann nur in einer Breite passiert werden kann, wird sie zur Engstelle. In diesem Fall werden für die gesperrte Richtung die vorgenannten Zeichen Lichter gezeigt. An der freigegebenen Stelle wird die Freigabe der Weiterfahrt durch eine grün-weiß-grüne Tafel (siehe Frage 64) oder durch 2 grüne Lichter bzw. 1 grünes Licht angezeigt. Der Richtungswechsel kann jeweils in verschiedenen Zeitabständen erfolgen. Auf Gewässern mit Strömung bleibt überwiegend die Talfahrt während der Nachtzeit gesperrt und die Bergfahrt kann passieren.

Gesperrte Wasserflächen

Neben der Sperrung einer Wasserstraße kann auch das Befahren bestimmter Wasserflächen begrenzt oder beschränkt sein. Dies wird durch das Zeichen der Frage 109, das auf der Donau nicht vorgesehen ist, angezeigt. Das Befahren dieser Wasserflächen ist dann allen Fahrzeugen und Schwimmkörpern verboten. Es dürfen aber Kleinfahrzeuge einfahren bzw. passieren, die keinen Maschinenantrieb haben bzw. diesen nicht benutzen, d. h. nur unter Segel oder mit Muskelkraft fortbewegt werden.

Das Zeichen ist insbesondere an Einfahrten zu Erholungsbereichen oder an Nebenstrecken (Altrhein usw.) aufgestellt. Wird es innerhalb von Wasserflächen am Ufer oder auf Tonnen gezeigt, gilt die Beschränkung für die Weiterfahrt ab dem Zeichen. Sofern sich in den Bereichen spezielle Umschlaganlagen befinden oder Kiesgewinnung erfolgt, fahren die betreffenden Fahrzeuge der Berufsschiffahrt ebenfalls ein oder aus. Für sie sind jeweils Sondergenehmigungen nach örtlichen Vorschriften erteilt.

Sichtzeichen im Fahrwasser, am Ufer, an Brücken und an Schleusen

Hinweise:
Hochwasser siehe Frage 16
Begriff Kleinfahrzeug siehe Fragen 17, 18
Verkehrsbehinderungen siehe Fragen 57–61
Brückendurchfahrten siehe Fragen 97, 100
Engstelle siehe Frage 167

Vorschriften:
§§ 1.01/2 bzw. b, 1.01/7 bzw. i, 3.27, 3.41, 6.08,
6.22, 6.22 a (ohne Donau), 6.25
§ 10.01 RheinSchPV

Weitere Verbote und Erlaubnisse

 Fahrverbot für Fahrzeuge mit Maschinenantrieb

 Fahrverbot für Sportboote

 Fahrverbot für Segelfahrzeuge

 Fahrverbot für Fahrzeuge, die weder mit Maschinenantrieb noch unter Segel fahren

 Verbot des Segelsurfens

 Fahrerlaubnis für Fahrzeuge mit Maschinenantrieb

 Fahrerlaubnis für Sportboote

 Fahrerlaubnis für Segelfahrzeuge

 Fahrerlaubnis für Fahrzeuge, die weder mit Maschinenantrieb noch unter Segel fahren

 Erlaubnis zum Segelsurfen

3.6 Geschützte Badezonen

110*
Wie können geschützte Badezonen gekennzeichnet sein?

Antwort:
Durch gelbe Bojen.   ●

111*
Wie verhalten Sie sich in unmittelbarer Nähe von Badeanstalten?

Antwort:
Abstand halten, auf Schwimmer außerhalb der Badeanstalt achten. Sog und Wellenschlag vermeiden.   ● ●

Zu Fragen 110 bis 111:
Vor Stellen mit erkennbarem Badebetrieb gelten die Verhaltensgrundregeln in besonderem Maße gegenüber Badenden, und zwar nicht nur bei gekennzeichneten Badezonen, sondern generell. Unabhängig hiervon dürfen Kleinfahrzeuge mit Maschinenantrieb nach der BinSchStrO und der DonauSchPV auf folgenden Strecken nur so schnell fahren, daß ihre Steuerfähigkeit gewahrt bleibt:

- Auf Strecken mit starkem Schiffsverkehr
- Vor Badeufern und Zeltplätzen
- In der Nähe von erkennbar ausgelegten Angel- und sonstigen Fischereifanggeräten

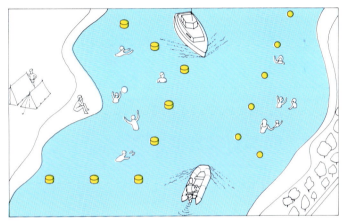

Jedes behindernde oder belästigende Umfahren anderer Fahrzeuge oder das Umherfahren in der Nähe von Fischereifanggeräten einschl. solcher der Sportfischer ist verboten. Beim Vorbeifahren an Badenden muß der Abstand so groß sein, daß sie durch Wellenschlag und Sogwirkung nicht gefährdet oder mehr als nach den Umständen unvermeidbar belästigt werden.

Die für die Rhein- und MoselSchPV zuständigen Kommissionen hielten die vorstehenden Regeln durch die Grundregeln des § 1.04 (siehe Frage 11) für abgedeckt und verzichteten auf eine spezielle Regelung. Daher gelten die Regelungen der BinSchStrO und der DonauSchPV auf allen Binnenwasserstraßen. Auch die nicht mit Maschinenantrieb fahrenden Kleinfahrzeuge haben sich deshalb gegenüber Badenden entsprechend zu verhalten.

Hinweise:
Grundregeln siehe Frage 11
Geschwindigkeit siehe Frage 411
Sog und Wellenschlag siehe Fragen 165, 412
Vorschriften:
§§ 1.04, 6.20
§ 6.02 BinSchStrO,
§ 13.03 DonauSchPV

Sichtzeichen im Fahrwasser, am Ufer, an Brücken und an Schleusen

3.7 Durchfahrt durch Schleusen

112
Sie sehen an einer Schleuse nebenstehende Lichter. Welche Bedeutung haben diese Lichter?

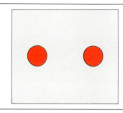

Antwort:
Keine Einfahrt, Schleuse geschlossen.

113
Sie sehen an einer Schleuse nebenstehende Lichter. Welche Bedeutung haben diese Lichter?

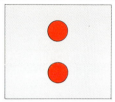

Antwort:
Keine Einfahrt. Schleuse außer Betrieb.

114
Sie sehen an einer Schleuse ein oder zwei grüne Lichter. Welche Bedeutung hat dieses Licht bzw. haben diese Lichter?

Antwort:
Einfahrt bzw. Ausfahrt frei.

115
Sie sehen an einer Schleuse ein rotes oder ein rotes und ein grünes Licht. Welche Bedeutung haben diese Lichter?

Antwort:
Keine Einfahrt, Öffnung der Schleuse wird vorbereitet.

116
Sie sehen vor einer Schleuse nebenstehendes Zeichen.
Welche Bedeutung hat dieses Zeichen?

Antwort:
Vor diesem Zeichen anhalten, bis Weiterfahrt freigegeben wird.

Bestimmtes, durch Zeichen festgelegtes Verhalten

Zu Fragen 112 bis 116:
Der Schleusenbereich umfaßt die Schleusenkammern und die Wasserflächen oberhalb und unterhalb der Schleusen, die dem Festmachen, Einordnen und Warten von Fahrzeugen dienen und als Schleusenvorhafen bezeichnet werden. Der jeweilige Beginn des Schleusenbereichs kann durch weiße Tafeln mit schwarzer Umrandung und der schwarzen Aufschrift »Schleusenbereich« gekennzeichnet sein.
Bei der Annäherung an den Schleusenbereich und im Schleusenbereich darf nur mit mäßiger Geschwindigkeit gefahren werden. Ist die Einfahrt in die Schleuse nicht sofort möglich, muß vor dem Haltzeichen (siehe Frage 116) angehalten oder festgemacht werden.

Im Schleusenbereich

- ist das Überholen verboten;
- darf an auf Schleusung wartenden Fahrzeugen nur bei Vorschleusung vorbeigefahren werden und um sich in vorhandene Lücken zu legen,
- darf der Maschinenantrieb nur in dem unumgänglichen Umfang benutzt werden;
- müssen Anker vollständig hochgenommen sein,
- darf auch bei mehreren Schleusen nur die zugewiesene Schleusenkammer angesteuert werden,
- muß zu Fahrzeugen mit einem, zwei oder drei blauen Kegeln ein seitlicher Abstand von mindestens 10 m eingehalten werden,
- dürfen nur Fahrzeuge stilliegen, die schleusen wollen.

Für die Einfahrt und die Ausfahrt sind die Lichter zu beachten. Für die Ausfahrt darf die Fahrt erst nach dem Löschen des roten und dem Zeigen des grünen Lichtes aufgenommen werden. Anstelle des roten Lichtes oder der roten Lichter kann auch die rot-weiß-rote Tafel (siehe Frage 108) und anstelle des grünen Lichtes oder der grünen Lichter auch die grün-weiß-grüne Tafel gesetzt werden. Werden weder Lichter noch Tafeln gezeigt, ist die Ein- und Ausfahrt nur auf Weisung des Schleusenpersonals zulässig.
Sind mehrere Schleusen vorhanden, kann nach der BinSchStrO die Zuweisung auch durch Richtungsweiser, 2 weiße Lichter nebeneinander, mit folgender Bedeutung erfolgen:

 Rechte Schleuse benutzen

 Linke Schleuse benutzen

 Bis zur Einweisung warten

 Beide Schleusen sind benutzbar

(Die Signalanlagen können von den Zeichnungen abweichen)

Hinweise:
Sprechfunk siehe Frage 31
Vorrangfahrzeuge siehe Frage 73
Durchfahren von Schleusen einschl. der Bootsschleuse siehe Fragen 189–196
Vorschriften:
§§ 6.28, 6.28a

3.8 Bestimmtes, durch Zeichen festgelegtes Verhalten

117*
Sie sehen nebenstehendes Zeichen. Welche Bedeutung hat dieses Zeichen?

Antwort:

Vorgeschriebene Fahrtrichtung.

Sichtzeichen im Fahrwasser, am Ufer, an Brücken und an Schleusen

118*
Sie sehen nebenstehendes Zeichen.
Welche Bedeutung hat dieses Zeichen,
wenn das rote Licht brennt?

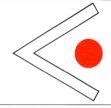

Antwort:

Verbot der Einfahrt in einen Hafen oder eine Nebenwasserstraße.

119
Sie sehen nebenstehendes Zeichen.
Welche Bedeutung hat dieses Zeichen?

Antwort:

Die Zahl gibt den Abstand an, in dem man sich vom Ufer entfernt halten soll.

120
Sie sehen nebenstehendes Zeichen.
Welche Bedeutung hat dieses Zeichen?

Antwort:

Die in Stundenkilometern angegebene Geschwindigkeit gegenüber dem Ufer darf nicht überschritten werden.

121*
Sie sehen nebenstehendes Zeichen.
Welche Bedeutung hat dieses Zeichen?

Antwort:

Besondere Vorsicht walten lassen.

122
Sie sehen nebenstehendes Zeichen.
Welche Bedeutung hat dieses Zeichen?

Antwort:

**1. Überholen verboten.
2. Es gilt nicht für Kleinfahrzeuge, verpflichtet aber zu erhöhter Aufmerksamkeit.**

Bestimmtes, durch Zeichen festgelegtes Verhalten

123*
Sie sehen nebenstehendes Zeichen.
Welche Bedeutung hat dieses Zeichen?

Antwort: ● ●

Begegnen und Überholen verboten. Es gilt nicht für Kleinfahrzeuge, verpflichtet aber zu erhöhter Aufmerksamkeit.

124
Sie sehen nebenstehendes Zeichen.
Welche Bedeutung hat dieses Zeichen?

Antwort: ●

Wendeverbot.

125
Gilt für Kleinfahrzeuge ein durch Schiffahrtszeichen angezeigtes
1. Wendeverbot?
2. Überholverbot?

Antwort: ● ●

1. Ja.
2. Nein.

126
Sie sehen nebenstehendes Zeichen.
Welche Bedeutung hat dieses Zeichen?

Antwort: ●

Ende eines Ge- oder Verbotes bzw. einer Einschränkung in einer Fahrtrichtung.

Fragen 117 bis 126:
Das in der **Frage 117** bezeichnete Verbot verpflichtet auch Kleinfahrzeuge, nur in der angezeigten Richtung weiterzufahren. Bei einem blauen Zeichen mit weißem Pfeil ist dieses eine Empfehlung, in der Richtung des Pfeils zu fahren.

Empfehlung, in der Richtung des Pfeils zu fahren

Bei dem Zeichen gemäß der **Frage 118** ist entsprechend der Pfeilrichtung die Einfahrt in einen Hafen oder eine Nebenwasserstraße verboten. Anstelle dieses Zeichens sind nach der DonauSchPV verschiedene Pfeilzeichen mit Lichtern vorgesehen, die weder an der deutschen noch an der ausländischen Donaustrecke angebracht oder aufgestellt sind, so daß auf eine Beschreibung verzichtet werden kann; sie sind in der Anlage 7, Teil G DonauSchPV dargestellt.

Sichtzeichen im Fahrwasser, am Ufer, an Brücken und an Schleusen

Mit dem Zeichen gemäß der **Frage 119** wird die Einengung des Fahrwassers angezeigt. Die Zahl auf dem Zeichen bestimmt den Abstand in Metern, in dem sich Fahrzeuge vom Ufer (Tafelzeichen) entfernt halten sollen. Ursachen können Verlandungen, abgerutschte Uferböschungen usw. sein.

Das Zeichen nach der **Frage 120** gibt die Höchstgeschwindigkeit an, die gegenüber dem Ufer nicht überschritten werden darf. Das Zeichen kann auch in entsprechender Entfernung aufgestellt sein. Die Entfernung bis zum Beginn der Geschwindigkeitsbegrenzung ist zusätzlich in Metern angegeben, um sicherzustellen, daß alle Fahrzeuge die Fahrt verlangsamen und die Höchstgeschwindigkeit bereits bei der Einfahrt nicht überschreiten.

Das Achtungszeichen gemäß der **Frage 121** weist auf eine mögliche Gefahr, Behinderung usw. hin und fordert zur besseren Aufmerksamkeit auf.

Mit dem Zeichen nach der **Frage 122** wird für alle Fahrzeuge, ausgenommen Kleinfahrzeuge, ein Überholverbot angezeigt. Gründe können u. a. sein:

- Fahrwasserverengung durch Bauarbeiten usw.,
- Flußkrümmung, wodurch die Voraussicht gering ist und dadurch der Gegenverkehr nicht rechtzeitig erkannt wird.

Dies sollen insbesondere langsamere Kleinfahrzeuge bei der Entscheidung zu überholen berücksichtigen, um nicht bei Gegenverkehr in eine schwierige Lage zu kommen.

Neben diesem Überholverbot gibt es noch ein spezielles Zeichen, mit dem das Überholen von Verbänden untereinander (Schleppverbände, Schubverbände, gekuppelte Fahrzeuge) verboten wird (siehe 2. Spalte oben).

Bei Engstellen ist für die gewerbliche Schiffahrt oft ein Begegnen und damit auch ein Überholen nicht möglich, weshalb auf die Verkehrssituation mit dem Zeichen gemäß der **Frage 123** und auf die entsprechenden Verkehrsbestimmungen hingewiesen wird.

Beim Wenden müssen insbesondere die Fahrwasserverhältnisse und die Strömungsgeschwindigkeit berücksichtigt werden. Wo das Wenden risikoreich ist, kann dies durch das Zeichen „Wendeverbot" der **Frage 124** untersagt werden, das für alle Fahrzeuge gilt. Spezielle Wendeplätze können mit dem Zeichen der **Frage 132** bezeichnet werden. An diesen Stellen besteht Stilliegeverbot. Das Wenden ist nur gestattet, wenn dies ohne Gefahren möglich ist und andere Fahrzeuge nicht gezwungen werden, unvermittelt ihren Kurs und ihre Geschwindigkeit zu ändern. Erforderlichenfalls ist das Wenden durch Schallzeichen anzukündigen. Die anderen Fahrzeuge müssen, sofern dies möglich und nötig ist, Geschwindigkeit und Kurs ändern, damit das Wenden ohne Gefahr erfolgen kann. Eine Verpflichtung, die Schallzeichen auch gegenüber Kleinfahrzeugen zu geben, besteht nicht. Sobald ein Kleinfahrzeug die Wendeabsicht bemerkt, sollte es entsprechend der Verkehrssituation und der Strömungsverhältnisse nach Möglichkeit nicht vor, sondern hinter dem wendenden Fahrzeug vorbeifahren.

Die Ge- oder Verbotszeichen sind in der Regel mit einem weißen Dreieck, dessen Spitze in die Richtung des Geltungsbereiches zeigt, versehen. Gelten diese Ge- oder Verbote in beiden Richtungen, ist das Ende gleichzeitig der Beginn für die Gegenrichtung. Gilt das Ge- oder Verbot nur in einer Richtung, z. B. Geschwindigkeitsbegrenzung der **Frage 120** oder Vermeidung von Sog und Wellenschlag der **Frage 104** nur für die Talfahrt, wird das Ende dieser Strecke mit dem Zeichen gemäß der **Frage 126** angezeigt.

Die nachfolgenden Zeichen gelten zwar nicht für Kleinfahrzeuge; der Sportbootfahrer sollte sie dennoch kennen, um die von der gewerblichen Schiffahrt zu benutzende Fahrwasserseite festzustellen und sein Fahrverhalten danach einzurichten. Entsprechend der Verkehrslage und den Fahrwasserverhältnissen ist die Einhaltung der angezeigten Fahrwasserseite den Kleinfahrzeugen zu empfehlen.

Gebot,
auf die Fahrwasserseite hinüberzufahren,

die auf der Backbordseite	die auf der Steuerbordseite

des Fahrzeugs liegt

Gebot, die Fahrwasserseite zu halten,

die auf der Backbordseite	die auf der Steuerbordseite

des Fahrzeugs liegt

Gebot, das Fahrwasser

nach Backbord	nach Steuerbord

zu überqueren

Ankern und Festmachen

Hinweise:
Anlaufen von Häfen siehe Frage 32
Sog und Wellenschlag siehe Fragen 104–106, 412
Wendeplatz siehe Frage 132
Schallzeichen beim Wenden siehe Fragen 145, 146
Schallzeichen Ein-/Ausfahrt siehe Frage 149, 150
Engstelle siehe Frage 167
Überholen siehe Frage 170
Auslaufen und Queren siehe Fragen 187, 188
Geschwindigkeit siehe Frage 411
Vorschriften:
§§ 6.07, 6.08, 6.12. 6.13, 6.16, 6.20
§ 6.11 (ohne Donau)

3.9 Ankern und Festmachen

127
Sie sehen nebenstehende Zeichen.
Welche Bedeutung haben diese Zeichen?

1 2

Antwort: ● ●
1. Ankerverbot,
2. Festmacheverbot
jeweils auf der Seite der Wasserstraße, auf der das betreffende Zeichen steht.

128
Sie sehen nebenstehendes Zeichen.
Welche Bedeutung hat dieses Zeichen?

Antwort: ●
Ankerverbot auf der Seite der Wasserstraße, auf der dieses Zeichen steht, und zwar von 50 m oberhalb bis 50 m unterhalb des Zeichens.

129
Sie sehen nebenstehendes Zeichen.
Welche Bedeutung hat dieses Zeichen?

Antwort: ●
Festmacheverbot auf der Seite der Wasserstraße, auf der das Zeichen steht.

Sichtzeichen im Fahrwasser, am Ufer, an Brücken und an Schleusen

130
**Sie sehen nebenstehendes Zeichen.
Welche Bedeutung hat dieses Zeichen?**

Antwort:

Liegeverbot auf der Seite der Wasserstraße, auf der das Zeichen steht.

131
**Sie sehen nebenstehendes Zeichen.
Welche Bedeutung hat dieses Zeichen?**

Antwort:

Liegeverbot zwischen den Tafeln auf 1000 m auf der Seite der Wasserstraße, auf der die Zeichen stehen.

132
**Sie sehen nebenstehendes Zeichen.
Welche Bedeutung hat dieses Zeichen, und was ist zugleich verboten?**

Antwort:

**Empfohlener Wendeplatz.
Stilliegen für alle Fahrzeuge verboten.**

133
**An einer verbreiterten Stelle einer sonst engen Schiffahrtsstraße steht ein blaues Hinweisschild »Empfohlener Wendeplatz«.
Was ist hier zugleich verboten?**

Antwort:

Stilliegen (Ankern und Festmachen).

134
Was bedeutet nebenstehendes Zeichen?

Antwort:

Wehr.

Zu Fragen 127 bis 134:
Die Zeichen gemäß den **Fragen 127–131** gelten nur auf der Seite der Wasserstraße, auf der das Zeichen steht. Soll das Zeichen auf beiden Seiten gelten, ist es an beiden Uferseiten aufgestellt. Dies gilt auch für die entsprechenden Hinweiszeichen.
Soweit ein Geltungsbereich für die Zeichen nicht festgelegt ist, sind die Zeichen mit einem weißen Dreieck versehen, dessen Spitze in die Richtung des Geltungsbereiches zeigt. In dem Dreieck kann der Geltungsbereich in Metern angegeben sein.

98

Bezeichnung der Liegeplätze

Das Ankerverbotszeichen der **Frage 128** umfaßt den Bereich von 50 m oberhalb bis 50 m unterhalb des Zeichens, sofern keine anderen Angaben angebracht sind. In den Ankerverbotsstrecken ist das Ankern, nicht aber das Stilliegen verboten.
Im Bereich der Festmacheverbotsstrecken der **Frage 129** darf geankert, aber nicht am Ufer festgemacht werden.
Im Liegeverbotsbereich ist das Stilliegen und somit das Ankern und Festmachen verboten **(Frage 130)**.
Im Bereich eines empfohlenen Wendeplatzes ist das Stilliegen verboten, um den Wendebereich nicht zu beeinträchtigen **(Frage 132)**.
Mit dem Hinweiszeichen der **Frage 134** wird auf ein Wehr aufmerksam gemacht. Bei der Einfahrt in einen Wehrbereich ist besondere Vorsicht geboten, weil nicht selten Strömung vorhanden ist und ein Abtreiben in Richtung der Wehrwalzen nicht ausgeschlossen werden kann. Bei Wehren, die durchfahren werden können, kann die Durchfahrt durch Schiffahrtszeichen nach den Fragen 96 bis 98, 108, 112, 113 und 116 einschl. der grün-weiß-grünen Tafeln und der grünen Lichter geregelt sein.
Die Anker-, Festmache- und Liegestellen können wie folgt bezeichnet sein:

Ankern erlaubt   Festmachen erlaubt   Stilliegen erlaubt

Auf der **Donau** können die Liegestellen auf der
- rechten Seite des Fahrwassers durch rote Stumpftonnen,
- linken Seite des Fahrwassers bzw. durch grüne Spitztonnen

bezeichnet sein.
Diese Tonnen trennen gleichzeitig das Fahrwasser von den Liegestellen.

Hinweise:
Bezeichnung der Ankerlieger siehe Fragen 79–82
Anlegen und Stilliegen siehe Fragen 181, 182
Ankern und Festmachen siehe Fragen 230–235
Vorschriften:
§§ 6.13, 6.24, 7.02, 7.03, 7.04
§§ 7.05, 7.06 DonauSchPV

3.10 Bezeichnung der Liegeplätze

135

Liegeplätze können u. a. mit nebenstehenden Zeichen bezeichnet sein. Bei welchem Zeichen darf ein Kleinfahrzeug anlegen?

Antwort:
Nur beim Zeichen 2.

Sichtzeichen im Fahrwasser, am Ufer, an Brücken und an Schleusen

136
Liegeplätze können u. a. mit nebenstehenden Zeichen bezeichnet sein. Bei welchem Zeichen darf ein Kleinfahrzeug anlegen?

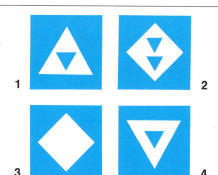

Antwort:
Nur beim Zeichen 3.

Zu Fragen 135 bis 136:
Weitere Liegeverbote:

  Seitliches Liegeverbot neben dem Fahrzeug, das diese Zeichen gesetzt hat, innerhalb der angegebenen Meter

  Liegeverbotsbreite in Meter ab dem Zeichen

Weitere Hinweise für Liegestellen:

  Liegebreite in Meter

  Liegebreite in Meter zwischen den beiden Zahlen; Liegeverbot bis 30 Meter

IV Anzahl der Fahrzeuge, die nebeneinander stilliegen dürfen

Weitere Hinweise für Liegestellen

  Liegestelle für die Schubschiffahrt ohne Ladungsbezeichnung

bzw. mit 1, 2 oder 3 blauen Kegeln/Lichtern

  Liegestelle für andere Fahrzeuge als für die Schubschiffahrt ohne Ladungsbezeichnung

bzw. mit 1, 2 oder 3 blauen Kegeln/Lichtern

  Liegestelle sowohl für die Schubschiffahrt als auch für andere Fahrzeuge ohne Ladungsbezeichnung

bzw. mit 1, 2 oder 3 blauen Kegeln/Lichtern

Anstelle der 2 oder 3 blauen Kegel oder Lichter müssen die Fahrzeuge auf der **Donau** einen roten Kegel bzw. ein rotes Licht führen.

Sofern bezeichnete Liegestellen nicht vorhanden sind, kein allgemeines Liegeverbot besteht und auch keine Liegeverbotszeichen aufgestellt sind, kann der Verkehrsteilnehmer seinen Liegeplatz frei wählen. Der Liegeplatz ist unter Berücksichtigung des Tiefgangs und der örtlichen Verhältnisse so nahe wie möglich am Ufer zu wählen. Durch das Stilliegen darf die Schiffahrt nicht behindert werden. Die für bestimmte Strecken festgelegten Liegebreiten müssen beachtet werden, z. B. Teil II BinSchStrO § ..10. Gegenüber stilliegenden Fahrzeugen, die die Bezeichnung für gefährliche Güter führen, müssen folgende Abstände eingehalten werden:

- 10 m zu Fahrzeugen mit einem blauen Kegel oder Licht,
- 50 m zu Fahrzeugen mit 2 blauen Kegeln oder Lichtern,
- 100 m zu Fahrzeugen mit 3 blauen Kegeln oder Lichtern,
- 100 m zu Fahrzeugen mit einem roten Kegel oder Licht (Donau).

Hinweise:
Zeichen der Fahrzeuge mit gefährlichen Gütern siehe Fragen 66–71
Liegeverbot siehe Frage 130

Vorschriften:
§§ 7.01, 7.02, 7.05, 7.07
§§ 7.04, 17.02, 17.06 DonauSchPV

Schallsignale, die auch von Kleinfahrzeugen gegeben werden dürfen

A4 Schallsignale

Bei den Schallsignalen ist grundsätzlich zu unterscheiden zwischen

- Achtungssignalen,
- Kursänderungssignalen,
- Manövriersignalen,
- Gefahr- und Warnsignalen und
- Notsignalen.

Sie sind von ihrem Inhalt her unterschiedliche Warnungen und Hinweise und müssen deshalb

von der Signalgebung her deutlich unterscheidbar sein. Während das **Warnsignal** als Warnschausignal nur ein langer Ton ist, bestehen die **Kursänderungssignale** ausschließlich aus kurzen Tönen. Da bei Manövern auch die übrige Schiffahrt gewahrschaut werden muß, bestehen die **Manövriersignale** aus einer Kombination von langen und kurzen Tönen. Die **Gefahr- und Warnsignale** schließlich sind im Hinblick auf die besondere Gefahrensituation auch besonders auffällig gestaltet. Jeder Führer eines Kleinfahr-

zeuges sollte daher bei der Wahrnehmung von Schallsignalen unverzüglich prüfen, ob sein Fahrzeug von der durch das Schallsignal angezeigten Verkehrssituation betroffen ist. Vor allem muß der Schiffsführer die Schallsignale daraufhin analysieren, ob es sich um ein Notsignal handelt, weil er in diesem Falle ggf. zur Hilfeleistung verpflichtet ist.

4.1 Schallsignale, die auch von Kleinfahrzeugen gegeben werden dürfen

137*
Wie lang ist ein »kurzer Ton«?

Antwort:

Etwa eine Sekunde.

●

138*
Wie lang ist ein »langer Ton«?

Antwort:

Etwa vier Sekunden.

●

139*
Was bedeutet ein langer Ton?

Antwort:

Achtung!

●

140*
Was bedeutet ein kurzer Ton?

Antwort:

Kursänderung nach Steuerbord.

●

141*
Was bedeuten zwei kurze Töne?

Antwort:

Kursänderung nach Backbord.

●

Schallsignale

142*

Was bedeuten drei kurze Töne?

Antwort:

Maschine geht rückwärts.

●

143*

Was bedeuten vier kurze Töne?

Antwort:

Fahrzeug ist manövrierunfähig.

● ●

4.2 Schallsignale, die ausschließlich von der gewerblichen Schiffahrt gegeben werden

4.2.1 Manövriersignale

144*

Was bedeuten fünf kurze Töne?

Antwort:

Überholen nicht möglich.

●

145*

Was bedeutet nebenstehenes Schallsignal?

▬▬ ▬

Antwort:

Wenden über Steuerbord.

●

146*

Was bedeutet nebenstehendes Schallsignal?

▬▬ ▬ ▬

Antwort:

Wenden über Backbord.

●

147*

Was bedeutet nebenstehendes Schallsignal?

▬▬ ▬▬ ▬

Antwort:

**Überholen an der Steuerbordseite des
Vorausfahrenden.**

● ●

148*

Was bedeutet nebenstehendes Schallsignal?

▬▬ ▬▬ ▬ ▬

Antwort:

**Überholen an der Backbordseite des
Vorausfahrenden.**

● ●

Gefahr- und Warnsignale

149*

Was bedeutet nebenstehendes Schall-signal?

▬ ▬ ▬ ▬

Antwort: ● ●

Hafen oder Nebenwasserstraße; Ein-oder Ausfahrt mit Kursänderung nach Steuerbord.

150*

Was bedeutet nebenstehendes Schall-signal?

▬ ▬ ▬ ▬ ▬

Antwort: ● ●

Hafen oder Nebenwasserstraße; Ein-oder Ausfahrt mit Kursänderung nach Backbord.

4.2.2 Gefahr- und Warnsignale

151

**Sie hören bei verminderter Sicht dreimal drei Töne in ver-schiedener Höhe.
Welche Bedeutung hat dieses Signal?**

Antwort: ● ●

Talfahrzeug, das mit Radarhilfe fährt.

152*

**Sie hören eine Folge sehr kurzer Töne.
Was bedeutet dieses Schallsignal?**

Antwort: ●

Gefahr eines Zusammenstoßes.

153*

**Sie hören eine Reihe von Tönen, abwechselnd kurz-lang-kurz-lang mit entsprechendem Lichtsignal.
Was bedeuten diese Signale?**

Antwort: ● ● ●

Bleib-weg-Signal. Gefahr durch gefährliche Güter, sofort Ge-fahrenbereich verlassen. Feuer- und Zündfunken vermeiden (Explosions- und Katastrophengefahr).

Zu Fragen 137 bis 153:
In der gewerblichen Schiffahrt werden Manö-vrierabsprachen vielfach über Funk getroffen, so daß Schallzeichen weniger gegeben werden. Da nicht immer eine Funkverständigung möglich ist, haben die Schallzeichen nach wie vor beson-dere Bedeutung. Auch wenn Kleinfahrzeuge nur die allgemeinen Zeichen geben dürfen, müssen deren Schiffsführer aber auch die übrigen Schallzeichen beherrschen, die u. U. auch ihnen gegenüber gegeben werden.
Soweit Schallzeichen vorgesehen sind, aber nicht die Verwendung der Glocke vorgeschrie-ben ist, sind sie wie folgt zu geben:

● Auf Fahrzeugen mit Maschinenantrieb, aus-genommen Kleinfahrzeuge, mittels mecha-nisch betriebener Schallgeräte.

● Auf Fahrzeugen ohne Maschinenantrieb und auf Kleinfahrzeugen mittels eines Schallge-rätes, einer geeigneten Hupe oder eines geeigneten Horns.

Auf Fahrzeugen mit Maschinenantrieb müssen gleichzeitig mit den Schallzeichen gleichlange gelbe Lichtzeichen gegeben werden; dies gilt nicht für Kleinfahrzeuge, für das Dreitonzeichen der Radar-Talfahrer sowie für Glockenzeichen. Soweit Glockenschläge vorgesehen sind, können Gruppen von Glockenschlägen durch Schläge von Metall auf Metall von gleicher Dauer ersetzt werden.
Es ist verboten, andere als die vorgesehenen Schallzeichen zu gebrauchen oder sie u. U. für Zwecke zu gebrauchen, für die sie nicht vorgeschrieben oder zugelassen sind.
Zur Verständigung von Fahrzeug zu Fahrzeug und zwischen Fahrzeug und Land dürfen auf Rhein, Mosel und Donau andere Schallzeichen verwendet werden, sofern diese zu keiner Verwechslung mit den vorgesehenen Schallzeichen führen können.

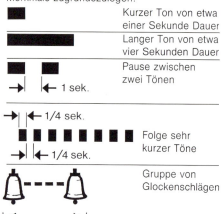

Bei der Abgabe von Schallzeichen sind folgende Merkmale zugrundezulegen:
- Kurzer Ton von etwa einer Sekunde Dauer
- Langer Ton von etwa vier Sekunden Dauer
- Pause zwischen zwei Tönen
- Folge sehr kurzer Töne
- Gruppe von Glockenschlägen

Hinweise:
Allgemeine Zeichen siehe Fragen 139–143, 152, 154–158
Manövriersignale siehe Fragen 144–150
Wenden siehe Fragen 124, 132
Überholen siehe Fragen 168–170
Hafenein- oder -ausfahrt siehe Fragen 32, 187, 188
Gefahr- und Warnsignale siehe Fragen 151–153
Verminderte Sicht (Nebelsignale) siehe Fragen 176, 177
Bleib-Weg-Signal siehe Frage 153
Vorschriften:
§§ 3.18, 3.35, 3.46, 4.01–4.04, 6.04, 6.10, 6.13, 6.14, 4.06 (ohne Donau), 6.31–6.34, 8.14

A5 Sicherheitsvorschriften

5.1 Manövrierunfähigkeit

154
Welche Signale bzw. Zeichen geben Sie, wenn Ihr Boot manövrierunfähig geworden ist?

Antwort: ● ● ●
Vier kurze Töne. Bei Tag eine rote Flagge, bei Nacht ein rotes Licht schwenken.

155*
Sie hören vier kurze Töne.
1. Was bedeutet das Schallsignal?
2. Welche optische Zeichen können hierfür gegeben werden?

Antwort: ● ● ●
1. Fahrzeug ist manövrierunfähig.
2. Rote Flagge oder rotes Licht schwenken.

Zu Fragen 154 bis 155:
Ein Fahrzeug ist z. B. manövrierunfähig, wenn die Maschinen- oder die Ruderanlage ausgefallen ist. Besondere Zeichen müssen auf den manövrierunfähigen Fahrzeugen nicht gesetzt werden.
Die in den Antworten genannten Zeichen (4 kurze Töne, rote Flagge, rotes Licht schwenken) müssen nur auf manövrierunfähigen Fahrzeugen **in Fahrt** gegeben werden. Mit dem Eintritt der Manövrierunfähigkeit ist in der Regel die damit verbundene Gefahr durch das Setzen des

Ankers beseitigt. Mit Hilfe der Paddel ist auch das Ufer zu erreichen.

Hinweise:
In Fahrt siehe Frage 19
Hilfeleistungspflicht siehe Fragen 13–15
Schallsignale siehe Frage 143

Vorschriften:
§§ 1.01/16 bzw. m, 3.18, § 3.35 ohne Donau

– Ich bin manövrierunfähig –

5.2 Notsituationen

156   ● ● ●
Welche Signale bzw. Zeichen geben Sie, wenn Sie in Not sind und dringend Hilfe brauchen?

Antwort:
Gruppen von Glockenschlägen, wiederholte lange Töne geben.
Bei Tag eine Flagge oder einen sonstigen Gegenstand, bei Nacht ein Licht im Kreis schwenken.

157*   ● ● ●
Sie sehen am Tage ein Fahrzeug, auf dem eine rote Flagge im Kreis geschwenkt wird.
1. Was bedeutet das?
2. Wie ist das Nachtsignal?
3. Wie verhalten Sie sich?

Antwort:
1. Von einem in Not befindlichen Fahrzeug wird Hilfe herbeigerufen.
2. Statt der Flagge ein Licht kreisen.
3. Ich leiste Hilfe, soweit das mit der Sicherheit meines Fahrzeuges vereinbar ist.

158   ● ● ●
Wie können Sie anzeigen, daß Sie in Not geraten sind und dringend Hilfe benötigen?
1. Am Tag?
2. Bei Nacht?
3. Durch Schallsignal?

Antwort:
1. Eine rote Flagge oder einen sonstigen Gegenstand im Kreis schwenken.
2. Ein Licht, das im Kreis geschwenkt wird.
3. Wiederholt lange Töne oder Gruppen von Glockenschlägen geben.

Sicherheitsvorschriften

159*

Auf dem Wasser ist ein Mensch in Not geraten. Wie verhalten Sie sich?

Antwort:

Wenn möglich Hilfe leisten. Sonst Hilfe holen.

160*

Sie sehen auf einem Gewässer, daß ein Segelsurfer auf seinem Brett sitzt und immer weiter abgetrieben wird. Wozu sind Sie verpflichtet?

Antwort:

Zur Hilfeleistung, sofern dies ohne eigene Gefährdung möglich ist; sonst ist sofort Hilfe zu holen.

161*

Welche Notsignale kann ein Segelsurfer auf Binnenschifffahrtsstraßen geben?
1. Optisch?
2. Akustisch?

Antwort:

1. **Kreisförmiges Schwenken des Arms oder eines Gegenstandes.**
2. **Fortgesetzte lange Töne mit einer Pfeife.**

162*

Welche Notsignale kann ein Segelsurfer geben?

Antwort:

1. **Kreisförmiges Schwenken eines Armes oder eines Gegenstandes.**
2. **Fortgesetzte lange Töne mit einer Pfeife.**
3. **Langsames Heben und Senken der seitlich ausgestreckten Arme.**

Zu Fragen 156 bis 162:
Notsignale dürfen nur in einer Notsituation, d. h. bei einem Notstand gegeben werden. Ein Notstand liegt vor, wenn eine gegenwärtige Gefahr für Leib und Leben von Personen besteht. In diesen Fällen ist entsprechend den gegebenen Möglichkeiten **jeder** zur Hilfeleistung und zur Abwendung der Gefahr verpflichtet, auch wenn dabei gegen andere Bestimmungen verstoßen wird. Mit den vorstehenden Zeichen soll anderen der Notstand mitgeteilt und sie zur Hilfeleistung aufgefordert werden.

Notsituationen können u. a. sein:
- Wassereinbruch, Gefahr des Sinkens
- Über Bord gefallene Personen
- In Not geratene Schwimmer
- Verletzter Wasserskiläufer in Verbindung mit manövrierunfähigem Zugfahrzeug
- Verletzte Personen an Bord eines manövrierunfähigen Fahrzeugs
- Erschöpfter und abtreibender Surfer

Hinweise:
Verhalten unter besonderen Umständen siehe Frage 12
Hilfeleistungspflicht siehe Frage 13–15
akustische Notsignale siehe Erläuterungen zu den Fragen 137–153
Wasserski siehe Fragen 404–410
Mann-über-Bord siehe Frage 451
Vorschriften:
§§ 1.05, 1.16, 3.46, 4.04
§§ 35, 323 c StGB

Grundberührungen

– Notsignale –   – Notsignale –

5.3 Grundberührungen

163 ••
Sie haben mit Ihrem Fahrzeug innerhalb des Fahrwassers Grundberührung. Welche Maßnahmen treffen Sie?

Antwort:
Wasserschutzpolizei oder Wasser- und Schiffahrtsverwaltung benachrichtigen.

164 •
Warum ist eine Grundberührung im Fahrwasser meldepflichtig?

Antwort:
Damit das Hindernis beseitigt bzw. gekennzeichnet wird.

Zu Fragen 163 bis 164:
Unter Grundberührung wird in der Regel eine Berührung mit der Flußsohle verstanden. Nicht in jedem Fall ist dies aber genau festzustellen. Es können auch Berührungen mit auf dem Grund liegenden Gegenständen sein, z. B. über Bord gegangene Ladungsteile, verlorene Anker, eingebrachte entwendete Landfahrzeuge u. ä. Unabhängig von der Ursache handelt es sich bei der Grundberührung in jedem Fall um ein meldepflichtiges Schiffahrtshindernis, wenn die Berührung **im Fahrwasser** erfolgte. Ursache ausschließlicher Grundberührung können Überladung (zu hoher Tiefgang) oder Kiesanhäufung sein, die auf Geschiebe-Ablagerung, Festfahren und Freifahren mit eigener Maschinenkraft oder Hochwasser u. ä. zurückzuführen sein kann. Damit die Ursache ermittelt und die Gefahr beseitigt oder gekennzeichnet wird, sind die Schiffsführer verpflichtet, derartige Feststellungen der Wasser- und Schiffahrtsverwaltung oder der Wasserschutzpolizei unter genauer Bezeichnung der Hindernisstelle zu melden. Nur dadurch können von anderen Fahrzeugen und der Schiffahrt schlechthin größere Schäden abgewendet werden.

Hinweise:
Meldepflichtige Feststellungen siehe Fragen 13–15
Anschriften WSV, WSP siehe Anhang 3 und 4
Vorschriften:
§§ 1.12, 1.17

Sicherheitsvorschriften

5.4 Vermeidung von Sog- und Wellenschlag

165

Nennen Sie Bereiche, in denen die Geschwindigkeit zu vermindern ist, um Sog und Wellenschlag zu vermeiden.

Antwort:
1. Vor Hafenmündungen und in Häfen;
2. an Lade- und Löschplätzen;
3. an den üblichen Liegestellen;
4. an Fährstellen;
5. auf gekennzeichneten Strecken;
6. im Schleusenbereich;
7. an Badestellen.

Zu Frage 165:
Fahrzeuge müssen ihre Geschwindigkeit so einrichten, daß der Wellenschlag oder die Sogwirkung, die Schäden an stilliegenden oder in Fahrt befindlichen Fahrzeugen, Schwimmkörpern oder an Anlagen verursachen können, vermieden werden.

Die Fahrzeuge müssen ihre Geschwindigkeit rechtzeitig vermindern, jedoch nicht unter das Maß, das zu ihrer sicheren Steuerung notwendig ist.
Gegenüber stilliegenden Fahrzeugen gilt diese Verpflichtung generell, gleichgültig ob sie auf gekennzeichneten Liegeplätzen oder auf nicht bezeichneten Liegestellen oder an Umschlagstellen, Lade- und Löschplätzen stilliegen.
Die Pflicht der Rücksichtnahme gegenüber Badenden gilt an allen Badestellen, nicht nur an den bezeichneten.

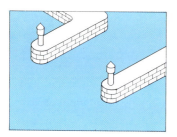
Vor Hafenmündungen und in Häfen

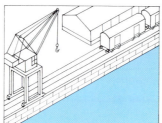
An Lade- und Löschplätzen

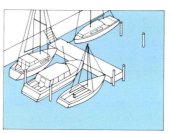
An üblichen Liegestellen

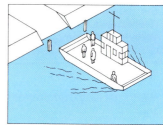
An Fährstellen

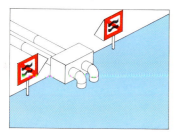
Auf gekennzeichneten Strecken

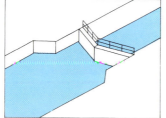
Im Schleusenbereich

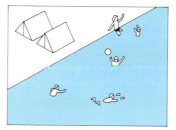
An Badestellen

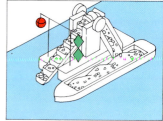
An schwimmenden Geräten

Begegnen mit anderen Fahrzeugen

Hinweise:
Hafeneinmündungen und Häfen siehe Fragen 32, 118
übliche Liegestellen siehe Fragen 135, 136
Fährstellen siehe Fragen 50, 51, 101

gekennzeichnete Strecken siehe Fragen 102–106, 120
Schleusenbereiche siehe Fragen 112–116
Badestellen siehe Fragen 110, 111
Sog- und Wellenschlag siehe Frage 412

Vorschriften:
§§ 1.04, 3.27, 3.41, 3.48, 6.20, 6.28
§ 6.02 BinSchStrO

5.5 Begegnen mit anderen Fahrzeugen

166*   ● ● ●

Warum soll ein Sportboot nicht dicht an ein großes, fahrendes Fahrzeug heranfahren?

Antwort:

Es kann durch dessen Sog mit dem Fahrzeug kollidieren, durch dessen Bug- bzw. Heckwelle kentern oder in dessen toten Winkel geraten.

167*   ● ●

Wie verhalten Sie sich beim Begegnen mit anderen Fahrzeugen in einem engen Fahrwasser?

Antwort:

Klaren Kurs zeigen, größtmöglichen Passierabstand einhalten, nötigenfalls Fahrt vermindern.

Zu Fragen 166, 167:
Das zu dichte Heranfahren an andere in Fahrt befindliche Fahrzeuge ist als Verstoß gegen die Vorsichtsmaßregeln und damit gegen die Grundregeln für das Verhalten im Verkehr anzusehen (§ 1.04). Außerdem liegt in diesem Verhalten ein Verstoß gegen die Pflicht, Vorfahrt- oder Ausweichmanöver rechtzeitig und entschlossen durchzuführen und dadurch Manöver des letzten Augenblicks zu verhindern.
Beim Begegnen im Fahrwasser gelten zusätzliche Verhaltensregeln. Fahrzeuge dürfen Kurs oder Geschwindigkeit nicht in einer Weise ändern, die die Gefahr eines Zusammenstoßes herbeiführen könnte.
Fahrwasserengen können durch eine natürliche Verengung der Wasserstraße, durch stilliegende Fahrzeuge etc. oder aus ähnlichen Gründen verursacht sein. Für die Durchfahrt gilt folgendes:
1. Alle Fahrzeuge müssen die Fahrwasserenge in möglichst kurzer Zeit durchfahren.
2. Für die Durchfahrt besteht Überholverbot, das aus Vorsichtsgründen auch Kleinfahrzeuge beachten sollten.

3. Kann die Fahrwasserenge nicht in der gesamten Länge eingesehen werden, muß jedes Fahrzeug vor der Einfahrt einen langen Ton geben und diesen erforderlichenfalls während der Durchfahrt wiederholen.
4. Bergfahrer und Talfahrer müssen vor der Enge anhalten, bis der Gegenverkehr sie durchfahren hat.
5. Ist das Begegnen in einer Fahrwasserenge unvermeidlich, müssen alle möglichen Maßnahmen getroffen werden, damit das Begegnen an einer Stelle mit der geringsten Gefahr erfolgt.
6. Bei unübersichtlichen Fahrwasserengen kann die Durchfahrt auch mit Zeichen und Lichter geregelt sein.
§ 6.07 gilt zwar nicht für Kleinfahrzeuge. Trotzdem wurde die Regelung der gewerblichen Schiffahrt in den Nrn. 2 bis 4 als Orientierung und als Verhaltenshinweis für Schiffsführer von Kleinfahrzeugen aufgeführt.

Merksätze:
- Rechtzeitig Geschwindigkeit vermindern,
- nicht zu früh ausweichen, und unmittelbar nach dem Begegnen wieder in der Fahrwassermitte weiterfahren.

Beachte:
Ein geringer Passierabstand ist nicht so gefährlich, wie eine zu große Annäherung an das Ufer oder das Überfahren von Untiefen.

Hinweise:
Grundregeln für das Verhalten im Verkehr siehe Fragen 11 und 12
Zeichen für Steuerbordbegegnung siehe Fragen 75–78
Zeichen und Lichter für Durchfahrtsregelung siehe Fragen 55–64, 108.
Fahrtrichtungsanzeige siehe Frage 117
Begegnungsverbot siehe Frage 123
Schallsignale siehe Fragen 139 und 152
Ausweichen generell siehe Fragen 171–175, 178

Sicherheitsvorschriften

Begegnen im engen Fahrwasser

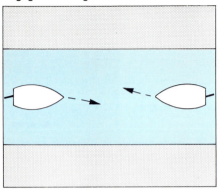

Rechtzeitig Geschwindigkeit reduzieren. Nicht zu früh ausweichen. Stb-Ruderlage, so daß ausreichender Passierabstand gewährleistet ist.

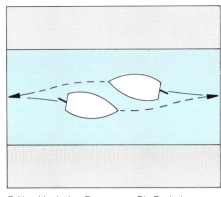

Frühzeitig beim Begegnen Bb-Ruderlage, um die Fahrwassermitte nach dem Begegnen schnell wieder zu erreichen.

Vorschriften:
§§ 6.02, 6.03, 6.04, 6.07, 6.08, 6.11, 6.12

5.6 Überholen

168*
Welche Gefahren können entstehen, wenn Sie von einem größeren Fahrzeug überholt werden?

Antwort: ● ● ●

Durch den Stau, Sog oder Schwell kann das Fahrzeug aus dem Ruder laufen, querschlagen oder kentern. Gefahr des Überbordfallens durch Krängung.

169
Wie ist ein Überholmanöver durchzuführen?

Antwort: ● ● ●

Zügig und ohne die beteiligten Fahrzeuge zu behindern, Verkehrslage und eventuelle Schallzeichen beachten, ausreichenden Abstand halten.

170
Wann dürfen Sie überholen, und was müssen Sie dabei beachten?

Antwort: ● ● ●

Das Überholen ist nur gestattet, wenn hinreichender Raum hierfür vorhanden ist und es ohne Gefahr ausgeführt werden kann. Genügend Abstand halten, schädlichen Sog und Wellenschlag vermeiden. Der Überholer ist grundsätzlich ausweichpflichtig.

Ausweichen von Sportfahrzeugen untereinander

Zu Fragen 168 bis 170:
Das Überholen ist nur gestattet, wenn das Fahrwasser unter Berücksichtigung aller örtlichen Umstände und des übrigen Verkehrs hinreichenden Raum für den gesamten Überholvorgang gewährt, jede Gefährdung des Gegenverkehrs ausgeschlossen ist und kein Überholbot besteht. Kurs und Geschwindigkeit dürfen nicht in einer Weise geändert werden, die die Gefahr eines Zusammenstoßes herbeiführen könnte. Der Überholer ist grundsätzlich ausweichpflichtig, und er muß sich vorher vergewissern, daß das Manöver ohne Gefahr ausgeführt werden kann. Der Vorausfahrende muß das Überholen, soweit möglich, erleichtern und evtl. die Geschwindigkeit vermindern; diese Verpflichtung besteht nicht, wenn Kleinfahrzeuge überholen. Mit einer freundlichen Bitte über Funk kann die Rücksichtnahme auch gegenüber Kleinfahrzeugen erreicht werden.

Es darf an Backbord oder Steuerbord überholt werden. Ist das Überholen nur möglich, wenn der Vorausfahrende seinen Kurs ändert, sind die entsprechenden Schallzeichen zu geben. Ist ein gefahrloses Überholen unmöglich, z. B. Fahrwasserenge durch Arbeiten oder Stilllieger, die der Überholer infolge einer Fahrwasserkrümmung noch nicht einsehen kann oder entgegenkommender Schubverband mit größerer Breite, muß der Vorausfahrende „fünf kurze Töne" geben. Die Pflicht zur Abgabe von Schallzeichen besteht nicht gegenüber Kleinfahrzeugen.
Bei der Entscheidung, einen Vorausfahrenden zu überholen, muß sowohl die eigene Geschwindigkeit als auch die Länge und Breite des Vorausfahrenden, z. B. Schubverband Länge bis 270 m, Breite bis 34,20 m, berücksichtigt werden. Ist die eigene Geschwindigkeit nur unwesentlich höher als die des Vorausfahrenden oder kann insbesondere bei der Bergfahrt die

gesamte Überholstrecke nicht eingesehen und damit Begegnungen während des Überholens nicht ausgeschlossen werden, sollte von einem Überholmanöver abgesehen werden. Die mit dem evtl. Abbrechen des Überholens verbundene Fahrtverminderung erhöht die Soggefahr nicht unwesentlich. Eine weitere Gefährdung entsteht durch das Begegnen mit anderen Fahrzeugen während des Überholens.

Hinweise:
Überholverbot im Schleusenbereich siehe Fragen 112–116
Überholverbotszeichen siehe Fragen 122, 123
Schallsignale siehe Fragen 144, 147, 148
Überholverbot in Fahrwasserengen siehe Frage 167

Vorschriften:
§§ 6.02, 6.03, 6.08, 6.09, 6.10, 6.11

5.7 Ausweichen von Sportfahrzeugen untereinander

171 ● ●

Wann besteht die Gefahr eines Zusammenstoßes?

Antwort:

Wenn sich zwei Fahrzeuge einander nähern und sich die Peilung der beiden Schiffe zueinander nicht ändert.

172 ●

Wie weichen zwei Motorboote aus, die sich auf entgegengesetzten Kursen nähern?

Antwort:

Jeder muß nach Steuerbord ausweichen.

173 ● ●

Zwei Motorboote nähern sich auf kreuzenden Kursen. Es besteht die Gefahr eines Zusammenstoßes. Welches Motorboot ist ausweichpflichtig?

Antwort:

Ausweichpflichtig ist das Fahrzeug, welches das andere an seiner Steuerbordseite sieht.

Sicherheitsvorschriften

174
Nachts kommt Ihnen ein Fahrzeug entgegen, das nur ein weißes Licht führt.
Was ist das für ein Fahrzeug?

Antwort:

Kleinfahrzeug ohne Maschinenantrieb.

●

175*
Wie müssen Ausweichmanöver durchgeführt werden?

Antwort:

Rechtzeitig, klar erkennbar und entschlossen.

● ●

176
Wie muß sich ein kreuzendes Kleinfahrzeug unter Segel am Wind in der Nähe eines Ufers gegenüber anderen verhalten?

Antwort:

Es darf ein anderes Kleinfahrzeug, das sein steuerbordseitiges Ufer anhält, nicht zum Ausweichen zwingen.

● ●

177
Wie beurteilen Sie nebenstehende Ausweichsituation? Begründung.

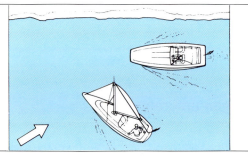

Antwort:

Das Segelboot ist ausweichpflichtig. Ein Fahrzeug unter Segel am Wind darf beim Kreuzen andere Fahrzeuge, die ihr steuerbordseitiges Ufer anhalten, nicht zum Ausweichen zwingen.

● ●

178*
Wie verhalten Sie sich als Führer eines Kleinfahrzeuges beim Begegnen mit Fahrzeugen der gewerblichen Schiffahrt?

Antwort:

Kleinfahrzeuge sind gegenüber der gewerblichen Schiffahrt ausweichpflichtig.

●

Zu Fragen 171 bis 178:
Die Ausweichregeln, die Konkretisierungen der Grundregeln für das Verhalten im Verkehr sind, unterscheiden zwischen Kleinfahrzeugen einerseits und Fahrzeugen der gewerblichen Schiffahrt andererseits. Bei den Kleinfahrzeugen wiederum ist zu unterscheiden zwischen Fahrzeugen mit Maschinenantrieb, d. h. Motorbooten und Segelbooten mit Hilfsmotor, und Segelbooten und Ruderbooten.

Diese Ausweichregeln für diese verschiedenen Fahrzeuggruppen basieren auf folgenden zwei Grundsätzen:
1. Alle Fahrzeuge, deren Kurse jede Gefahr eines Zusammenstoßes ausschließen, dürfen ihre Kurse und ihre Geschwindigkeit nicht in einer Weise ändern, die die Gefahr eines Zusammenstoßes herbeiführen könnte. Die Gefahr eines Zusammenstoßes besteht dann, wenn sich 2 Fahrzeuge aneinander nähern und sich die Peilung der beiden Schiffe zueinander nicht ändert (sogenannte stehende Peilung).
2. Im Verhältnis der Sportschiffahrt zur gewerblichen Schiffahrt muß die Letztere den Vorrang haben, weil sie auf Benutzung der Fahrrinne zwingend angewiesen ist, während bei Kleinfahrzeugen die Manövrierfähigkeit ausschlaggebend sein muß.

Ausweichen von Sportfahrzeugen untereinander

Danach lassen sich die Ausweichregeln für Kleinfahrzeuge wie folgt differenzieren:
- Kleinfahrzeuge mit Maschinenantrieb weichen anderen Kleinfahrzeugen mit Maschinenantrieb aus.
  Beispiel: Motorboot weicht Motorboot aus.
- Kleinfahrzeuge mit Maschinenantrieb weichen allen anderen Kleinfahrzeugen aus.
  Beispiel: Motorboot weicht Segelboot oder Ruderboot aus.
- Kleinfahrzeuge ohne Maschinenantrieb weichen den unter Segeln fahrenden Kleinfahrzeugen aus.
  Beispiel: Ruderboot weicht Segelboot aus.

Grundsatz für die Durchführung des Ausweichmanövers: In den obengenannten Situationen müssen die ausweichpflichtigen Kleinfahrzeuge ihren Kurs nach Steuerbord richten.

Ausnahme: Falls ein Ausweichen nach Steuerbord aus nautischen Gründen nicht durchgeführt werden kann, muß das ausweichpflichtige Kleinfahrzeug rechtzeitig, entschlossen und durch klar erkennbare Manöver zeigen, wie es ausweichen will.

Das Fahrzeug, das nicht ausweichpflichtig ist, bezeichnet man als Kurshalter, d. h. als Fahrzeug, das Kurs und Geschwindigkeit beizubehalten hat.

Bei unmittelbar drohender Gefahr eines Zusammenstoßes muß auch der Kurshalter notfalls solche Maßnahmen zur Abwendung der Kollision ergreifen, die einem Verstoß gegen einzelne Verkehrsvorschriften darstellen (sogenanntes Manöver des letzten Augenblicks).

Hinweise:
Verhalten unter besonderen Umständen siehe Frage 12
Steuerbordbegegnung siehe Fragen 75–78
Vorgeschriebener Kurs siehe Frage 117
Schallsignale (Kursänderung) siehe Fragen 140, 141
Schallsignal Gefahr eines Zusammenstoßes siehe Frage 152
Weitere Fragen zu den Ausweichregeln siehe Fragen 413–416
Ausweichfragen der Fahrzeuge unter Segel siehe Fragen 509–512, Ausweichtabelle siehe nächste Seite

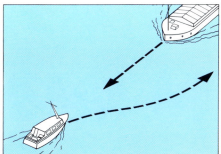

Das Kleinfahrzeug ist ausweichpflichtig.

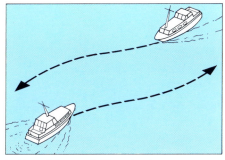

Beide weichen nach Steuerbord aus.

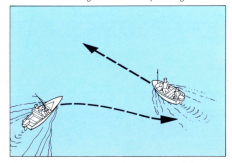

Ausweichpflichtig ist das Fahrzeug, welches das andere an seiner Steuerbordseite sieht.

Vorschriften:
§§ 1.05, 4.02, 6.02, 6.02a, 6.12, 6.15
§ 9.02 RheinSchPV

Ausnahme von dem Grundsatz, daß das Motorboot einem Segelboot ausweichpflichtig ist: Ein kreuzendes Segelfahrzeug darf ein anderes Kleinfahrzeug, das sein steuerbordseitiges Ufer anhält, nicht zum Ausweichen zwingen.

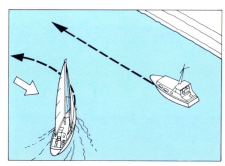

Das am Wind kreuzende Segelboot ist ausnahmsweise ausweichpflichtig.

Sicherheitsvorschriften

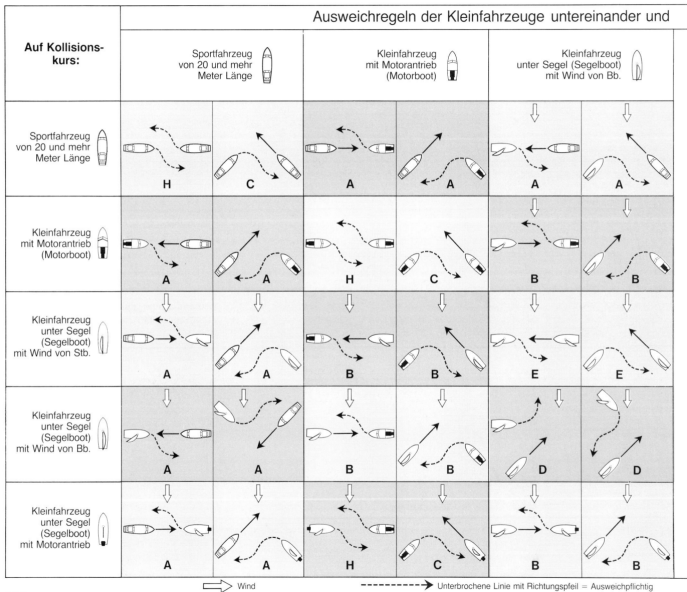

Ausweichen von Sportfahrzeugen untereinander

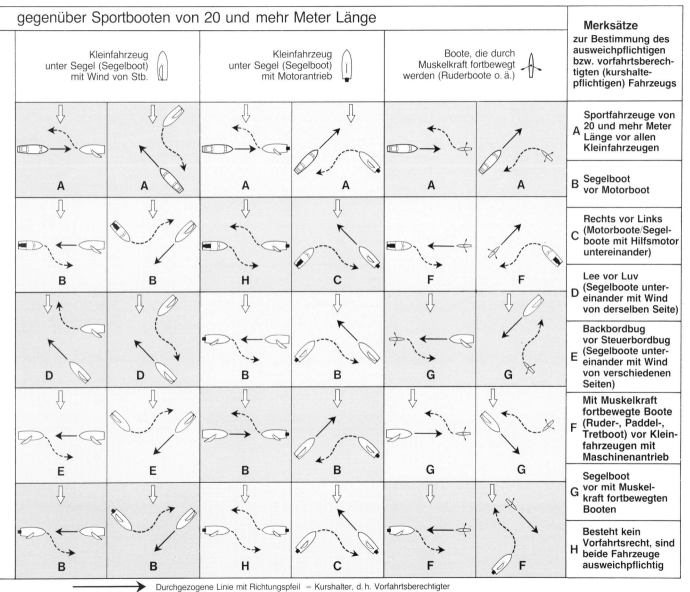

Sicherheitsvorschriften

5.8 Verhalten bei unsichtigem Wetter

179 ● ● ●

Was veranlassen Sie, wenn während der Fahrt unsichtiges Wetter eintritt?

Antwort:

1. **Geschwindigkeit den Sichtverhältnissen anpassen.**
2. **Lichter setzen.**
3. **Möglichst nächsten Hafen aufsuchen.**

180 ● ●

Sie fahren bei Sichtbeeinträchtigung ohne Radar und hören dreimal drei aufeinanderfolgende Töne von verschiedener Höhe.
1. **Was bedeutet dieses Schallzeichen?**
2. **Was tun Sie?**

Antwort:

1. **Talfahrzeug, das mit Radarhilfe fährt.**
2. **Fahrwasser möglichst verlassen.**

Zu Fragen 179, 180:
Mit unsichtigem Wetter ist bei bestimmten Jahreszeiten stets zu rechnen. Die Beobachtung der Wetterentwicklung ist für die Entscheidung einer Fahrtaufnahme oder Fahrtfortsetzung unerläßlich, insbesondere auch hinsichtlich des Erreichens eines sicheren Liegeplatzes bzw. eines Schutzhafens.

Tritt während der Fahrt unsichtiges Wetter auf:
● muß mit sicherer Geschwindigkeit gefahren werden;
● müssen die Fahrtlichter gesetzt werden;
● muß ein Ausguck auf dem Vorschiff aufgestellt werden, der sich entweder in Sicht- oder in Hörweite des Schiffsführers befinden oder durch eine Sprechverbindung mit ihm verbunden sein muß;
● müssen Nebelschallsignale während der Fahrt und beim Stilliegen im Fahrwasser oder in dessen Nähe gegeben werden;
● muß Funkkanal 10 stets auf Empfang geschaltet sein.

Die Fahrt ist grundsätzlich einzustellen, wenn sie nicht mehr ohne Gefahr fortgesetzt werden kann. Dies ist bereits der Fall, wenn die gleich-

zeitige Wahrnehmung beider Ufer nicht mehr möglich ist. Das nicht rechtzeitige Erreichen eines Hafens oder eines sicheren Liegeplatzes und das Nichtgreifen des Ankers können dann

als Probleme auftreten. Beim Anhalten ist die Fahrrinne soweit wie möglich freizumachen. Die Fortsetzung der Fahrt unter Radarhilfe ist nur mit einem für die Binnenschiffahrt zugelassenen

Schallzeichen bei unsichtigem Wetter		Bedeutung	Vorschriften
Einzelfahrende Fahrzeuge und Verbände, außer Radar-Talfahrern	1 langer Ton, längstens jede Minute wiederholt	„Achtung"	§§ 6.32, 6.33
Radar-Talfahrer	Dreimal hintereinander drei ohne Unterbrechung aufeinanderfolgende Töne von verschiedener Höhe		§§ 4.06, 6.32
Stilliegende Fahrzeuge	1 Gruppe von Glockenschlägen, längstens jede Minute wiederholt	„Ich liege auf der linken Seite des Fahrwassers"	§§ 6.31 6.32
	2 Gruppen von Glockenschlägen, längstens jede Minute wiederholt	„Ich liege auf der rechten Seite des Fahrwassers"	
	3 Gruppen von Glockenschlägen, längstens jede Minute wiederholt	„Meine Lage ist unbestimmt"	

Anlegen und Stilliegen

Radargerät und auch nur dann gestattet, wenn sich eine Person mit Radarschifferzeugnis im Steuerhaus aufhält. Während der Fahrt ohne Radarortung muß jedes Fahrzeug in Abständen von längstens einer Minute als Nebelzeichen „einen langen Ton" geben. Da Kleinfahrzeuge generell ausweichpflichtig sind, brauchen sie den langen Ton nicht zu geben.

Sie müssen, sobald sie das Dreitonzeichen hören,

- wenn sie sich in der Nähe eines Ufers befinden, an diesem Ufer bleiben und erforderlichenfalls bis zur Beendigung der Vorbeifahrt anhalten;
- wenn sie sich nicht in der Nähe eines Ufers befinden, die Fahrrinne so weit und so schnell wie möglich freimachen.

Hinweise:
Definition siehe Frage 23
Fahrtlichter siehe Fragen 37, 52
Bezeichnung der Fahrrinne siehe Fragen 83–94
Schallsignale siehe Fragen 139, 151
Wetterbeobachtung siehe Fragen 242–243
Auswertung des Wetterberichts siehe Frage 597

Fahrzeuge, die im Fahrwasser oder in dessen Nähe außerhalb der Häfen oder der festgelegten Liegestellen stilliegen, müssen, wenn sie das Dreitonsignal oder einen langen Ton von einem herankommenden Fahrzeug vernehmen, folgende Nebelschallsignale geben:

- eine Gruppe von Glockenschlägen, wenn sie auf der linken Fahrwasserseite, talwärts gesehen, liegen;
- zwei Gruppen von Glockenschlägen, wenn sie auf der rechten Fahrwasserseite, talwärts gesehen, liegen;
- drei Gruppen von Glockenschlägen, wenn ihre Lage unbestimmt ist.

Vorschriften:
§§ 1.01/15, 16, 20–23 und 25–28 bzw. l–o, 3.01, 4.01–4.06, 6.02, 6.30–6.34

Bei der Fahrt mit Radarhilfe sind folgende Zeichen zu geben:

- Durch den Radartalfahrer – ausgenommen Kleinfahrzeuge – das Dreitonzeichen, wenn er auf dem Radarbildschirm Fahrzeuge bemerkt, deren Standort oder Kurs eine Gefahrenlage verursachen kann. Das Signal ist so oft wie notwendig zu wiederholen.
- Durch den Radarbergfahrer, wenn er das Dreitonsignal hört, oder auf dem Radarbildschirm Fahrzeuge bemerkt, deren Standort oder Kurs eine Gefahrenlage verursachen kann, einen langen Ton mit notwendiger laufender Wiederholung. Über Sprechfunk muß er dem Entgegenkommer seine Fahrzeugart, seinen Namen, seine Fahrtrichtung, seinen Standort und die Begegnungsseite mitteilen. Ein Kleinfahrzeug darf lediglich seine Fahrzeugart, seinen Namen, seine Fahrtrichtung und seinen Standort mitteilen und ansagen, nach welcher Seite es ausweicht.
- Die Radartalfahrer müssen hierauf die genannten Fahrzeug- und Fahrtrichtungsangaben sowie den Standort ebenfalls mitteilen, den zugewiesenen Weg beibehalten oder mitteilen, nach welcher Seite sie ausweichen.

5.9 Anlegen und Stilliegen

181

Warum soll man möglichst gegen Strom und Wind anlegen?

Antwort:

Weil das Fahrzeug sicherer zu manövrieren ist.

●

Zu Frage 181:
Bei einer Fahrt gegen die Strömung und gegen Wind wirken beide zum einen als eine Art Bremse. Je nach der Stärke von Strom und Wind macht das Boot bei geringeren Schraubenumdrehungen u. U. keine Fahrt mehr über den Grund und kommt zum Stillstand, was das Anlegen erleichtert. Zum anderen ist das Boot besser manövrierbar. Bei seitlicher Einwirkung von Strömung oder Wind ergibt sich ein seitliches Versetzen (Abdrift), was beim Manövrieren zu berücksichtigen und auszugleichen ist.

Sicherheitsvorschriften

182

Wo besteht ohne besondere Bezeichnung der Stellen bzw. Strecken ein allgemeines Liegeverbot?

Antwort: •••

1. **Auf Schiffahrtskanälen und Schleusenkanälen.**
2. **Unter Brücken und Hochspannungsleitungen.**
3. **In Fahrwasserengen und Hafeneinfahrten.**
4. **An Abzweigungen oder Einmündungen von Nebenwasserstraßen.**
5. **In der Fahrlinie von Fähren.**
6. **Im Kurs, den Fahrzeuge beim An- oder Ablegen an Landebrücken benutzen.**

Zu Frage 182:
Liegeverbotsbereiche können durch die Verkehrsverordnungen, durch schiffahrtspolizeiliche Anordnungen festgelegt sein, die in der Regel die gesamte Breite der Wasserstraße beinhalten. Aufgestellte Liegeverbotszeichen gelten nur auf der Seite der Wasserstraße, auf der das Zeichen steht.

Hinweise:
Liegeverbotszeichen siehe Fragen 130, 131, 132
Fahrwasserengen siehe Frage 167
Vorschriften:
§§ 6.13, 7.02

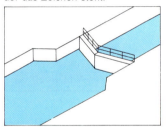

Auf Schiffahrts- und Schleusenkanälen

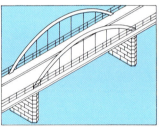

Unter Brücken

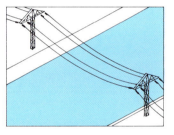

Unter Hochspannungsleitungen

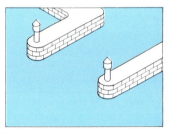

In Hafeneinfahrten

An bekanntgemachten Stellen

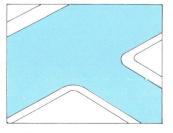

An Abzweigungen oder Einmündungen

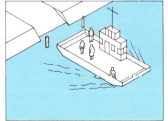

In der Fahrlinie von Fähren

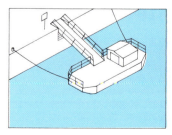

An Anlegestellen

5.10 Schleppen

183
Was ist zu beachten, wenn ein Sportboot geschleppt wird?

Antwort:
1. Daß die Schleppleine nicht in die Schraube kommt.
2. Plötzliches, ruckartiges Steifkommen der Schleppleine vermeiden.
3. Geschwindigkeit der Rumpfform des geschleppten Bootes anpassen.

184
Was verstehen Sie unter Rumpfgeschwindigkeit, und wovon ist diese abhängig?

Antwort:
Die Höchstgeschwindigkeit in der Verdrängerfahrt. Sie ist von der Wasserlinienlänge abhängig.

185
Sie wollen geschleppt werden. Welche Ausrüstungsgegenstände halten Sie bereit?

Antwort:
Schleppleine, Fender und Bootshaken.

186 •
Wo befestigen Sie als Geschleppter die Schlepptrossen?

Antwort:
Möglichst weit vorne am Bug, nur an ausreichend befestigten Beschlägen.

Zu Fragen 183 bis 186:
Wer geschleppt werden will, muß für das Achterausschleppen die Schleppleine (Schlepptrosse) zur Übergabe bereithalten. Der Begriff Schlepptrosse bringt zum Ausdruck, daß es sich um eine verhältnismäßig starke Leine handeln muß. Sie ist an sicheren Stellen und schnell lösbar für den Gefahrenfall festzumachen. Auf dem zu schleppenden Fahrzeug kommt hierfür vor allem der Mast in Frage, wenn es sich um ein Segelfahrzeug handelt. Fender zum Schutz der Boote sind auszubringen und der Bootshaken ist griffbereit zu halten.
Eine besondere Tag- und Nachtbezeichnung als Schleppverband ist nicht erforderlich, wenn dieser nur aus Kleinfahrzeugen besteht.

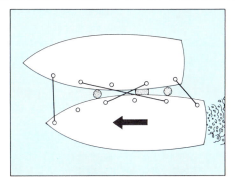

Längsseits schleppen

Beachte: Das Längsseitsschleppen sollte nur bei verhältnismäßig ruhigem Wasser durchgeführt werden. Fender ausbringen!

Wichtiger Hinweis: Motorsportfahrzeuge, die andere Sportfahrzeuge schleppen, gelten nicht als schleppende Maschinenfahrzeuge im Sinne der Verkehrsbestimmungen (§§ 3.09, 3.13, 3.29). Das bedeutet, daß sich schleppende Kleinfahrzeuge nicht als Schleppverband kennzeichnen müssen.

Sicherheitsvorschriften

Beachte: Die Länge der Schleppleine sollte bei starkem Wellengang so bemessen sein, daß sich schleppendes und geschlepptes Fahrzeug zur gleichen Zeit auf dem Wellenberg oder im Wellental befinden. Sie sollte möglichst in gut verankerten Klampen, notfalls am Mast oder an Aufbauten befestigt werden. Druckpunkte sollen durch Fender oder Bretter geschützt werden. Bei ruhigem Wetter genügt eine kurze Schleppleine.

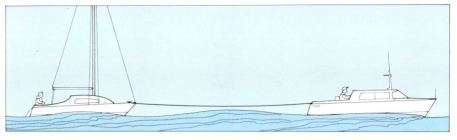

Hinweise:
Fahrtlichter eines Schleppverbandes, der nur aus Kleinfahrzeugen besteht siehe Fragen 43–45
Lichterführung der Kleinfahrzeuge siehe Frage 52

Vorschriften:
§ 3.13

5.11 Auslaufen aus Häfen

187
Was ist beim Auslaufen aus einem Hafen zu beachten?

Antwort: ● ●

Andere Fahrzeuge im Fahrwasser, Schallzeichen und die Strömung.

188*
Wie queren Sie mit Ihrem Boot einen Fluß?

Antwort: ● ●

Strömung berücksichtigen. Den Kurs anderer Fahrzeuge nicht behindern.

Zu Fragen 187, 188:
Fahrzeuge dürfen die Wasserstraßen nur queren oder in einen Hafen oder eine Nebenwasserstraße nur ein- oder ausfahren, wenn dies ohne Gefahr möglich ist und andere Fahrzeuge Kurs oder Geschwindigkeit nicht ändern müssen.
Das Ein- und Auslaufen aus Häfen und Nebenwasserstraßen kann durch Zeichen geregelt sein. Sind keine Zeichen vorhanden, haben auslaufende Fahrzeuge gegenüber einlaufenden Vorrang.
Die erforderlichen Ein- und Auslaufmanöver oder das Queren können durch Schallzeichen angekündigt werden. Bei Absprachen bzw. Verständigung über Funk werden oft keine Schallzeichen gegeben.
Zur Unterscheidung sind die Wasserstraßen in Haupt- und Nebenwasserstraßen eingeteilt, wobei Häfen als Nebenwasserstraßen gelten. Die Unterscheidung kann durch Gebots- oder Hinweiszeichen angezeigt werden.
Neben dem Einfahrtsverbotszeichen gemäß Frage 118 kann an einer Hafenmündung oder der Mündung einer Nebenwasserstraße ein gelbes Funkellicht mit der Bedeutung gezeigt werden, daß Fahrzeuge ausfahren und die Einfahrt mit besonderer Vorsicht zu erfolgen hat. Fahrzeuge in der Hauptwasserstraße müssen daraufhin, soweit notwendig, Kurs und Geschwindigkeit ändern.
Da Kleinfahrzeuge gegenüber der gewerblichen Schiffahrt ausweichpflichtig sind, werden ihnen gegenüber Schallzeichen kaum gegeben. Sie sollten deshalb vor den Einmündungen der Nebenwasserstraßen und den Hafenmündungen aus Sicherheitsgründen einen entsprechenden Passierabstand einhalten.
Als Ankündigung für das Queren eines Fahrwassers kann das Schallsignal 3 lange Töne gegeben werden.

Durchfahren von Schleusen

In das Hauptfahrwasser einlaufendes Fahrzeug

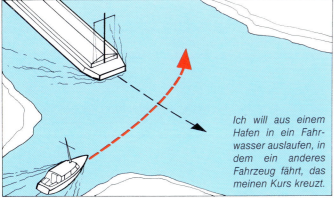

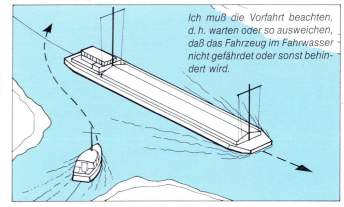

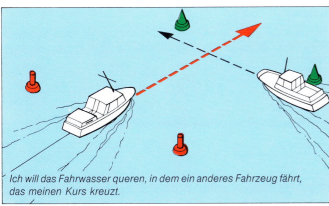

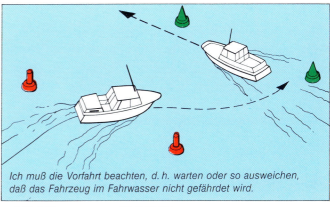

Hinweise:
Anlaufen von Häfen siehe Frage 32
Einfahrtverbot in einen Hafen oder eine Nebenwasserstraße siehe Frage 118

Schallsignale siehe Fragen 149, 150
Abweichende Regelung auf der Donau siehe Frage 118

Vorschriften:
§ 6.16

5.12 Durchfahren von Schleusen

189
Welche Vorbereitungen treffen Sie vor dem Einlaufen in eine Schleuse?

Antwort:

Leinen, Fender und Bootshaken bereithalten.

Sicherheitsvorschriften

190

In welcher Reihenfolge laufen Fahrzeuge der gewerblichen Schiffahrt und Sportboote in die Schleuse ein?

Antwort: • •

Wenn vom Schleusenpersonal nicht anders bestimmt wird, fahren Sportboote hinter den Fahrzeugen der gewerblichen Schiffahrt in die Schleuse ein.

191

Sie müssen zusammen mit Fahrzeugen der gewerblichen Schiffahrt schleusen, da eine eigene Bootsschleuse nicht vorhanden ist.
1. Bei welchem Lichtsignal dürfen Sie in die Schleuse fahren?
2. Wann fahren Sie in die Schleuse ein?

Antwort: • • •

1. Zwei grüne Lichter nebeneinander oder ein grünes Licht.
2. Grundsätzlich nach den Fahrzeugen der gewerblichen Schiffahrt, es sei denn, der Schleusenwärter gibt eine andere Anweisung.

192

Worauf müssen Sie beim Abschleusen besonders achten?

Antwort: • • •

Auf den Drempel am Obertor. Die entsprechende Begrenzungslinie ist zu beachten. Auf sicheres Fieren der Leinen achten.

193

Wie ist der Drempel am Obertor einer Schleuse bezeichnet?

Antwort: •

Durch Farbmarkierungen an der Schleusenmauer.

194

Warum dürfen in einer Schleuse die Leinen nicht fest belegt werden?

Antwort: • •

Damit die Leinen gefiert bzw. durchgeholt werden können und im Notfall das Boot sofort losgeworfen werden kann.

195

Sie müssen zusammen mit Fahrzeugen der gewerblichen Schiffahrt schleusen. Worauf haben Sie bei der Schleuseneinfahrt unbedingt zu achten?

Antwort: • •

Hinter den Fahrzeugen der gewerblichen Schiffahrt einfahren.
Wegen Schraubenwassers der vorausfahrenden Fahrzeuge Sicherheitsabstand einhalten.

Durchfahren von Schleusen

196

Sie liegen zusammen mit Fahrzeugen der gewerblichen Schiffahrt in der Schleuse. Worauf haben Sie besonders zu achten?
1. Während der Schleusung?
2. Bei der Ausfahrt?

Antwort:
1. Leinen besetzt halten; nicht belegen.
2. Sicherheitsabstand wegen des Schraubenwassers der vorausfahrenden Fahrzeuge; Leinen nicht zu früh loswerfen!

Zu Fragen 189 bis 196:
Beim Schleusen ist hinsichtlich der Verhaltensregeln zu unterscheiden zwischen
- Maßnahmen vor dem Einlaufen in eine Schleuse
- Verhalten in der Schleusenkammer und
- Maßnahmen beim Abschleusen.

Vorbereitungen vor dem Einlaufen in eine Schleuse:

Vor der Schleuse muß vor dem Haltezeichen (Frage 116) angehalten bzw. festgemacht werden. Zu diesem Zweck sind die Schleusenvorhafen-Poller an Land vorhanden, zu denen eine Leinenverbindung hergestellt werden kann. Für das Festmachen an den Pollern, aber auch für das Festmachen in der Schleusenkammer selbst, sind Leinen, Fender und Bootshaken bereitzuhalten. Außerdem ist darauf zu achten, ob vom Schleusenpersonal über Lautsprecher eine besondere Reihenfolge festgelegt ist. Wenn das nicht der Fall ist, fahren Sportboote hinter den Fahrzeugen der gewerblichen Schiffahrt in die Schleuse ein. Das Einlaufen ist erst gestattet, wenn dies durch 2 grüne Lichter nebeneinander oder ein grünes Licht angezeigt wird.

Verhalten in der Schleusenkammer:

Beim Einfahren in die Schleusenkammer hinter den Fahrzeugen der gewerblichen Schiffahrt ist vor allem ein ausreichender Sicherheitsabstand zu den vorausfahrenden Fahrzeugen im Hinblick auf deren Schraubenwasser zu halten. Beim Abschleusen ist besonders darauf zu achten, daß die Farbmarkierung an der Schleusenmauer, die den Drempel am Obertor bezeichnet, in voller Länge überfahren wird, um ein Aufsetzen auf den Drempel zu vermeiden. In der Schleusenkammer müssen die bereitgehaltenen Fender ausgebracht sein und die Leinen zum Festhalten an den Pollern oder Pollertreppen eingehängt werden. Auf keinen Fall dürfen die Leinen fest belegt werden, damit sie beim Abschleusen jederzeit gefiert bzw. beim Aufschleusen durchgeholt werden können und damit im Notfall das Boot sofort losgeworfen werden kann.

Maßnahmen beim Ausschleusen:

Die Leinen dürfen erst zur Aufnahme der Fahrt losgeworfen werden. Auf das Schraubenwasser der auslaufenden gewerblichen Schiffahrt ist besonders zu achten und ein ausreichender Sicherheitsabstand zu halten.

Hinweise:

Die Schleusensignale zur Regelung der Einfahrt in die Schleusen und die Verkehrsregelung siehe Fragen 112–116.

123

Umweltschutz und Naturschutz

Zu Fragen 189 bis 196

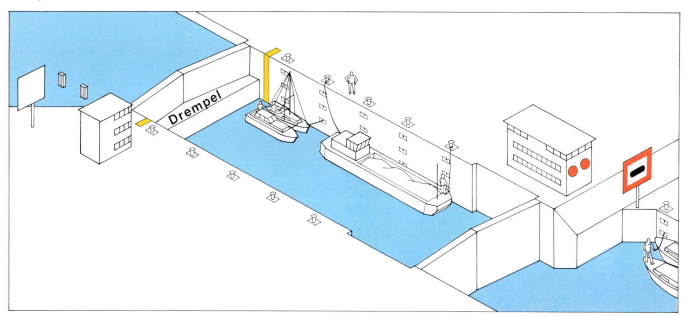

A6 Umweltschutz und Naturschutz

197*
In welchem Merkblatt finden Sie Hinweise für Ihr Verhalten zum Schutz seltener Tiere und Pflanzen sowie zur Reinhaltung der Gewässer?

Antwort:
In den 10 Goldenen Regeln für Wassersportler.

198
Was ist hinsichtlich der Reinhaltung der Gewässer verboten?

Antwort:
1. **Kraftstoffe oder Öle oder Öl-Wasser-Gemische einzubringen.**
2. **Abfälle über Bord zu werfen.**

Umweltschutz und Naturschutz

199

Was ist beim Umgang mit Ölen, Treibstoffen, Farben und anderen umweltschädlichen Stoffen an Bord unbedingt zu beachten?

Antwort:

Entsorgen, Wasser nicht verunreingen.

200

Was tun Sie mit Abfällen jeglicher Art, die an Bord anfallen?

Antwort:

Sammeln und in Aufnahmebehälter an Land bringen, keinesfalls über Bord werfen.

201*

Weshalb sollten Sie das Anlaufen von Schilf- und Röhrichtzonen unbedingt meiden?

Antwort:

Weil diese Uferzonen vielfach Rast- und Brutplätze besonders schutzbedürftiger Vögel sind.
Regionale Vorschriften verbieten das Eindringen in die Zonen und fordern die Einhaltung von Mindestabständen.

202*

Weshalb sollten Sie seichte Gewässer in dichtbewachsenen Uferzonen meiden?

Antwort:

Weil diese seichten Gewässer vielfach Fischlaichgebiete sind, in denen auch schutzbedürftige Pflanzen vorkommen.
Regionale Vorschriften verbieten das Eindringen in die Zonen und fordern die Einhaltung von Mindestabständen.

Zu Fragen 197 bis 202:

Möglichkeiten zur Verringerung des Schadstoffeintrags in die Gewässer

- durch den Einsatz umweltfreundlicher 2-Takter-Öle. Diese sind für das Gewässer weniger schädlich, erhöhen die Zündsicherheit Ihrer Maschine und verringern die Geruchsbelästigung.

- durch den Einsatz von bleifreiem Normalbenzin. Superbenzine sind für die Gewässer und auch für Ihre Gesundheit schädlicher als Normalbenzine und bringen beim Betrieb von 2-Takter-Motoren und weniger hoch verdichtenden 4-Takt-Motoren keinerlei Vorteile.

- durch sorgfältige Auswahl von Antifoulingfarben. Diese Produkte sind grundsätzlich gewässer- und gesundheitsschädlich. Sie sollten daher ihren Einsatz soweit wie möglich reduzieren und die Ratschläge für den Umgang mit diesen Stoffen streng befolgen.

Natur- und Umweltschutz sollte Bestandteil der Wassersportausbildung sein. Viele Wassersportvereine und Schulen praktizieren sie.

Informieren Sie sich
- vor Reisebeginn
- genau

und halten Sie sich an Ihre Information. Natur kennen und schützen macht Spaß und hilft den Lebensraum auch für den Wassersport zu erhalten.

Informationen finden Sie
- bei den Wassersportvereinen vor Ort,
- in Kartenwerken und Büchern, insbesondere des Bundesamtes für Seeschiffahrt und Hydrographie
- bei den Wassersportverbänden (die auch gerne Kontakte zu den Naturschutzorganisationen vermitteln).

Die „10 Goldenen Regeln" für Wassersportler

1
Meiden Sie das Einfahren in Röhrichtbestände, Schilfgürtel und in alle sonstigen dicht und unübersichtlich bewachsenen Uferpartien. Meiden Sie darüber hinaus Kies-, Sand- und Schlammbänke (Rast- und Aufenthaltsplatz von Vögeln) sowie Ufergehölze. Meiden Sie auch seichte Gewässer (Laichgebiete), insbesondere solche mit Wasserpflanzen.

3
Befolgen Sie in Naturschutzgebieten unbedingt die geltenden Vorschriften. Häufig ist Wassersport in Naturschutzgebieten ganzjährig, zumindest zeitweise völlig untersagt oder nur unter bestimmten Bedingungen möglich.

2
Halten Sie einen ausreichenden Mindestabstand zu Röhrichtbeständen, Schilfgürteln und anderen unübersichtlich bewachsenen Uferpartien sowie Ufergehölzen – auf breiten Flüssen beispielsweise 30 bis 50 Meter.

4
Nehmen Sie in »Feuchtgebieten von internationaler Bedeutung« bei der Ausübung von Wassersport besondere Rücksicht. Diese Gebiete dienen als Lebensstätte seltener Tier- und Pflanzenarten und sind daher besonders schutzwürdig.

Umweltschutz und Naturschutz

5
Benutzen Sie beim Landen die dafür vorgesehenen Plätze oder solche Stellen, an denen sichtbar kein Schaden angerichtet werden kann.

8
Beobachten und fotografieren Sie Tiere möglichst nur aus der Ferne.

6
Nähern Sie sich auch von Land her nicht Schilfgürteln und der sonstigen dichten Ufervegetation, um nicht in den Lebensraum von Vögeln, Fischen, Kleintieren und Pflanzen einzudringen und diese zu gefährden.

9 Helfen Sie, das Wasser sauber zu halten. Abfälle gehören nicht ins Wasser, insbesondere nicht der Inhalt von Chemietoiletten. Diese Abfälle müssen, genauso wie Altöle, in bestehenden Sammelstellen der Häfen abgegeben werden. Benutzen Sie in Häfen selbst ausschließlich die sanitären Anlagen an Land. Lassen Sie beim Stilliegen den Motor Ihres Bootes nicht unnötig laufen, um die Umwelt nicht zusätzlich durch Lärm und Abgase zu belasten.

7
Laufen Sie im Bereich der Watten keine Seehundbänke an, um Tiere nicht zu stören oder zu vertreiben. Halten Sie mindestens 300 bis 500 Meter Abstand zu Seehundliegeplätzen und Vogelansammlungen und bleiben Sie hier auf jeden Fall in der Nähe des markierten Fahrwassers. Fahren Sie hier mit langsamer Fahrstufe.

10
Machen Sie sich diese Regeln zu eigen, und informieren Sie sich vor Ihren Fahrten über die für Ihr Fahrtgebiet bestehenden Bestimmungen. Sorgen Sie dafür, daß diese Kenntnisse und Ihr eigenes vorbildliches Verhalten gegenüber der Umwelt auch an die Jugend und vor allem an nichtorganisierte Wassersportler weitergegeben werden.

Sicherheitsausrüstung und sonstige Sicherheitsanforderungen

A7 Sicherheitsausrüstung und sonstige Sicherheitsanforderungen

7.1 Sicherheitsausrüstung

203

Nennen Sie die wichtigsten Ausrüstungsgegenstände eines Sportbootes.

Antwort:　　　　　　　　　　　　　● ● ●

Wurfleinen, Feuerlöscher, rote Flagge, Taschenlampe, Kappmesser oder Axt, Bootshaken, Festmacheleinen, Werkzeug, Schleppleine, mind. 1 Anker, 2 Paddel, Rettungswesten, Verbandskasten, Schöpfeimer, Rettungsring.

204*

Welche Anforderungen müssen an Rettungswesten gestellt werden?

Antwort:　　　　　　　　　　　　　　● ●

Sie müssen ohnmachtssicher sein, d. h., sie müssen den Kopf einer bewußtlosen Person über Wasser nach oben halten und stets die Rückenlage garantieren.

205

Weshalb sollten Sie auf einem kleinen Boot unbedingt Paddel mitführen?

Antwort:　　　　　　　　　　　　　　　●

Damit im Notfall das Fahrwasser freigemacht werden kann.

206

Welchen Vorteil bietet ein Radarreflektor auf einem Sportboot?

Antwort:　　　　　　　　　　　　　　　●

Bessere Erkennbarkeit auf Radarschirmen.

Zu Fragen 203 bis 206:
Bei der aufgeführten Ausrüstung handelt es sich um die Sicherheitsausrüstung, die sich mindestens an Bord befinden sollte, um die Sicherheit der an Bord befindlichen Personen und der Schiffahrt zu gewährleisten und die Verpflichtungen aufgrund der Verkehrsvorschriften erfüllen zu können.

Für jede an Bord befindliche Person sollte eine Rettungsweste vorhanden sein. Wichtig ist, daß sie unbedingt eine ohnmachtssichere Wasserlage gewährleistet, d. h., daß sie selbsttätig das Gesicht (Mund und Nase) eines Erschöpften oder Bewußtlosen innerhalb von 5 Sekunden aus dem Wasser hebt und über Wasser halten muß, indem sie den Körper in eine stabile Rückenlage dreht.

Derartige Rettungswesten sind bisher nur für die gewerbliche Schiffahrt vorgeschrieben. Nicht wenige Rettungswesten auf Wassersportfahrzeugen erfüllen diese Voraussetzungen nicht, obwohl die Erhaltung des Lebens der an Bord befindlichen Personen im Notfall von den Rettungswesten abhängt. Deshalb ist darauf zu achten, daß die Rettungsweste gemäß der DIN-Norm 7929 gekennzeichnet ist, da in diesem Fall ihre Ohnmachtssicherheit gewährleistet ist. Kinder und Nichtschwimmer sollten stets Rettungswesten tragen. In die Handhabung der Rettungswesten sollten Personen an Bord eingewiesen sein. Die Einsatzbereitschaft der Rettungswesten sollte durch Aufblasen mit dem Mund regelmäßig überprüft werden, um sicher zu sein, daß sie auch im Ernstfall hilft. Ohnmachtssichere Rettungswesten gibt es sowohl als Feststoffwesten wie auch als aufblasbare Rettungswesten, letztere mit automatischem Aufblasmechanismus.

Ein Radarreflektor ist besonders auf Kunststoff- und Holzbooten wichtig und gewährleistet, daß das Fahrzeug rechtzeitig von Radargeräten geortet wird.

Sicherheitsausrüstung

Sicherheitsausrüstung		Hinweise	Sicherheitsausrüstung		Hinweise
	Wurfleine	Zur Übergabe der Festmacher- oder Schleppleine bei größeren Entfernungen zum Anleger oder zum Freischleppen des Bootes nach Festfahrung		Bootshaken	Zum Abhalten oder Heranziehen des Bootes beim Anlegen, zum Abdrücken beim Ablegen, zum Bergen von Gegenständen
	Festmacherleinen	In genügender Anzahl und in verschiedenen Längen, um das Boot sicher festmachen zu können		Werkzeug	Zur Durchführung von Reparaturen, Auswechseln von Verschleißteilen
	Schleppleine	Zum Schleppen bei Motorausfall, Ruderschaden o. ä.		Anker	Mit Kettenvorlauf und Leine siehe Fragen 233, 234
	Feuerlöscher	Siehe Fragen 207–209		Riemen, Paddel	Um das Boot im Schadensfall aus dem Fahrwasser zu bringen, zur Richtungskorrektur beim Treiben im strömenden Gewässer, zur Fortbewegung des Beibootes
	Rote Flagge	Zur Anzeige von Notsituationen siehe Fragen 156–158		Ohnmachtssichere Rettungsweste	Siehe Frage 204
	Taschenlampe	Als Notbeleuchtung bei Ausfall der Energieversorgung, zur evtl. Fehlersuche an schlecht beleuchteten Stellen, notfalls zum Geben von Lichtzeichen		Erste-Hilfe-Kasten	Zur Behandlung von Verletzungen
	Kappmesser oder Axt	Zum Kappen beklemmter Leinen im Notfall, z. B. beim Schleusen		Schöpfeimer, Ösfaß	Zur Leerung der Bilge bei übergekommenen Wellen bzw. Spritzwasser, notfalls auch zur Brandbekämpfung
				Rettungsring	Mit Wurfleine siehe Fragen 451, 452

129

Sicherheitsausrüstung und sonstige Sicherheitsanforderungen

207

Welche Löschmittelmenge sollte ein Feuerlöscher auf einem Sportboot haben?

Antwort:

Mindestens 2 kg.

●

208

Was gehört zur Wartung eines Feuerlöschers?

Antwort:

Alle 2 Jahre überprüfen lassen.

●

209

Welche Maßnahmen ergreifen Sie, um einen Brand wirksam zu bekämpfen?

Antwort:

Luftzufuhr vermeiden bzw. unterbinden. Feuerlöscher erst am Brandherd in Tätigkeit setzen.

● ●

Zu Fragen 207 bis 209:
Die Größe und Anzahl der Feuerlöscher und damit die Löschmittelmenge muß nach Bootsgröße, nach Bootsmotor (Außen- oder Inbordmotor) und seiner Leistung (kW, PS) sowie der Ausrüstung mit Koch- und Heizeinrichtungen bemessen sein. Empfohlen werden ABC-Pulverlöscher für die Anwendung in allen Bereichen und zusätzlich Halon-Feuerlöscher zur Brandbekämpfung in Motorräumen und bei elektrischen Anlagen.
Handfeuerlöscher sind an gut zugänglicher Stelle in Halterungen zu befestigen und alle 2 Jahre durch Sachkundige zu überprüfen, auch wenn der Feuerlöscher nicht eingesetzt wurde. Die Überprüfung und Füllung muß ferner nach jedem Einsatz erfolgen. Die Anbringungsstelle

an Bord sollte nach speziellen Brandgefahrstellen gewählt werden, z. B. Kochstelle, Zugang zum Maschinenraum.
Je früher ein Brand entdeckt wird, um so größer sind die Chancen für die erfolgreiche Bekämpfung. Ein Brand kann durch Geruch, außergewöhnlich hohe Temperaturen, Rauch und Verfärbung von Farbe festgestellt werden. Kajüten- und Motorenbrände sind besonders gefährlich, weil sich das Feuer dort leicht ausbreiten kann und an den Brandherd z. T. schlecht heranzukommen ist. Bei der kleinsten Verfärbung von Farbe an der Verkleidung sollte sofort nach der Ursache gesehen werden.
In den meisten Fällen sind Defekte an darunter verlaufenden elektrischen Leitungen die Ursache.
Vorschriften:
§ 1.08

Für die Brandbekämpfung ist wichtig:
● Die Handhabung und die Funktion des Feuerlöschers muß bekannt sein; zum Nachlesen der Betriebs-Bedienungsanleitung ist keine Zeit.
● Sämtliche Öffnungen nach außen sofort schließen.
● Bei laufendem Vergaser-Motor sowie bei Koch- und Heizeinrichtungen Brennstoffzufuhr absperren und Lüftungsöffnungen schließen.
● Fahrzeug stoppen oder in den Wind legen, um den Fahrtwind oder den natürlichen Wind nach Möglichkeit auszuschalten.
● Gegen starken Rauch notfalls durch ein feuchtes Tuch Mund und Nase schützen.
● Feuerlöscher erst am Brandherd betätigen und Feuer möglichst von unten bekämpfen, d. h. möglichst unmittelbar auf glühende Teile, woraus die Flammen entstehen, halten.
● Zusätzlich Brand mit Wasser bekämpfen, ausgenommen ein Brand in Verbindung mit stromführenden Teilen.
Empfehlungen für die sicherheitstechnische Ausrüstung von Wassersportfahrzeugen und Brandschutz sind beim DMYV und dem DSV erhältlich.

7.2 Sonstige Sicherheitsanforderungen

210 ●●●
Warum ist Flüssiggas (Propan, Butan) besonders gefährlich?

Antwort:
Es ist schwerer als Luft, geruchlos und bildet mit Luft ein explosives Gemisch.

211 ●●
Was ist bei Flüssiggasanlagen an Bord zu beachten?

Antwort:
Die Anlage muß durch einen Sachkundigen entsprechend den Richtlinien eingebaut sein. Sie muß regelmäßig überprüft werden.

212 ●●●
Was haben Sie beim Aufladen von Batterien an Bord zu beachten?

Antwort:
Batterieraum lüften, damit die beim Aufladen entstehenden Gase entweichen können. Auf festen Anschluß der Ladeleitung achten.

213 ●●
Wie warten Sie die Batterie Ihres Bootes?

Antwort:
Trockenhalten, vor Oxydation schützen, Anschlußpole fetten, Kabel fest anziehen, Säurestand prüfen.

214 ●●
Was ist wichtig bei der Überwachung und Wartung Ihrer Bordbatterie?

Antwort:
1. Säurestand kontrollieren, evtl. destilliertes Wasser nachfüllen.
2. Pole stets sauberhalten und einfetten.

215 ●
Mit welchem einfachen Gerät überprüft man den Ladezustand der Batterie?

Antwort:
Mit dem Säureheber.

Seemannschaft

Zu Fragen 210 bis 215:
Freigewordene Gase sinken im Boot u. U. bis zur tiefsten Stelle ab. Ein Funke, verursacht durch das Starten des Motors oder Betätigung eines elektrischen Schalters, kann eine Explosion mit nicht absehbaren Folgen auslösen. Aufgrund dieser Gefährlichkeit müssen bei Flüssiggasanlagen die festgelegten Normen zwingend eingehalten werden.

- Sie muß von einem ermächtigten Sachkundigen nach den technischen Regeln G 608 des DVFG eingebaut sein.
- Bei Störungen die Überprüfung durch einen Sachkundigen veranlassen.
- Mindestens alle 2 Jahre die Gesamtanlage durch einen Sachkundigen prüfen und evtl. Verschleißteile ersetzen lassen.
- Bei vermeintlichen Störungen und Undichtigkeiten sofort sämtliche Absperrventile schließen und Anlage außer Betrieb setzen.
- Selbst keine Reparaturen durchführen.

- Undichte Stellen niemals mit offener Flamme suchen, sondern schaumbildende Mittel verwenden.
- Bei Bränden sofort sämtliche Ventile schließen. Löschstrahl auf Austrittsstelle der Flamme richten, so daß diese abreißt.
- Beim Behälter-(Flaschen-)Wechsel im Umkreis von den Behältern nicht rauchen und nicht mit Feuer oder offenem Licht hantieren.
- Vor Inbetriebnahme der Kocheinrichtungen gut durchlüften.
- Während der Benutzung des Kochers Lüfter offen halten.
- Empfehlenswert ist eine elektrische Absperrung, die in Verbindung mit einer Gaswarnanlage installiert wird und bei evtl. Undichtigkeiten die Gaszufuhr sofort unterbindet.
- Für neu in den Verkehr kommende Boote, die mit einer Flüssiggasanlage ausgerüstet sind, muß nach dem GSG ein Prüfungszeugnis für die Flüssiggasanlage übergeben werden.

Ein Merkblatt für „Flüssiggasanlagen auf Sportbooten" wird vom DMYV und DSV angeboten. Zum Laden der Bordbatterie ist besonders auf den Säureheber zur Feststellung des Ladezustandes der Batterie zu verweisen, der zur Ausrüstung gehört. Ist nach dem Prüfungsergebnis ein Laden der Batterie erforderlich, ist die Gefahr der Gasbildung zu beachten. Ein stilliegendes Fahrzeug ist in der Regel ohne Lüftung. Die Öffnung nach außen ab dem Standort der Batterie ist unerläßlich, damit die Gase entweichen können und eine mögliche Explosion verhindert wird.

Hinweise:
Brandbekämpfung siehe Frage 209
Vorschriften:
§ 1.08

A8 Seemannschaft

8.1 Tauwerk

216

Welche Anforderungen stellt man an Tauwerk, das als Festmache-, Anker- oder Schleppleine dient?

Antwort:

Hohe Bruchlast, große Elastizität.

217

Wofür ist schwimmfähiges Tauwerk
1. vorteilhaft?
2. ungeeignet?

Antwort:

1. Für Wurfleinen und Sorgleinen an Rettungsringen.
2. Als Ankerleine.

Seemännische Knoten

218

Wozu dient ein Takling, wozu ein Spleiß?

Antwort: ● ●

Ein Takling sichert den Tampen vor dem Aufgehen, durch einen Spleiß wird geschlagenes Tauwerk miteinander verbunden.

219

Wo können Sie sich über ausreichende Bemessung Ihrer Leinenausrüstung informieren?

Antwort: ●

In den Sicherheitsrichtlinien des DMYV und des DSV.

Zu Fragen 216 bis 219:
In der Schiffahrt werden als Tauwerk Naturfaser, Kunststoffaser und Draht benutzt.
Als **Naturfaser** werden Hanf, Manila, Sisal, Kokosfaser und Baumwolle verwendet.

Als **Kunststoffaser** werden Polyamid, Polyester, Polypropylen und Polyäthylen (Nylon, Perlon, Dacron sind Warenzeichen) benutzt.

Als **Draht** wird nichtrostender Stahl benutzt. Kunststofftauwerk hat eine höhere Bruchfestigkeit als Naturfasertauwerk, es quillt nicht auf und kinkt nicht, es nimmt kein Wasser auf und ist unverrottbar. Dies gilt auch für Drahttauwerk, wenn es aus nichtrostendem Stahl hergestellt ist.

Art des Tauwerks	Eigenschaften	Verwendungszweck
1. geflochtenes Tauwerk	– große Geschmeidigkeit – dehnbar	– für Schoten
2. geschlagenes Tauwerk	– geringe Dehnung – hohe Elastizität – große Festigkeit (reißfest)	– vorgereckt für Fallen – nicht vorgereckt für Festmacher, Schleppleinen usw.
3. Drahttauwerk	– keine Dehnung – hohe Bruchfestigkeit – keine Korrosion (Niro)	– für Stagen und Wanten – in flexibler Ausführung für Fallen

Die Stärke des Tauwerks wird entweder nach dem Umfang in englischen Zoll oder nach dem Durchmesser in Millimeter angegeben. Dickes Tauwerk wird als Trosse oder Leine, dünnes Tauwerk als Takelgarn oder Bändselgut bezeichnet.

8.2 Seemännische Knoten

220*

Welche drei Anforderungen müssen seemännische Knoten erfüllen?

Antwort: ● ● ●

Seemännische Knoten müssen
1. sich einfach und schnell stecken lassen,
2. zuverlässig halten,
3. sich im entlasteten Zustand leicht lösen lassen.

Seemannschaft

221

Wie belegt man
1. an einer Klampe?
2. an einem Pfahl?
3. an einem Ring?

Antwort: ● ● ●

Man belegt
1. **an einer Klampe mit Kreuzschlägen und Kopfschlag,**
2. **an einem Pfahl mit Webeleinenstek oder Palstek,**
3. **an einem Ring mit Roringstek oder mit Rundtörn und zwei halben Schlägen.**

222*

Wozu dient der Schotstek?

Antwort: ●

Mit dem Schotstek werden zwei ungleich starke Enden miteinander verbunden.

223

Mit welchem Knoten wird die Vorleine an einer durchlaufenden Schlepptrosse belegt?

Antwort: ●

Mit dem Stopperstek.

224

Mit welchem Knoten verhindern Sie das Ausrauschen eines Endes?

Antwort: ●

Mit dem Achtknoten.

225*

Wozu dient der Kreuzknoten?

Antwort: ●

Mit dem Kreuzknoten werden zwei gleich starke Enden miteinander verbunden.

226*

Wozu dient der Rundtörn mit zwei halben Schlägen?

Antwort: ●

Zum Festmachen an einem Ring oder einer Stange.

227*

Wozu dient der Webeleinenstek?

Antwort: ●

Der Webeleinenstek wird zum Belegen am Pfahl oder Poller verwendet sowie zum Befestigen der Fender an Reling oder Handlauf (in Verbindung mit einem Slipstek).

Ankern und Festmachen

228

Wozu dient der Kopfschlag?

Antwort: ●

Zum Sichern der Leine beim Belegen einer Klampe.

229*

Wozu dient ein Palstek?

Antwort: ● ●

Schlagen eines sich nicht zuziehenden Auges, zum Festmachen am Poller oder Pfahl und zum Bergen und Sichern von Personen.

Zu Fragen 220 bis 229:
Knoten einerseits und Spleisse und Taklings andererseits unterscheiden sich nach ihrem Verwendungszweck:
Während **Knoten** vor allem dazu dienen, beim laufenden Gut verwendetes Tauwerk zusammenzustecken oder zu befestigen, z. B. bei der

Befestigung der Segel, als Fallen oder Schoten bzw. als Festmacher oder Schlepptrossen, dienen **Spleisse** dazu, beim stehenden Gut, insbesondere beim Rigg, Tauwerk sowie Masten als Stagen und Wanten mit dem Schiffskörper zu verbinden. Ein Überblick über die verschiedenen Knoten und ihre Verwendungszwecke

ergibt sich aus der nachstehenden Tabelle. Die Knoten und Spleisse sollten nicht nur zur praktischen Prüfung beherrscht werden; sie sind vor allem für die aktive Schiffsführung von unverzichtbarer Bedeutung, weil ohne Knoten das Schiff weder festgemacht noch geführt werden kann, insbesondere auf Segelbooten.

Hinweis: siehe Tafel zu Fragen 230, 231

8.3 Ankern und Festmachen

230

Wozu dient der Fender?

Antwort: ●

Zum Schutz des Bootskörpers.

231

Zeichnen Sie die Leinen ein, mit denen dieses Sportboot korrekt an der Pier festmacht. Benennen Sie diese fortlaufend vom Bug zum Heck!

Antwort: ● ● ●

1. **Vorleine**
2. **Vordere Spring**
3. **Achtere Spring**
4. **Achterleine**

135

Seemannschaft

Zu Fragen 230 bis 231:
Fender müssen auf jedem Boot in ausreichender Anzahl und je nach Bootsgröße in entsprechender Stärke (Länge, Durchmesser) vorhanden sein. Sie dienen dem Schutz des eigenen und auch eines fremden Bootes beim

- Anlegen und Stilliegen
- Schleusen
- Längsseitsgehen
- Längsseitsschleppen.

Fender sollen schwimmfähig sein, damit sie beim Überbordgehen, beim Durchscheuern der Halteleinen o. ä. im Wasser nicht untergehen und wieder geborgen werden können. In den Schleusen dürfen nur schwimmfähige Fender verwendet werden. Nach dem Ablegen sind Fender sofort einzuholen.
Mit außenbords hängenden Fendern macht das Boot während der Fahrt einen unordentlichen bzw. unaufgeräumten Eindruck.
Wenn nach dem Festmachen die Gefahr des Scheuerns von Festmacheleinen besteht, sollten die Leinen an den Scheuerstellen mit einem Plastikschlauch oder durch provisorisches Umwickeln mit Tuchstreifen gesichert werden, um ein Brechen zu verhindern.

Hinweise:
Festmachen von Fendern siehe Frage 227
Anzahl und Art der Festmacherleinen siehe Fragen 203, 219
Zum Festmachen siehe Teil III, „Die praktische Prüfung", Nr. 2.3 und Fragen 221, 226–229
Festmacheverbote/Stilliegeverbote siehe Frage 182

Vorschriften:
§ 6.28

Seemännische Knoten

Knoten, Spleiße, Taklings und ihre Anwendung		Frage
	Achtknoten Verhindert das Ausrauschen eines Endes durch einen Block	224
	Belegen einer Klampe mit Kopfschlag	221 228
	Kopfschlag als Slip nur zum kurzen Festmachen	228
	Kreuzknoten Verbindet 2 gleichstarke Enden	225
	Palstek Ermöglicht Festmachen am Poller oder Pfahl oder Bergen und Sichern von Personen durch ein sich nicht zuziehendes Auge	229
	Roringstek Belegen eines Endes an einem Ring oder an einer Stange	221 226
	Rundtörn mit 2 halben Schlägen Belegen eines Endes an einem Ring oder an einer Stange	221 226

Ankern und Festmachen

Seemännische Knoten

Knoten, Spleiße, Taklings und ihre Anwendung		Frage
	Einfacher Schotstek Verbindet zwei gleiche oder unterschiedlich dicke Enden	222
	Doppelter Schotstek Verbindet zwei sehr unterschiedlich dicke Enden, die starkem Zug ausgesetzt sind	222
	Slipstek Vorübergehendes Befestigen der Fender an Reling oder Handlauf in Verbindung mit einem Webeleinenstek	227
	Stopperstek Belegen der Vorleine an einer durchlaufenden Schlepptrosse so, daß sie bei Zug nicht abrutscht	223
	Webeleinenstek Belegen eines Endes an einem Pfahl oder Poller sowie Befestigen von Fendern	227
	Spleiß Dauerhafte Verbindung von geschlagenem Tauwerk	218
	Takling Sichert das Ende des Tampens vor dem Aufdrehen	218

Seemannschaft

232
Womit kann die Wassertiefe bestimmt werden?

Antwort:

Durch Handlot, Echolot oder Peilstange.

233
Wieviel Ankerleine muß zum sicheren Liegen ausgesteckt werden?

Antwort:

Mindestens das 5fache der Wassertiefe.

234
Wieviel Ankerkette muß zum sicheren Liegen ausgesteckt werden?

Antwort:

Mindestens das 3fache der Wassertiefe.

235
Wie stellen Sie fest, ob Ihr Anker hält?

Antwort:

Durch Peilen von Landmarken. Anfassen der Ankerkette oder Leine, wenn diese vibriert oder ruckt, hat der Anker nicht gefaßt.

Zu Fragen 232 bis 235:
Für ein erforderliches Ankermanöver ist es wegen der erforderlichen Länge der Ankerkette oder Ankerleine notwendig, die Wassertiefe festzustellen, was mit entsprechenden Geräten möglich ist. In der Sportschiffahrt werden überwiegend Ankerleinen verwendet. Damit der Zug auf den Anker parallel zum Grund erfolgt und dieser sich im Grund eingräbt, ist ein Kettenvorläufer als Verbindung vom Anker zur Ankerleine erforderlich.

Wichtige Grundsätze für das Ankern:
- Der Anker gräbt sich je nach Bauart durch den Zug der Kette mit einem oder zwei Flunken in den Grund ein.
- Durch das Gewicht der Ankerkette liegt der Schaft des Ankers am Grund, so daß der Zug der Kette parallel zum Boden wirkt und sich die Flunken eingraben können.
- Jede Ankerleine sollte daher einen Kettenvorläufer haben.

Durch den Zug der Kette parallel zum Grund gräbt sich der Anker ein.

Hinweise:
Ankerausrüstung siehe Frage 203
Anker-, Festmache- und Liegeverbote siehe Fragen 127–133, 182

Vorschriften:
§§ 7.01–7.07

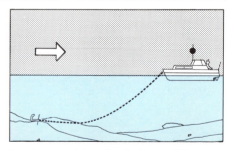

Das Ankergewicht sollte der Bootsgröße angepaßt sein. Einzelheiten sind den Empfehlungen für die sicherheitstechnische Ausrüstung von Wassersportfahrzeugen des DMYV und des DSV zu entnehmen.
Zu der Feststellung, ob der Anker hält, bedarf es keiner Kreuzpeilung. Man sollte sich Festpunkte an Land merken und diese jeweils mit dem Ankerort vergleichen.

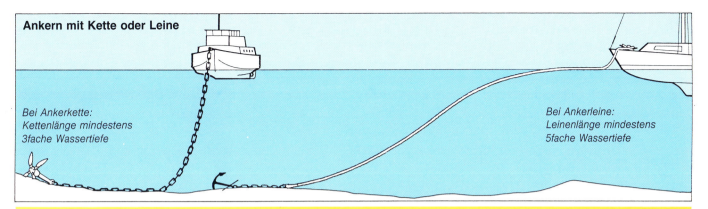

A9 Wetterkunde

9.1 Einfluß des Luftdrucks auf die Wetterentwicklung

236*
Welche Faktoren sind hauptsächlich für das Wettergeschehen, also für Wind und Niederschläge ausschlaggebend?

Antwort:
Luftdruckänderung, Luftfeuchtigkeit und Temperatur.

237*
Mit welcher Wetterentwicklung rechnen Sie bei schnell und stetig fallendem Luftdruck?

Antwort:
Schlechtes Wetter; Starkwind oder Sturm.

238*
Welches Wetter ist zu erwarten, wenn der Luftdruck langsam, aber ständig steigt?

Antwort:
Besseres bzw. schönes Wetter.

239*
Welche Maßeinheiten werden verwendet für
1. Luftdruck?
2. Windgeschwindigkeit?

Antwort:
1. Hektopascal (hPa).
2. m/s, km/h, Knoten (kn).

Wetterkunde

Zu Fragen 236 bis 239:
Der wichtigste Faktor für die Analyse des Wettergeschehens ist die Luftdruckänderung, die mit dem Barometer gemessen wird. Bei stetig fallendem Luftdruck ist mit schlechtem Wetter zu rechnen; fällt der Luftdruck um mehr als 1 Hektopascal in der Stunde, ist mit Starkwind oder Sturm zu rechnen. Umgekehrt bedeutet ein starker Druckanstieg nicht immer eine Abnahme des Windes. Denn im Bereich eines umfangreichen Hochs werden z. B. durch Druckanstieg die Ausströmvorgänge und der Wind intensiviert.

Beaufort-Skala	Bezeichnung des Windes	Mittlere Windgeschw. nach internat. Skala in Knoten
0	Windstille	< 1
1	Leiser Zug	1— 3
2	Leichte Brise	4— 6
3	Schwache Brise	7—10
4	Mäßige Brise	11—15
5	Frische Brise	16—21
6	Starker Wind	22—27
7	Steifer Wind	28—33
8	Stürmischer Wind	34—40
9	Sturm	41—47
10	Schwerer Sturm	48—55
11	orkanartiger Sturm	56—63
12	Orkan	≧ 64

In der linken Spalte der Beaufort-Skala sind die Windstärken von 0 bis 12 aufgeführt. Die entsprechenden Windgeschwindigkeiten sind in der rechten Spalte der Beaufort-Skala vermerkt.

Merke: Der mittlere Luftdruck auf Meereshöhe beträgt 1013 hPa.
Die Höhe des Luftdrucks ist für die Wind- und Wetterentwicklung aber nicht entscheidend!

Beachte: Durch raschen Druckfall am Boden verstärkt sich das horizontale Druckgefälle. Dabei kann der Druckfall die Heranziehung eines bereits ausgebildeten Tiefs oder die Neubildung eines Tiefs bedeuten. Besonders im ersten Fall ist mit starkem Rückdrehen des Windes zu rechnen.

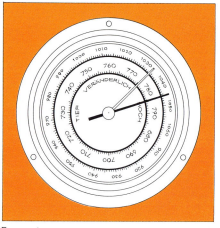
Barometer

9.2 Wetterinformation

240*
Wo können Sie sich über das zu erwartende Wetter informieren?

Antwort:
Rundfunk, Fernsehen, örtliche Wetterstationen, telefonische Ansagedienste der Post.

241*
Warum müssen Sie sich vor dem Befahren eines fremden Reviers über die örtlichen Sturmwarnsignale und die diesbezüglichen Vorschriften informieren?

Antwort:
Weil sie von Revier zu Revier unterschiedlich sein können, ebenso die Vorschriften, z. B. Auslaufverbot bei Sturmwarnung.

Zu Fragen 240 bis 241:
Wichtiger Grundsatz: Das Abhören des Wetterberichtes ist eine der wichtigsten Sicherheitsmaßnahmen vor dem Auslaufen! Aber auch während der Fahrt sollte mehrmals täglich der Wetterbericht abgehört werden, um rechtzeitig die erforderlichen Sicherheitsvorkehrungen treffen zu können.
Wetterberichte werden in zeitlichen Abständen auf verschiedenen Wegen verbreitet. Ein Fahrzeug, das keine Landverbindung hat, kann sie allerdings nur noch über Funk empfangen, da es optische Sturm- und Windwarnsignale nicht mehr gibt. Bei Fahrten im See- und Küstenbereich oder auf dem Bodensee sollten daher unbedingt ein Rundfunkempfänger und möglichst auch eine UKW-Sprechfunkanlage zur Sicherheitsausrüstung gehören.

9.3 Wetterbeobachtung

242*

Womit müssen Sie rechnen, wenn sich bei sommerlicher Schwüle um die Mittagsstunden Haufenwolken zu Kumulonimbuswolken großen Ausmaßes verdichten? Was tun Sie?

Antwort: ● ●

Mit einem Gewitter.
Das Boot wird darauf vorbereitet, Hafen oder geschützte Bucht ansteuern.

243*

Unter aufgetürmten Gewitterwolken erkennen Sie einen Böenkragen, der auf Sie zukommt. Wann sind die ersten heftigen Böen zu erwarten?

Antwort: ●

Wenn der Böenkragen annähernd über mir steht.

Zu Fragen 242 bis 243:

Gewitterhimmel

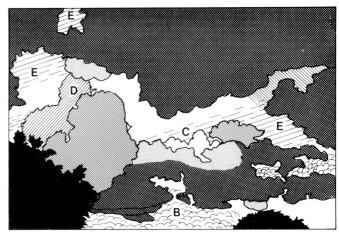

Erläuterung: Die Kumuli haben sich mächtig entwickelt. Bei **D** erkennt man die Kondensation in einem aufsteigenden Luftstrom, bei **B** gehäufte Quellformen. Die Wolken geben sehr starke Kontraste von Schatten und Licht, besonders bei **C**. Der Himmel zeigt viele hohe Wolken **EE**, von denen manche vielleicht Amboßwolken von Kumulonimben sind. Das Gewitter trat ungefähr eine Stunde nach der Aufnahme ein.

Einfluß des Luftdrucks auf die Wetterentwicklung

Folgende Gefahren kann ein Gewitter mit sich bringen:
- Böen bis Orkanstärke
- Winddrehungen
- Starke Regenfälle mit erheblich verminderter Sicht
- Hagelschlag
- Blitzschlag

Verhaltensmaßregeln bei Gewittergefahr, vor allem, wenn Böenkragen zu erwarten sind:
- Hafen oder zumindest Landschutz aufsuchen
- Ggf. Segel stark reffen, besser ganz wegnehmen

- Sonstige Maßnahmen wie in schwerem Sturm ergreifen (z. B. alle Gegenstände seefest laschen, Rettungsweste und Sicherheitsgurt anlegen)
- Funkanlagen abschalten
- Möglichst keine Metallteile berühren
- Position ermitteln und in die Seekarte eintragen

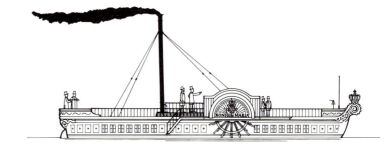

„Königin Maria" auf der Oberelbe, 1836

Voraussetzung für das Führen von Sportbooten mit Antriebsmaschine

B Sonderteil „Antriebsmaschine"

1 Voraussetzung für das Führen von Sportbooten mit Antriebsmaschine

400 ● ●

Welche Voraussetzungen muß der Führer eines Sportbootes mit einer Maschinenleistung von mehr als 3,68 kW (5 PS) und weniger als 15 m³ Wasserverdrängung auf Binnenschiffahrtsstraßen erfüllen?

Antwort:

**Er muß im Besitz des Sportbootführerscheines-Binnen oder eines gleichgestellten Befähigungsnachweises sein.
In Berlin auch für Sportboote mit weniger als 3,68 kW (5 PS).**

401 ● ● ●

Welchen Anforderungen muß der Fahrzeugführer eines Sportbootes unter 15 m³ Wasserverdrängung entsprechen:
1. generell?
2. falls ein Motor unter 3,68 kW vorhanden ist?
3. falls ein Motor von mehr als 3,68 kW vorhanden ist?

Antwort:

1. **Er muß körperlich, geistig und fachlich geeignet sein.**
2. **Mindestalter 16 Jahre. Auf Gewässern im Großraum Berlin Sportbootführerschein-Binnen oder gleichwertiges Befähigungszeugnis.**
3. **Sportbootführerschein-Binnen oder gleichwertiges Befähigungszeugnis.**

Zu Fragen 400, 401: **Hinweise:** Voraussetzungen für die Zulassung zur Prüfung siehe Teil I, Abschn. III Nrn. 11 bis 13

402 ●

Welche Voraussetzungen muß der Rudergänger eines Sportbootes mit Antriebsmaschine erfüllen?

Antwort:

Er muß mindestens 16 Jahre alt und geeignet sein.

403 ● ●

Sie fahren als Schiffsführer ein Kleinfahrzeug mit 10-PS-Motor.
Es sind mehrere Personen an Bord.
1. Dürfen Sie das Ruder auch einer Person überlassen, die nicht im Besitz eines Führerscheines ist?
2. Was ist dabei zu beachten?

Antwort:

1. **Ja!**
2. **Der Rudergänger muß geeignet und mindestens 16 Jahre alt sein.**

Zu Fragen 402, 403:
Mit der **Überlassung des Ruders** an eine dritte Person wird die Verantwortlichkeit des Schiffsführers auf diesen nicht delegiert. Das bedeutet, daß der Schiffsführer sicherstellen muß, daß der Rudergänger nach seinen Anweisungen und unter seiner Aufsicht das Ruder bedient. Aber

143

Sonderteil „Antriebsmaschine"

auch die Bedienung des Ruders erfordert, daß der Rudergänger körperlich und geistig tauglich ist und insbesondere über das erforderliche Hör-, Seh- und Farbunterscheidungsvermögen verfügt.

Handelt es sich um ein Sportboot mit Antriebsmaschine, ist aufgrund der Schiffahrtspolizeiverordnungen erforderlich, daß der Rudergänger mindestens 16 Jahre alt ist. Wichtig ist, daß der Rudergänger selbst nicht die erforderliche Erlaubnis zu besitzen braucht, wenn dies auch im Interesse einer sicheren Schiffsführung wünschenswert ist.

Hinweise:
Inhalt und Umfang der Verpflichtung zum Besitz eines Sportbootführerscheins–Binnen siehe Teil I, Abschn. I Nrn. 1 bis 5
Verantwortung des Fahrzeugführers siehe Fragen 8 bis 10
Verpflichtung einen Sportbootführerschein –Binnen zu besitzen siehe Frage 34
Vorschriften:
§§ 1.02, 1.03, 1.09, §§ 2, 3, 5, 10 SportbootFüV-Bin

2 Wasserskilaufen

404

Darf auf allen Binnenschiffahrtsstraßen Wasserski gelaufen werden?

Antwort: ●

Nein, nur an den durch Schilder gekennzeichneten Stellen.

405

Wo darf man Wasserski laufen?

Antwort: ● ●

Nur in den Bereichen, die durch entsprechende Tafeln hierzu freigegeben sind.

406

Zu welcher Tageszeit darf auf den erlaubten Gewässerabschnitten Wasserski gelaufen werden?

Antwort: ● ● ●

Von Sonnenaufgang bis Sonnenuntergang, sofern keine weiteren Beschränkungen, z. B. durch Zusatztafeln oder Sondervorschriften, bestehen und die Sicht mehr als 1000 m beträgt.

407

Wodurch ist beim Wasserskilaufen sicherzustellen, daß der Schiffsführer sofort über etwaige Schwierigkeiten des Wasserskiläufers unterrichtet wird?

Antwort: ● ●

Im Boot muß eine zweite, geeignete Person mitfahren, die den Skiläufer ständig beobachtet und den Schiffsführer unterrichtet.

408

Mit welchen Personen muß das Zugboot beim Wasserskilaufen mindestens besetzt sein?

Antwort: ● ●

Mit dem Schiffsführer und einer geeigneten Person, die den Wasserskiläufer beobachtet.

Wasserskilaufen

409

Wie muß sich der Wasserskiläufer bei der Vorbeifahrt an Fahrzeugen, Schwimmkörpern oder Badenden verhalten?

Antwort: •

Er muß sich im Kielwasser des ziehenden Fahrzeugs halten.

410

Was müssen Wasserskiläufer und der Schiffsführer des ziehenden Fahrzeuges gegenüber Verkehrsteilnehmern und Anlagen besonders beachten?

Antwort: • • •

Durch Wellenschlag oder Sogwirkung dürfen
1. andere Verkehrsteilnehmer sowie Badende nicht gefährdet oder mehr als nach den Umständen unvermeidbar behindert oder belästigt werden;
2. Ufer, Regelungsbauwerke, schwimmende oder feste Anlagen oder Schiffahrtszeichen nicht beschädigt werden. Der Schiffsführer muß erforderlichenfalls die Geschwindigkeit vermindern und bei der Vorbeifahrt einen Abstand von mindestens 10 m einhalten.

Zu Fragen 404 bis 410:

Das Wasserskilaufen ist auf den Binnenwasserstraßen grundsätzlich verboten.

Die Verordnung über das Wasserskilaufen auf den Binnenschiffahrtsstraßen (Wasserskiverordnung) vom 17.1.1990 (BGBl. I S. 107) bestimmt, daß das Verbot nur auf den Strecken aufgehoben wird, die durch eine blaue Tafel mit dem Symbol eines Wasserskiläufers bezeichnet sind. Zusätzliche dreieckige Tafeln an den Zeichen zeigen den Anfang und das Ende der Wasserskistrecken an. Eine Übersicht über die freigegebenen Strecken wird im Bundesverkehrsblatt veröffentlicht.

Wasserskilaufen sind alle Betätigungen, bei denen Personen von einem Fahrzeug gezogen werden, und zwar mit oder ohne Wasserski, oder auf sonstigen Gegenständen über das Wasser gleiten, sowie das Drachenfliegen und das Fallschirmfliegen hinter einem ziehenden Wasserfahrzeug. Für Wasserskilaufen an einer seitlich

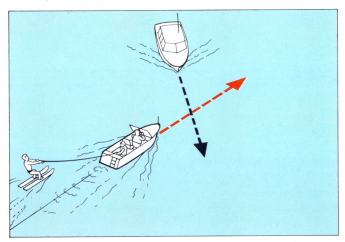

Mir nähert sich von Backbord voraus ein anderes Fahrzeug auf kreuzendem Kurs, während ich einen Wasserskiläufer ziehe.

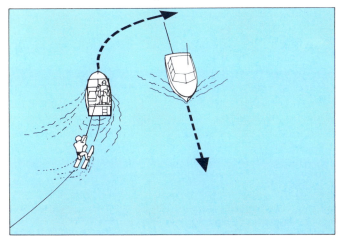

Ich muß ausweichen, d. h. meinen Kurs nach Backbord ändern, und der Wasserskiläufer sich in meinem Kielwasser halten.

Sonderteil „Antriebsmaschine"

am ziehenden Fahrzeug fest angebrachten Stange oder sonstigen Vorrichtung sowie für das Drachenfliegen und das Fallschirmfliegen ist unabhängig von den Wasserskizeichen zusätzlich eine Erlaubnis der Wasser- und Schiffahrtsdirektion erforderlich.
Auf den bezeichneten Wasserskistrecken sind vielfach örtliche oder zeitliche Einschränkungen zu beachten, z. B. ist das Wasserskilaufen nur gestattet

- auf einer Strom-/Flußseite;
- während eines bestimmten Zeitraumes im Jahr;
- an Samstagen, Sonntagen und gesetzlichen Feiertagen;
- innerhalb bestimmter Uhrzeiten.

Derartige Beschränkungen können sich aus den unter den Wasserskitafeln angebrachten zusätzlichen Schildern ergeben. Die Feststellung, daß das Wasserskilaufen in dem Gebiet erlaubt ist, und die Orientierung, insbesondere in einem fremden Revier, obliegt dem Führer des ziehenden Fahrzeugs und dem Wasserskiläufer gleichermaßen.
Auf den freigegebenen Wasserskistrecken darf Wasserskilaufen nur betrieben werden

- von Sonnenaufgang bis Sonnenuntergang, sofern keine Beschränkungen bestehen;
- bei Wetter mit einer Sicht von mehr als 1000 m.

Für das im einzelnen festgelegte Verkehrsverhalten sind der Schiffsführer des Zugbootes und der Wasserskiläufer für den jeweiligen Bereich eigenverantwortlich.
Für waserskisportliche Veranstaltungen, die zur Ansammlung von Fahrzeugen führen, ist eine gesonderte Genehmigung der WSV einzuholen.

Hinweise:
Orientierungspflicht siehe Fragen 3–6
Grundregel für das Verhalten im Verkehr siehe Frage 11
Tag/Nacht siehe Frage 23

Vorschriften:
§§ 1.04, 1.23 und Wasserskiverordnung

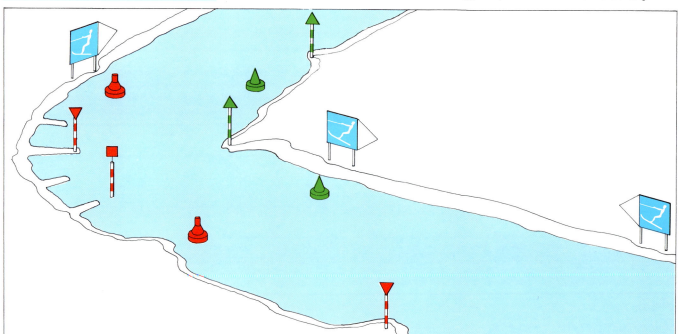

Wasserskistrecke

Geschwindigkeit

3 Geschwindigkeit

411 ●●●

Wie haben Sie allgemein Ihre Geschwindigkeit einzurichten?

Antwort:

Geschwindigkeitsbeschränkungen beachten. Darüber hinaus ist die Geschwindigkeit der Verkehrslage, den Fahrwasser-, Witterungs- u. Sichtverhältnissen anzupassen.

412 ●●●

Was heißt „Sog und Wellenschlag vermeiden"?

Antwort:

Ich beobachte meine Heckwelle, vermindere die Fahrt soweit, daß Wellenschlag nicht mehr entsteht.

Zu Fragen 411, 412:
Unabhängig von eventuellen Geschwindigkeitsbeschränkungen muß die Geschwindigkeit stets der Verkehrslage, den Fahrwasser-, Witterungs- und Sichtverhältnissen angepaßt sein. Grundsätzlich ist eine sogenannte sichere Geschwindigkeit zu fahren, die auch ein rechtzeitiges Aufstoppen des Fahrzeugs zur Vermeidung eines

Hinweise:
Geschwindigkeitsbegrenzungen:
bei Hochwasser siehe Frage 16
in Häfen siehe Frage 32
gegenüber Arbeitsgeräten usw. siehe Fragen 55–58

evtl. Zusammenstoßes ermöglicht. Sichere Geschwindigkeit bedeutet aber auch die eingehende Beobachtung der Fahrtstrecke, um gegenüber Fahrzeugen und Anlagen rechtzeitig die Fahrt zu vermindern und dadurch schädlichen Sog und Wellenschlag zu vermeiden. Bei der Fahrt mit der Strömung (Talfahrt) werden durch das Mitlaufen der Wellen zugleich höhere

gegenüber schutzbedürftigen Fahrzeugen und Anlagen siehe Fragen 102, 103, 165
zur Vermeidung von schädlichem Sog und Wellenschlag siehe Fragen 104–106
gegenüber Badeplätzen siehe Frage 111
in Schleusen siehe Fragen 112–116

und somit schädlichere Wellen als in der Bergfahrt erzeugt, weshalb die Geschwindigkeit bei Talfahrt stets stärker zu vermindern ist als bei der Fahrt gegen die Strömung.
Auch die Wassertiefe ist für die Höhe der Wellen ausschlaggebend. Je niedriger die Wassertiefe, je höher werden die Wellen.

durch Verkehrszeichen siehe Frage 120
in Engstellen siehe Fragen 167, 168
gegenüber Ruderbooten usw. siehe Frage 413
Vorschriften:
§§ 3.27, 3.41, 3.48, 6.02a, 6.07, 6.16, 6.20, 6.28, 10.01

4 Ausweichen

413 ●●

Wie verhalten Sie sich beim Passieren von Kanus, Ruder- und Paddelbooten?

Antwort:

Rechtzeitig Fahrt vermindern. Ausweichen. Sog und Wellenschlag vermeiden.

414 ●●

Wie verhalten Sie sich, wenn Ihr Motorboot mit einem Segelboot auf Kollisionskurs liegt?

Antwort:

Immer ausweichen, am Heck umfahren, Bug nicht kreuzen.

Sonderteil „Antriebsmaschine"

415

Von Backbord kommend, will ein Segelboot mit einem schwarzen Kegel, Spitze nach unten, den Kurs Ihres Motorbootes kreuzen. Wer ist ausweichpflichtig und warum?

Antwort: ● ● ●

Der Segler läuft unter Antriebsmaschine, gilt als Motorboot und ist ausweichpflichtig, weil er mich an seiner Steuerbordseite hat.

416

Ihrem Motorboot kommt nachts ein Fahrzeug entgegen, das Seitenlichter am Bug, aber kein Topplicht führt.
1. Was ist es für ein Fahrzeug?
2. Wer ist ausweichpflichtig?

Antwort: ● ●

1. Das andere Fahrzeug ist ein Kleinfahrzeug unter Segel.
2. Ich bin ausweichpflichtig.

Zu Fragen 413 bis 416:

Grundsatz:

Kleinfahrzeuge mit Maschinenantrieb weichen Kleinfahrzeugen unter Segel und sonstigen Kleinfahrzeugen ohne Maschinenantrieb aus! Für Kleinfahrzeuge, die zugleich unter Segel und mit Maschinenantrieb fahren, gelten die Ausweichregeln für Kleinfahrzeuge unter Maschinenantrieb.

Kanus, Ruder- und Paddelboote haben allgemein wenig Freibord, so daß Wasser bereits bei geringerem Wellengang ins Boot schlagen kann. Zur sportlichen Fairneß gehört eine besondere Rücksichtnahme durch rechtzeitige und umfassende Geschwindigkeitsverminderung und Passieren in möglichst großem Abstand.

Hinweise:
Lichterführung der Kleinfahrzeuge siehe Fragen 52–54
Segelfahrzeug als Maschinenfahrzeug siehe Frage 74
Schallsignale siehe Fragen 141, 142
Ausweichregeln der Kleinfahrzeuge siehe Fragen 171–178
Ausweichfragen der Kleinfahrzeuge unter Segel untereinander siehe Fragen 509–512, 517–527
Vorschriften:
§§ 1.05, 3.13, 4.02, 6.02a

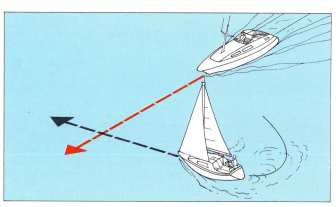

Mir nähert sich auf kreuzendem Kurs ein Segelfahrzeug an Backbord voraus.

Ich bin ausweichpflichtig, d. h. ich muß meinen Kurs nach Backbord so ändern, daß ich hinter seinem Heck passiere.

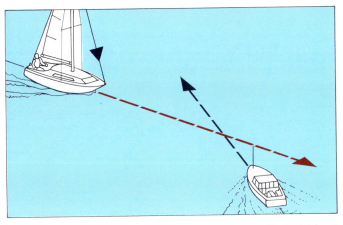

Mir nähert sich auf kreuzendem Kurs ein Segelfahrzeug, das zugleich mit Maschinenantrieb fährt, an Backbord voraus.

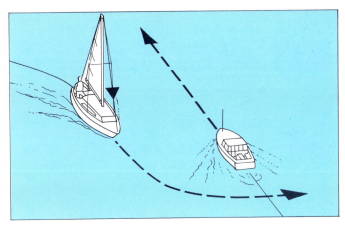

Das zugleich unter Segel und mit Maschinenantrieb fahrende Segelfahrzeug muß ausweichen, d. h. seinen Kurs nach Steuerbord so ändern, daß es mich hinter meinem Heck passiert.

5. Bootsmotoren

417
Wie kann die Schadstoffentwicklung von Bootsmotoren verringert werden?

Antwort:
Durch richtige Luft-Kraftstoff-Gemisch-Einstellung und durch das richtige Mischungsverhältnis bei Zweitaktmotoren.

418
Welche Filter sorgen für den sicheren Betrieb eines Verbrennungsmotors?

Antwort:
1. Wasserfilter.
2. Kraftstoffilter.
3. Ölfilter.

419
Welche Verbrennungsmotoren kommen als Bootsantriebe in Frage:
1. nach der Kraftstoffart?
2. nach den Arbeitsverfahren?

Antwort:
1. Diesel- und Benzinmotoren.
2. Zwei- und Viertaktmotoren.

149

Sonderteil „Antriebsmaschine"

420

Welche Motor- und Antriebsarten kennen Sie bei Motorbooten?

Antwort:
1. Außenbordmotoren.
2. Innenbordmotoren mit Z- oder Strahlantrieb.
3. Innenbordmotoren mit Wendegetriebe und starrer Welle.

Zu Fragen 417 bis 420

Die Fragen sind zwar nur nach der Kraftstoffart gestellt, wer aber mit diesen „Verbrennungskraftmaschinen" umgeht, sollte wissen, daß die grundsätzlichen Unterscheidungsmerkmale in der Wirkungsweise bzw. der Gemischbildung von Kraftstoff und Luft liegen.

Ottomotor = äußere Gemischbildung, d. h. Kraftstoff und Luft werden außerhalb des Verbrennungsraumes im Vergaser oder durch Einspritzung in das Ansaugrohr vermischt. Erst dann wird dieses Gemisch angesaugt und verdichtet, und durch eine „Zündkerze" wird die Verbrennung eingeleitet.

In diesem Zusammenhang spricht man beim **Dieselmotor** von „Selbstzündung" und beim Ottomotor von „Fremdzündung".

Die Glühkerze hat bei einer bestimmten Bauart von Dieselmotoren nur die Aufgabe, die Luft im Verbrennungsraum zusätzlich zu erwärmen, damit sich das durch die Einspritzung gebildete Gemisch selbst entzündet, während die „Zündkerze" beim Ottomotor zum richtigen Zeitpunkt (Zündzeitpunkt) das angesaugte und verdichtete Gemisch zünden und damit zur Verbrennung bringen soll.

Bei **Viertaktmotoren** wird der Kurbeltrieb des Motors direkt geschmiert (Öl in der Ölwanne).

Bei **Zweitaktmotoren** erfolgt bei älteren Modellen die Schmierung durch Zugabe von Öl in den Kraftstoff – Mischungsverhältnis nach der Betriebsanleitung beachten! – Bei neueren Modellen erfolgt die Ölzugabe durch eine Dosiereinrichtung (separate Ölbehälter) oder direkt an den Kurbeltrieb.

Sofern die Luft-Kraftstoff-Gemisch-Einstellung oder die Gemischschmierung nicht den technischen Vorgaben entsprechen, kann die Leistung des Motors beeinträchtigt werden, womit der Schadstoffausstoß größer werden kann.

Der Außenbordmotor befindet sich außerhalb des Bootes und wird am Heck montiert. Es sind überwiegend Zweitaktmotoren. Motor und Antrieb bilden eine Einheit. Zum Manövrieren wird der gesamte Motor geschwenkt (Siehe Teil III 1.2.2 und die bildlichen Darstellungen dazu).

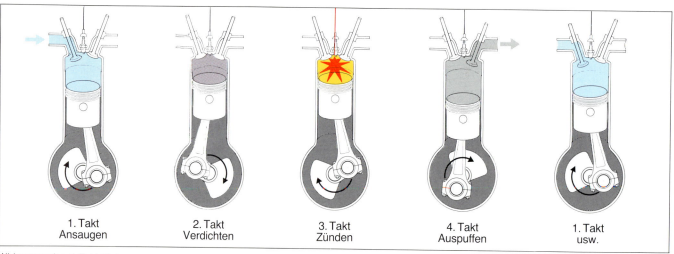

1. Takt Ansaugen   2. Takt Verdichten   3. Takt Zünden   4. Takt Auspuffen   1. Takt usw.

Wirkungsweise 4-Takt-Motor

Bootsmotoren

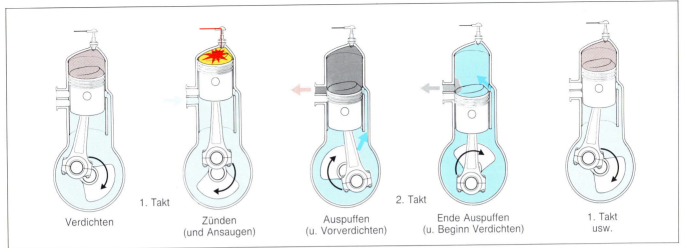

Wirkungsweise 2-Takt-Motor

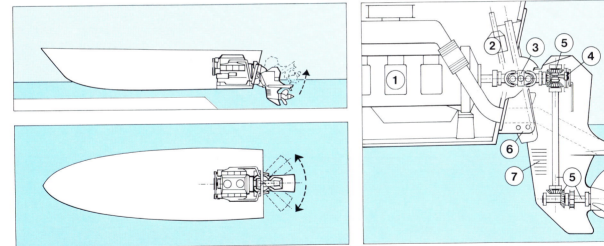

Der Einbaumotor mit **Z-Antrieb** findet in der Regel in Gleitbooten Verwendung. Hier wird beim Manövrieren der gesamte Antrieb geschwenkt, wodurch die Richtung des Schraubenstrahls verändert wird.

Wirkungsweise eines Z-Antriebs
① Motor
② Elektromechanische Hebevorrichtung für den Antrieb
③ Kardanwellen und Kreuzgelenk
④ Kupplung
⑤ Antriebszahnräder und -wellen
⑥ Rückwärtssperre und Ausklinkmechanismus (bei Hindernissen)
⑦ Kühlwassereinlaß
⑧ Auspuff und Kühlwasserauslaß
⑨ Propeller

Sonderteil „Antriebsmaschine"

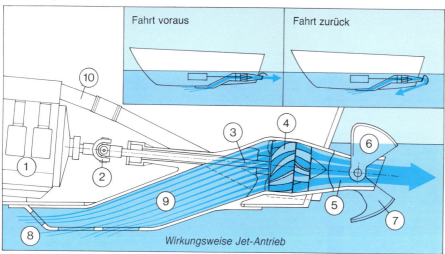

Beim **Jet-Antrieb** befinden sich unterhalb des Bootskörpers keine Bauelemente, so daß auch bei geringer Wassertiefe (Flachwasserbereich) gefahren werden kann. Durch eine Einlaßöffnung wird Wasser angesaugt und stark beschleunigt wieder ausgestoßen, wodurch der Vortrieb bewirkt wird. Diese Antriebsart ist mit einer Wasserstrahlpumpe vergleichbar.

① Motor
② Kreuzgelenk
③ Antriebswelle
④ Impeller
⑤ Steuerbare Wasserstrahldüse
⑥ Strahlumlenkvorrichtung
⑦ Führung für Strahlumlenkung
⑧ Wasseransaugöffnung
⑨ Wasseransaugschacht
⑩ Auspuff

Innenbordmotore mit Wendegetriebe und starrer Welle finden vorwiegend bei Verdrängern und Halbgleitern Verwendung. Die Steuerwirkung wird durch den seitlich auf das eingeschlagene Ruder wirkenden Schraubenstrom erzielt.

Wirkungsweise Dieselmotor

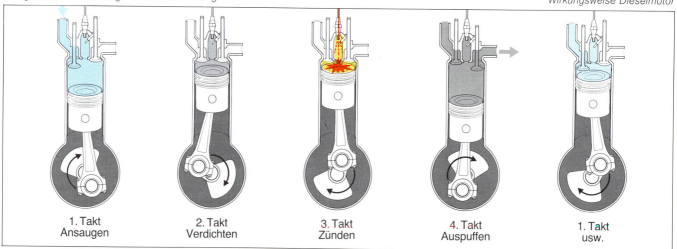

Dieselmotor = Innere Gemischbildung, d. h. der Motor saugt nur reine Luft an, verdichtet die angesaugte Luft und in die durch das Verdichten erwärmte Luft wird Kraftstoff eingespritzt. Das so entstandene Gemisch entzündet sich dann selbst.

Hinweise:
Sondervorschriften auf den Wasserstraßen im Großraum Berlin siehe Fragen 5, 6
Führerscheinpflicht auf den Gewässern im Großraum Berlin siehe Frage 34
Antriebs- und Steuerarten siehe Teil III, 1.2

6. Tankanlage, Treibstoffübernahme

421
Welche Sicherheitseinrichtung muß eine eingebaute Tankanlage mit Deckeinfüllstutzen haben?

Antwort:
1. Entlüftungsrohr.
2. Absperrventil.

• •

422
Welche Maßnahmen treffen Sie vor und während der Treibstoffübernahme?

Antwort:

Motor abstellen. Kein offenes Feuer, keine elektrischen Schalter betätigen, nicht rauchen. Vorbereitungen treffen, daß evtl. übergelaufener Treibstoff sofort aufgefangen werden kann.

• • •

423
Weshalb muß der Tank des Außenbordmotors immer an Land nachgefüllt werden?

Antwort:

Um zu verhindern, daß Treibstoff oder Treibstoffdämpfe in das Bootsinnere oder Treibstoff ins Wasser gelangen.

424
Wie können Sie beim Tanken oder beim Ölwechsel verhindern, daß Treibstoff oder Öl in die Bilge gelangt? Was tun Sie, wenn es trotzdem geschehen ist?

Antwort:

Durch Verwendung eines großen Trichters bzw. einer Öl-Auffangwanne. Öl oder Treibstoff in der Bilge mit saugfähigen Lappen entfernen und entsorgen.
Räume lüften.

425
Warum ist verschüttetes Benzin im Boot besonders gefährlich?

Antwort:

Weil die Benzindämpfe schwerer als Luft sind und in der Bilge ein explosives Gemisch bilden.

• •

426
Was tun Sie, wenn Benzin in die Bilge gelangt?

Antwort:
1. Feuer und offenes Licht löschen.
2. Keine elektrischen Schalter betätigen.
3. Mit Schwamm oder Tüchern aufnehmen.
4. Bilge reinigen. Umweltschutz beachten.
5. Räume lüften.

Sonderteil „Antriebsmaschine"

Zu Fragen 421 bis 426

Beim Einfüllen des Kraftstoffs in den Tank wird Luft verdrängt. Kann die Luft nicht entweichen, drängt sie in den Einfüllstutzen und kann beim Entweichen Kraftstoff mitreißen, was zwangsläufig zu einer schädlichen Gewässerverunreinigung führt. Den Ausgleich bringt das Entlüftungsrohr, in dem sich ein Flammschutzsieb befinden muß. Kraftstoff verdampft und die Dämpfe/Gase verlassen den Tank durch die Entlüftung.

Mit dem Flammschutzsieb soll eine Entzündung nach „innen", d. h. in das Entlüftungsrohr verhindert werden. Das Entlüftungsrohr muß auch während der Fahrt – Kraftstoffentnahme aus dem Tank – das Eindringen von Luft sicherstellen, um ein Vakuum im Tank zu verhindern.

Bei transportablen Tanks wird die Vakuumbildung durch das Öffnen der Entlüftungsschraube am Tankdeckel verhindert.

Ein Absperrventil, mit dem die Treibstoffzufuhr zum Motor unterbunden wird, soll sich nicht nur am oder in der Nähe des Motors im Maschinenraum, sondern auch außerhalb, an einer für den Schiffsführer leicht erreichbaren und leicht zugänglichen Stelle befinden, das im Bedarfsfall/Gefahrenfall sofort geschlossen werden kann; z. B. bei Motorbrand, undichten Leitungen im Maschinenraum o. ä.

Auch bei Wartungsarbeiten soll das unbeabsichtigte Austreten von Kraftstoff verhindert werden. Bei der Treibstoffübernahme müssen aus Sicherheitsgründen die genannten Maßnahmen unbedingt eingehalten werden. Da das ins Bootsinnere gelangende Benzin ein explosives Gemisch bildet, sollte der Tankraum gegenüber allen anderen Räumen dicht sein.

Auch Funkgeräte dürfen während des Betankens nicht betrieben werden. Nach dem Tanken müssen alle Räume vor dem Starten des Motors ausreichend belüftet werden, um eine Explosion durch Zündfunken zu vermeiden, was eine nicht unerhebliche Unfallursache auf Sportbooten darstellt. Beim Betanken kann es zwischen Tankeinfüllstutzen, Zapfpistole oder Kanister zu einer Funkenstrecke durch die statische Auflagung des Bootskörpers kommen. Deshalb ist es unerläßlich, daß zwischen allen metallischen Teilen der Tankanlage ein Potentialausgleich besteht.

Zur Verhinderung, daß Öl oder Treibstoff in die Bilge gelangen, sollte sich unter jedem Innenbordmotor eine Ölauffangwanne befinden. Ist Öl oder Treibstoff in die Bilge gelangt, darf eine mögliche Explosionsgefahr bei Benzin nicht außer Betracht gelassen werden. Die Reinigung der Bilge hat unter Beachtung des Umweltschutzes zu erfolgen:

Aufnehmen an Bord, in Behältnisse sammeln und einschließlich der Tücher und Schwämme zu zugelassenen Entsorgungsstellen bringen; keinesfalls, auch nicht das Geringste, ins Wasser ablassen.

Um die im einzelnen genannten Gefahren auszuschließen, dürfen die transportablen Tanks der Außenbordmotore nicht im Boot (Kraftstoffdämpfe), sondern nur an Land nachgefüllt werden.

Hinweise:
Umwelt- und Gewässerschutz siehe Fragen 179–199

Vorschriften:
§ 1.15; § 324 StGB.

7. Anlassen des Motors und Überwachen des Betriebs

427
Was ist vor dem Anlassen des Motors zu beachten?

Antwort:

1. Maschinenraum lüften.
2. Kraftstoffstand prüfen, Kraftstoffhahn öffnen.
3. Schraube auskuppeln.
4. Ölstand für Motor und Getriebe prüfen.
5. Kühlwassersystem klar?

428
Worauf müssen Sie beim Starten des Motors achten, um zu verhindern, daß das Boot unkontrolliert und ruckartig anfährt?

Antwort:

Beim Starten muß die Schaltung auf »neutral« (Leerlauf) stehen, da sonst der Propeller (Schraube) sofort mitdreht.

Anlassen des Motors und Überwachung des Betriebs

429

Warum darf der Propeller (Schraube) beim Starten nicht sofort mitdrehen?

Antwort:　　　　　　　　　　　　　　　●

Weil dadurch besonders ein kleineres Boot ruckartig anspringen würde, wodurch Personen über Bord fallen und verletzt werden könnten.

430

Was müssen Sie unmittelbar nach dem Anlassen des Motors kontrollieren?

Antwort:　　　　　　　　　　　　　　　●

Kühlwasserdurchfluß und Öldruck.

431

Wo kontrollieren Sie nach dem Anlassen einer größeren, eingebauten Maschine, ob diese einwandfrei arbeitet?

Antwort:　　　　　　　　　　　●　●　●

Ladekontrolleuchte, Öldruckkontrolle, Temperaturkontrolle, Kühlwasserthermometer, Drehzahlmesser, Kühlwasseraustritt.

432

**Während der Fahrt sollten Sie die Maschinenanlage ständig überwachen.
Worauf achten Sie besonders?**

Antwort:　　　　　　　　　　　●　●　●

1. Kühlwasseraustritt.
2. Motor- und Getriebetemperatur.
3. Öldruck und Ladekontrolle.
4. Drehzahlmesser.

433

**Sie haben Ihren Motor gestartet. Er läuft normal, wird aber beim Einkuppeln der Antriebswelle »abgewürgt«.
Was kann die Ursache sein?**

Antwort:　　　　　　　　　　　　　　　●

Blockierter Propeller, z. B. Tampen oder Plastik im Propeller (Schraube).

Zu Fragen 427 bis 433
Die Wartung und Pflege der gesamten Motorenanlage ist wichtig. Die Kontrollen vor Antritt einer Fahrt müssen ernstgenommen werden, da man bei Störungen nicht jederzeit anlegen und auch nicht überall Hilfe bekommen kann. Die Betriebs-/Wartungsanleitungen müssen eingehalten und beachtet werden.

Bei Benzinmotoren muß der Motorraum vor jedem Starten ausreichend belüftet werden, damit evtl. Gase entweichen können. Bei Verwendung spezieller Motorraumlüfter müssen diese funkengeschützt sein. Der Exhaustor sollte so mit dem Zündschloß geschaltet werden, daß der Starter zum Anlassen des Motors blockiert ist, bis der Exhaustor das evtl. vorhan-

dene Gemisch in der Bilge abgesaugt hat (Zeitverzögerung nach der Betriebsanleitung, abhängig von der Größe des Absauggebläses – Exhaustor).

Sonderteil „Antriebsmaschine"

Zu einer Fahrtvorbereitung, auch nur für Stunden, gehören ausreichend Kraftstoff, genügend Öl und ein funktionierendes Kühlsystem. Anschließend sind der Kraftstoffhahn und ein evtl. vorhandenes Seeventil zu öffnen und die Schraube auszukuppeln. Letzteres darf nicht übersehen werden, weil sonst die Schraube sofort mitdreht, das Boot sich durch die Antriebskraft evtl. durch Losreißen unkontrolliert in Bewegung setzt, was Schäden verursachen und Personen gefährden kann. Eine spezielle Schaltung, die das Starten in eingekuppeltem Zustand verhindert, ist empfehlenswert.

Nach dem Anlassen des Motors ist der Öldruck am Anzeigegerät und der Kühlwasserdurchfluß am Kühlwasseraustritt zu kontrollieren. Ebenfalls ist die Ladekontrolle – Aufladung der Batterie –

und nach kurzer Zeit die Temperaturkontrolle des Kühlwassers zu prüfen. Diese gesamten Kontrollen sollten auch während der Fahrt immer wieder erfolgen, um bei Abweichungen rechtzeitig entsprechende Maßnahmen – Anlegen, Fahrteinstellung, Fehlersuche, Fehlerbeseitigung – einleiten zu können.

Treibgut im Wasser kann das Seeventil bzw. den Kühlwasseransaugstutzen verstopfen und den Kühlwasserdurchfluß verringern oder unterbinden, was ein starkes Ansteigen der Kühlwassertemperatur zur Folge hat. Reinigung/Beseitigung muß sofort erfolgen. Auch beim Blockieren der Schraube muß sofort nach der Ursache gesucht und ggf. Tampen oder Plastik o. ä. entfernt werden.

Beachte:

- Aus Sicherheitsgründen werden Kraftstoff- und Kühlwasserventile nach dem Betrieb häufig geschlossen. Das Öffnen dieser Ventile ist deshalb vor jedem Start unerläßlich (Kontrolle).
- Bei leichten, stark motorisierten Fahrzeugen kann ein Anlassen des Motors bei eingelegtem Gang eine große Gefahrenquelle für Besatzung und Boot sein.

Eine spezielle Schaltung, die das Anlassen in eingekuppeltem Zustand verhindert, ist im Fachhandel erhältlich.

8. Außenbordmotor

434

Ein kleiner Außenborder mit eingebautem Tank bleibt während der Fahrt immer wieder stehen. Was könnte die Ursache sein?

Antwort: ● ●

Belüftungsschraube im Tankdeckel nicht geöffnet – unsaubere Benzinleitung.

435

Worauf ist unbedingt zu achten, bevor Sie einen Außenborder mit Handstart anwerfen?

Antwort: ● ●

Vor dem Starten Propeller (Schraube) auskuppeln, da sonst das Boot ruckartig anfährt. Hierbei könnte die startende Person über Bord fallen, und falls eine weitere Person nicht an Bord ist, würde das Boot führerlos werden.

436

Was sollten Sie stets tun, bevor Sie nach Ende einer Fahrt den Außenborder hochkippen oder abnehmen? Begründung.

Antwort: ● ● ●

Von dem im Leerlauf drehenden Motor den Tankschlauch abnehmen bzw. Benzinhahn und Entlüftung schließen und Vergaser leerfahren, damit beim Hochkippen kein Benzin ausläuft.

Zu Fragen 434 bis 436

Zu den verschiedensten Maßnahmen vor dem Starten eines Motors gehört beim Außenbordmotor das Öffnen der Belüftungsschraube im Tankdeckel. Bei geschlossener Belüftungsschraube und laufendem Motor entsteht durch das Ansaugen von Treibstoff ein Vakuum im Tank, wodurch die ausreichende Treibstoffversorgung des Motors nicht mehr gewährleistet ist. Bei der Übernahme von Treibstoff an Tankstellen kann allgemein von sauberem Kraftstoff ausgegangen werden. Beim Umfüllen vom Kanister in den Tank und bei Beimischung von Öl können bei Unachtsamkeit Schmutzpartikel und evtl. Wasser in den Kraftstoff oder in die Kraftstoffmischung gelangen, die den Durchlauf des Treibstoffes vom Tank zum Motor und damit die ausreichende Treibstoffversorgung beeinträchtigen können.

Das Starten eines Motors mit eingekuppelter Schraube ist bei allen Booten mit Gefahren verbunden, was sich beim Außenbordmotor, insbesondere beim Handstart durch freies Stehen, verstärkt auswirken und u. a. zum Überbordfallen der Person führen kann.

Das Einbringen von Abfällen usw., Treibstoff, Öl oder Ölwassergemisch in das Wasser ist generell verboten. Verstöße werden hart geahndet. Die Einbringungsart, ob durch menschliches Fehlverhalten oder durch technische Einrichtungen, ist dabei unerheblich. Da sich nach jedem Betrieb eine Resttreibstoffmenge auch in den Leitungen des Außenbordmotors befindet, muß die Treibstoffzufuhr unterbunden und die Leitungen müssen bis zum Stillstand des Motors leergefahren werden, damit beim Hochkippen des Motors kein Treibstoff in das Wasser gelangen kann.

Hinweise:

Reinhaltung des Wassers siehe Fragen 197–198
Nachfüllen des Tanks beim Außenbordmotor siehe Frage 423
Maßnahmen und Vorsichtsregeln vor dem Starten des Motors siehe Frage 427
Auskuppeln vor dem Starten siehe Fragen 428, 429

Vorschriften:

§ 1.15
§ 324 StGB

9. Ruderwirkung des Propellers, Anlegen

437 ●

Was versteht man unter einem rechtsdrehenden Propeller (Schraube)?

Antwort:

Wenn er sich von achtern gesehen bei der Vorausfahrt im Uhrzeigersinn dreht.

438 ●

Was versteht man unter einem linksdrehenden Propeller (Schraube)?

Antwort:

Wenn er sich von achtern gesehen bei der Vorausfahrt gegen den Uhrzeigersinn dreht.

439 ●

Was versteht man unter der Ruderwirkung des Propellers (Schraube)?

Antwort:

Das seitliche Versetzen des Hecks. Seitenschub.

Sonderteil „Antriebsmaschine"

440

Weshalb ist die Kenntnis der Propellerdrehrichtung (Schraubendrehrichtung) für das Manövrieren unter Motor von Bedeutung?

Antwort: ● ●

Da der »Radeffekt« das Heck nach der einen oder anderen Richtung zur Seite versetzt und man diesen Umstand beim Manövrieren berücksichtigen muß.

441

Warum wird jedes Schiff mit einem Propeller (Schraube) und starrer Welle über Steuerbord und über Backbord verschieden große Drehkreise haben?

Antwort: ● ●

Weil der Propellerdrall (Schraubendrall) des Antriebs (Radeffekt) eine Drehrichtung unterstützt, der anderen entgegenwirkt.

442

Welche Wirkung hat ein rechtsdrehender Propeller (Schraube) bei Vorausfahrt?

Antwort: ●

Er versetzt das Heck nach Steuerbord.

443

Welche Wirkung hat ein rechtsdrehender Propeller (Schraube) bei Rückwärtsfahrt?

Antwort: ● ●

Er versetzt das Heck nach Backbord.
Die Ruderwirkung des Propellers (Schraube) ist besonders stark.

444

Welches ist die günstigste Anlegeseite einer Yacht mit linksdrehendem Propeller (Schraube)? Begründung.

Antwort: ● ●

Die Steuerbordseite, weil das Heck beim Abstoppen mit Rückwärtsgang (Radeffekt) an die Pier gezogen wird.

445

Welches ist die günstigste Anlegeseite einer Yacht mit rechtsdrehendem Propeller (Schraube)? Begründung.

Antwort: ● ●

Die Backbordseite, weil das Heck beim Abstoppen mit Rückwärtsgang (Radeffekt) an die Pier gezogen wird.

446

Wie legen Sie im Strom an einer Boje an?

Antwort: ●

Gegen den Strom anfahren, Bugleine festmachen, achteraus treiben lassen.

Ruderwirkung des Propellers, Anlegen

Zu Fragen 437 bis 446
Die meisten Sportboote haben heute „linksgängige" Propeller. Einen Propeller, der in Vorausfahrt von hinten gesehen links herum dreht, nennt man „linksgängig".

In Fahrt achteraus wird der Drehsinn des Propellers umgekehrt. Der linksgängige Propeller dreht nun rechts herum.

Außer dem Vortrieb bewirkt der Propeller auch einen Dreheffekt zu der Seite hin, in die er jeweils dreht. Diese Kraft nennt man „Radeffekt". Dieser Radeffekt entsteht als Reaktion auf den Drall bei der Beschleunigung des Wassers nach achtern.

Die Auswirkung des Radeffektes ist besonders stark bei Achterausfahrt, also auch beim Aufstoppen der Vorausfahrt durch Einlegen des Rückwärtsganges.

Man nutzt diesen Effekt aus, indem man versucht, mit einem Boot mit der Seite anzulegen, wohin der Radeffekt in Achterausfahrt wirkt.

Bei einem Boot mit linksgängigem Propeller, der beim Aufstoppen einen Radeffekt nach rechts ausübt, wird man also mit der Steuerbordseite anlegen.

Nähert man sich in einem spitzen Winkel und mit langsamer Fahrt der Anlegestelle, so wird nach Einlegen des Rückwärtsganges das Boot gestoppt, und gleichzeitig wird das Heck nach Steuerbord auswandern.

Merke:

Da der Radeffekt ein Manöver erleichtern oder erschweren, ja sogar vereiteln kann, muß bei Anlage des Manövers der Radeffekt immer berücksichtigt werden.

Wirkungsweise der Schraube (Propeller)

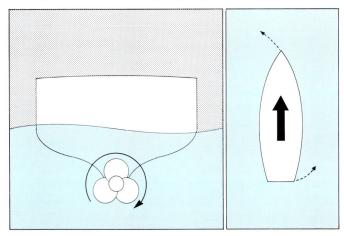

Bei rechtsdrehender Schraube dreht das Heck im allgemeinen nach Stb, wenn das Fahrzeug bei Mittschiffsruderlage Fahrt voraus aufnimmt,

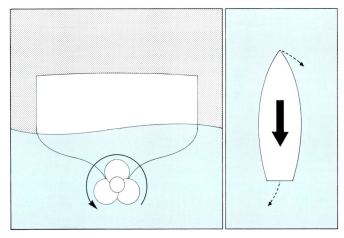

dreht das Heck im allgemeinen nach Bb, wenn das Fahrzeug bei Mittschiffsruderlage Rückwärtsfahrt aufnimmt.

Sonderteil „Antriebsmaschine"

Wirkungsweise der Schraube (Propeller)

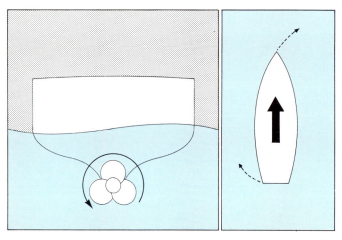

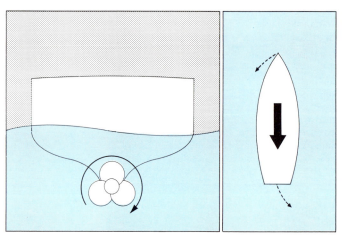

Bei linksdrehender Schraube dreht das Heck im allgemeinen nach Bb, wenn das Fahrzeug bei Mittschiffsruderlage Fahrt voraus aufnimmt,

dreht das Heck im allgemeinen nach Stb, wenn das Fahrzeug bei Mittschiffsruderlage Rückwärtsfahrt aufnimmt.

Hinweis:
Auswirkungen der Propellerdrehrichtung auf die Steuerwirkung siehe Teil III, 1.2
Durchführung des Anlegemanövers siehe Teil III, 2.2

10. Funktionsfähigkeit der Maschinenanlage

447
Warum sollten Sie niemals aus voller Fahrt voraus in volle Fahrt achteraus schalten?

Antwort: ●
Weil dadurch das Getriebe bzw. die Kupplung beschädigt werden kann.

448
Wie können Sie den technisch einwandfreien Zustand und die Funktionsfähigkeit Ihrer Maschinenanlage weitgehend sicherstellen?

Antwort: ● ●
Durch regelmäßige Wartung der gesamten Maschinenanlage.
Angaben hierüber enthält die Betriebsanleitung.

449

Weshalb sollten Sie die Betriebsanleitung für Ihren Motor immer an Bord haben?

Antwort:

Sie gibt Hinweise über die Wartung des Motors und enthält tabellarische Zusammenstellungen der möglichen Störungen.

Zu den Fragen 447 bis 449
Die Kraft des Motors wird über das Getriebe auf die Welle mit Schraube übertragen. Ohne Getriebe und Direktübertragung wäre eine wechselnde Schraubendrehrichtung nicht möglich. Daneben wird durch das Getriebe die z. T. hohe Motorendrehzahl auf eine wirkungsvolle Wellen-/Schraubendrehzahl reduziert. Bei stehendem Motor wird durch das Auskuppeln die Verbindung zur Schraube unterbrochen und ein Starten ohne Schraubendrehung ermöglicht. Durch das Auskuppeln bei laufendem Motor wird die Kraftübertragung ebenfalls zur Schraube unterbrochen. Vom Auskuppeln bis zur Einleitung der Gegendrehrichtung der Welle/Schraube muß der Wellenstillstand der vorhergegangenen Drehrichtung abgewartet werden, um, ohne Schäden im Getriebe bzw. an der Kupplung, die entgegengesetzte Wellen-/Schraubendrehung zu erreichen.

Die Betriebsanleitungen sollten sich für alle technischen Einrichtungen stets an Bord befinden, um bei Störungen schneller die Ursachen feststellen zu können.

Der Inhalt der Betriebsanleitungen für die Anlagen, mit deren einwandfreier Funktion die Sicherheit des Schiffsbetriebs verbunden ist, z. B. Maschinenanlage mit Getriebe, Welle und Schraube sowie Ruderanlage, sollten auch ohne Nachlesen jedem Verantwortlichen bekannt sein, weil nur dann sichergestellt ist, daß die laufende Wartung und Pflege nach den Vorgaben des Herstellers erfolgt.

Hinweis:
Wartung und Pflege siehe Fragen 427–433

11. Motorbrand

450

Was ist zu tun, wenn der Motor brennt?

Antwort:

Brennstoffzufuhr unterbrechen, Getriebe auskuppeln, Vollgas geben, um Leitungen und Vergaser leerzufahren, Motor bzw. Vergaser abdecken, um Brand zu ersticken, mit Feuerlöscher Brand bekämpfen.

Zu Frage 450:
Ein Brand am Motor ist in der Regel mit dem Austritt von Kraftstoff verbunden. Mit der sofortigen Unterbrechung der Kraftstoffzufuhr kann vielfach dem Feuer die Nahrung entzogen werden. Durch Auskuppeln und Vollgasgeben wird der Treibstoff in den Leitungen verbraucht, so daß das Feuer keine Nahrung mehr bekommt.

Zum Abdecken von Motor bzw. Vergaser sollten mit Wasser getränkte Abdeckmittel (Decken o. ä.) verwendet werden. Kommt das Feuer nicht zum Erliegen, hat die Brandbekämpfung mit einem Feuerlöscher zu erfolgen. Sind andere Bootsteile vom Brand erfaßt, müssen auch diese in die Brandbekämpfung einbezogen werden.

Hinweise:
Hilfeleistungspflicht siehe Fragen 13–15
Feuerlöscher und Brandbekämpfung siehe Fragen 207–209
Motor- und Antriebsarten siehe Fragen 419, 420
Kraftstoffabsperrventil siehe Frage 421

161

Sonderteil „Antriebsmaschine"

12. Mann über Bord

451
Was ist zu tun, wenn jemand über Bord gefallen ist?

Antwort: ● ● ●

Auskuppeln, Heck abdrehen, »Mann über Bord« rufen, Rettungsring werfen, gegen Strom und Wind anfahren, auskuppeln, Person bei stilliegendem Boot bergen.

452
Was tun Sie als Rudergänger sofort bei dem Ruf »Mann über Bord«? Begründung.

Antwort: ● ●

1. Auskuppeln.
2. Ruder auf die Seite des Überbordgegangenen legen, um Verletzungen durch den Propeller (Schraube) zu vermeiden.

Zu Fragen 451 und 452:

Beim Ruf „Mann über Bord!" müssen die vorgegebenen Manöver/Handlungen überlegt und gezielt eingeleitet werden. Eine etwas langsamere aber erfolgreiche Anfahrt ist stets schneller als ein zweimaliges schnelles Anfahren, wobei die erste Anfahrt erfolglos war.

Der Überbordgefallene, der „Mann über Bord", sollte sich mit der Signalpfeife oder durch Rufen bemerkbar machen, keine unnötigen Schwimmbewegungen machen (Kräfte schonen), auf den zugeworfenen Rettungsring zuschwimmen und zum Schutz gegen Unterkühlung keine Kleidung ablegen.

Bei stillstehender Schraube soll die Anbordnahme möglichst am Achterschiff auf der Badeleiter erfolgen. Da bei kleineren Booten Kentergefahr bei seitlicher Anbordnahme besteht, sollte das Achterschiff stets bevorzugt werden. Kann durch die Bewegung der Personen bei der Übernahme die Gefahr der Berührung des Schalthebels nicht ausgeschlossen werden, sollte der Motor abgestellt werden, um Verletzungen durch die Schraube bei ungewolltem Einkuppeln mit Sicherheit zu vermeiden.

Beachte:

Unterlassene Hilfeleistung kann strafrechtlich geahndet werden.

Hinweise:

Mann-über-Bord-Manöver siehe Teil III, 2.5
Hilfeleistungspflicht siehe Fragen 13–15
Notsituationen siehe Fragen 156–162
Rettungswesten siehe Frage 204
Knoten zur Personenbergung siehe Frage 229

Vorschriften:

§§ 1.04, 1.05, 1.08, 1.16
§ 323c StGB

Hinweise für den „Mann über Bord":

❶ Durch Signale mit der Signalpfeife oder mit Signalstiften oder durch Rufen bemerkbar machen.

❷ Kräfte schonen und unnötiges Schwimmen vermeiden. Sobald der Rettungsring über Bord geworfen ist, auf diesen zuschwimmen.

❸ Kleidung als Schutz gegen Unterkühlung unbedingt anbehalten.

162

Teil III

Die praktische Prüfung

Die praktische Prüfung

Allgemeines

Der Bewerber hat in der praktischen Prüfung nachzuweisen, daß er die zur sicheren Führung eines Sportbootes erforderlichen seemännischen Kenntnisse besitzt und zu ihrer praktischen Anwendung fähig ist.

Die Prüfung erstreckt sich auf folgende Manöver und Fertigkeiten:

❶ Steuern nach Schiffahrtzeichen, anderen Objekten oder nach Kompaß

❷ Manövrieren (Ablegen, Anlegen, Begegnen, Festmachen, Wenden auf engem Raum, „Mann-über-Bord"-Manöver mit Hilfe eines treibenden Gegenstandes, Rückwärtsfahrt, Ankermanöver, Verhalten beim Anlaufen von Häfen, Verhalten bei der Fahrt im Strom)

❸ Wichtige Knoten (Achtknoten, halber Schlag, zwei halbe Schläge, Kreuzknoten, einfacher Schotstek, doppelter Schotstek, Palstek, Stopperstek, Slipstek, Webeleinenstek, Kopfschlag, Belegen einer Klampe) – siehe Fragen 218 bis 229 – (siehe Teil I, V, Nr. 3.7)

Der folgende „Kurzlehrgang" zur Vorbereitung auf die praktische Prüfung soll dem Bewerber deutlich machen, was von ihm als Mindestwissen in der praktischen Prüfung gefordert wird.

Er darf sich aber nicht zu der Annahme verleiten lassen, er sei damit ein voll ausgebildeter Führer eines Sportbootes.

Er muß mehr können, um sich und seine Mitfahrer zu schützen und sein Eigentum zu erhalten.

Der verantwortungsbewußte Sportler wird sich daher weiterbilden.

Dafür stehen ihm einmal zahlreiche Lehrbücher zur Verfügung, die ihm weiteres theoretisches Wissen vermitteln, zum anderen gibt es viele praktische Kurse bei den verschiedenen Institutionen des Wassersports und auch zahlreiche gewerbliche Bootsfahrschulen, die geeignet sind, seine praktischen Kenntnisse und Fähigkeiten weiter zu vervollständigen.

1. Steuern nach Schiffahrtzeichen, anderen Objekten oder nach Kompaß

1.1 Steuern heißt, Einnehmen und Halten des gewünschten Kurses (Fahrtrichtung). Gesteuert werden kann

- nach dem Kompaß
- nach Schiffahrtzeichen oder nach anderen Objekten.

1.1.1 Beim Steuern nach dem Kompaß ist darauf zu achten, daß die Gradzahl des zu steuernden Kurses auf der Kompaßrose am Steuerstrich anliegt. Wind und Wellengang veranlassen das Schiff nach der einen oder anderen Seite vom Kurs abzuweichen. Deshalb muß es durch möglichst kleine Ruderbewegungen, stets in entgegengesetzter Richtung zur Drehbewegung des Schiffes (Gegenruder), wieder auf Kurs gebracht werden. Dabei ist darauf zu achten, daß – kurz bevor der Kurs wieder am Steuerbordstrich anliegt – die Drehbewegung durch Gegenruder gestoppt wird und das Ruder bei anliegendem Kurs wieder mittschiffs liegt.

1. Schiff weicht nach Bb aus; Ruder nach Stb legen (Gegenruder)
2. Kurz bevor der Kurs wieder anliegt, durch Bb-Ruderlage die Stb-Drehbewegung des Schiffes aufstoppen (stützen)
3. Kurs liegt an, Ruder mittschiffs

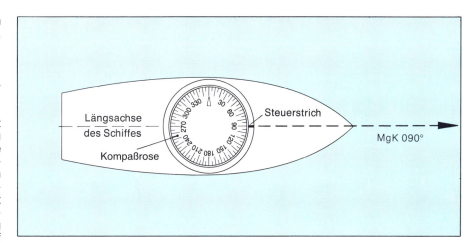

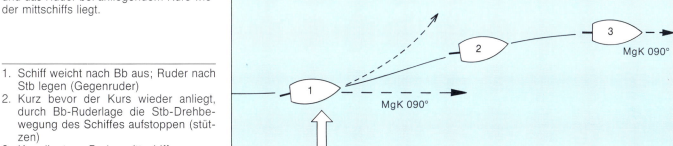

Die praktische Prüfung

1.1.2 Das Steuern nach dem Kompaß ermüdet schnell und ist außerdem auf den Binnenschiffahrtsstraßen – abgesehen vom Bodensee – wenig üblich. Es wird hier nach Schiffahrtzeichen oder anderen Objekten derart gesteuert, so daß man sich bei anliegendem Kurs voraus einen markanten Punkt (Bäume, auffällige Bauwerke usw.) sucht und bis zur nächsten Kursänderung auf diesen zuhält. Dieses Steuern hat den Vorteil, daß Kursabweichungen sofort erkannt werden und entsprechende Gegenmaßnahmen schnell ergriffen werden können.

Wenn nach Tonnen gesteuert wird, sind diese aber immer gut frei an der Stb- bzw. Bb-Seite zu lassen.

Merke: Jedes Ruderlegen vermindert die Geschwindigkeit, und jede Abweichung vom Kurs bedeutet eine Wegverlängerung! Der gewählte Kurs ist daher mit möglichst kleinen Ruderbewegungen zu halten!

1.2 Die Steuerwirkung

Die Steuerwirkung wird bei Fahrzeugen mit Einbaumotor durch Änderung der Ruderstellung und bei Fahrzeugen mit Z-Antrieb oder Außenbordmotor durch Änderung der Stellung des Propellers (Schraube) erzielt (Steuerwirkung der Schraube siehe Fragen 437 bis 445).

1.2.1 Steuerwirkung des Ruders
Bei Vorwärtsfahrt wird die Steuerwirkung durch den seitlich auf das eingeschlagene Ruder wirkenden Schrauben- und Fahrtstrom erzielt.
Bei Rückwärtsfahrt wird die Steuerwirkung durch den von hinten auf das eingeschlagene Ruder wirkenden Fahrtstrom erzielt. Der Schraubenstrom hat in diesem Fall keinen Einfluß auf die Steuerwirkung.

1.2.2 Steuerwirkung des Z-Antriebs oder des Außenbordmotors
Beim Außenbordmotor wird die Steuerwirkung durch den um eine senkrechte Achse drehbaren und mit dem Motor verbundenen Propeller erzielt. Beim Z-Antrieb wird die Steuerwirkung durch den drehbaren Propellerantrieb wie bei der Stellung eines Ruderblattes erzielt. Durch gleichzeitigen Vorwärts- und Seitenschub wird das Fahrzeug auf den gewünschten Kurs gebracht.

Steuern

Steuerwirkung des Ruders bei Vorwärtsfahrt (zu Nr. 1.2.1)

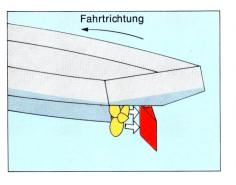
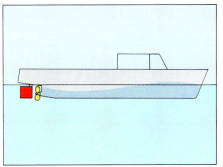
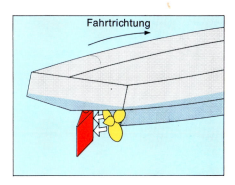

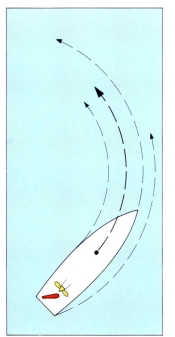
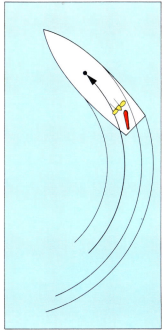
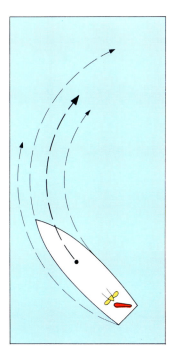
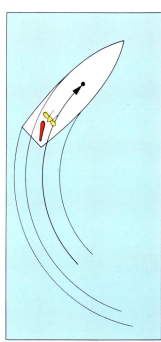

167

Die praktische Prüfung

Steuerwirkung des Ruders bei Rückwärtsfahrt (zu Nr. 1.2.1)

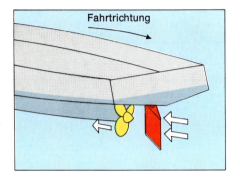
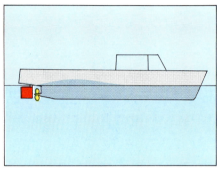
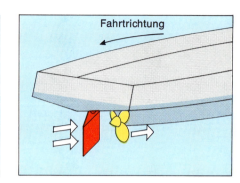
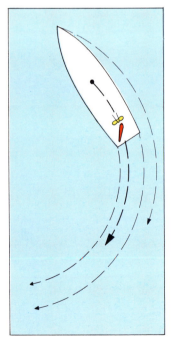
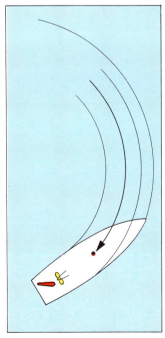
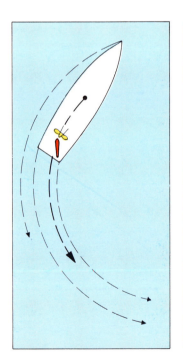
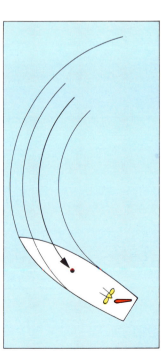

Steuern

Steuerwirkung des Z-Antriebs und des Außenbordmotors bei Vorwärtsfahrt (zu Nr. 1.2.2)

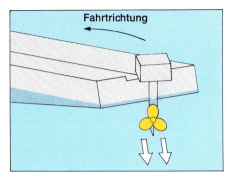
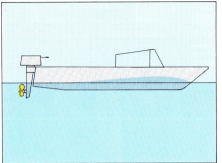
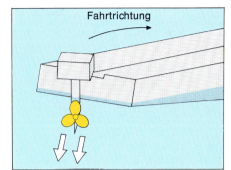

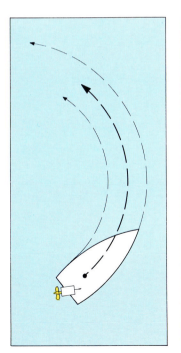
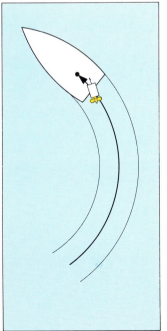
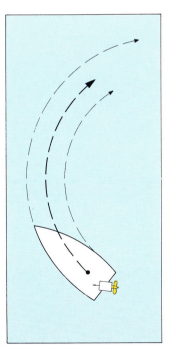
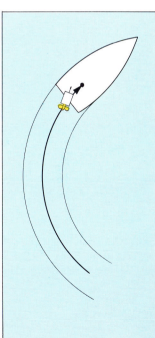

169

Die praktische Prüfung

Steuerwirkung des Z-Antriebs und des Außenbordmotors bei Rückwärtsfahrt (zu Nr. 1.2.2)

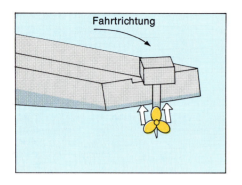
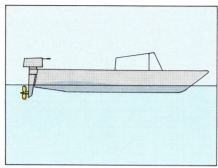
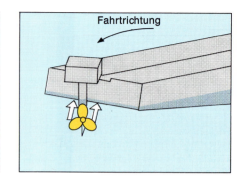

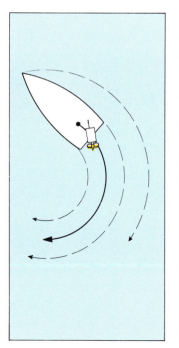
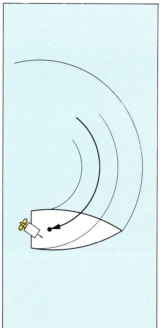
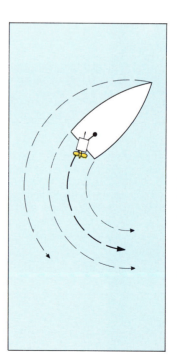
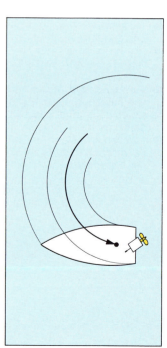

Manövrieren

2. Manövrieren

2.1 Vertrautsein mit den Fahreigenschaften

Um gut manövrieren zu können, muß der Fahrzeugführer mit den Fahreigenschaften seines Fahrzeugs vertraut sein. Er muß insbesondere wissen:

- wie sein Fahrzeug bei verschiedenen Ruderlagen reagiert (vgl. Nr. 1)
- welche Geschwindigkeit bei welchen Schraubenumdrehungen erreicht wird,
- bis zu welcher geringsten Geschwindigkeit sein Fahrzeug noch steuerfähig ist,
- wieviel Zeit und Weg erforderlich ist, um das Fahrzeug aus allen Voraus-Fahrtstufen durch Rückwärtsfahrt zum Stoppen zu bringen (Stoppweg),
- welchen kleinsten Drehkreis sein Fahrzeug besitzt und wie sich unterschiedliche Fahrgeschwindigkeiten auf diesen Drehkreis auswirken.

2.2 Ab- und Anlegen

Beim Ab- und Anlegen ist zu beachten, daß Wind und Strom die Fahrt und den Kurs des Fahrzeugs stark beeinflussen können. Weht der Wind und/oder setzt der Strom parallel zur Anlegestelle, so sollte das Ab- bzw. Anlegemanöver grundsätzlich gegen Wind und/oder Strom durchgeführt werden. Kommen Wind und Strom aus verschiedenen Richtungen, so ist in der Regel gegen den Wind anzulegen, wenn dieser eine stärkere Wirkung auf das Fahrzeug ausübt als der Strom. Entsprechendes gilt, wenn die Wirkung des Stromes stärker ist als der Wind.

Jedes Ab- bzw. Anlegemanöver sollte rechtzeitig, gut durchdacht und mit langsamer Fahrt durchgeführt werden. Eine ausreichende Anzahl von Fendern sollte stets zur Verfügung stehen. Beim Anlegen sind die Leinen zum Festmachen des Fahrzeugs frühzeitig an Deck zu legen und der Anker klar zum Fallen sein, um bei Ausfall der Maschine das Schiff mit einem Ankermanöver zur Not aufstoppen zu können.

Unter Berücksichtigung der vorgenannten Grundsätze bereitet das Ab- und Anlegen an einer langen und leeren Pier keine besonderen Schwierigkeiten. Liegen dagegen dicht vor und hinter einem andere Fahrzeuge oder ist beabsichtigt, in einer kleinen Lücke zwischen zwei Fahrzeugen festzumachen, so erfordern die entsprechen Ab- und Anlegemanöver viel Übung und Umsicht. Die nachfolgenden Beispiele zeigen Möglichkeiten, wie derartige Manöver durchgeführt werden können, wobei unterstellt wird, daß je nach Größe des Bootes mehr oder weniger die Manöver durch Muskelkraft unterstützt werden können (abdrücken von der Pier usw.) Bei der Beschreibung der Manöver wurde von einer rechtsgängigen Schraube (vgl. Frage 437, 442, 443) ausgegangen.

Die praktische Prüfung

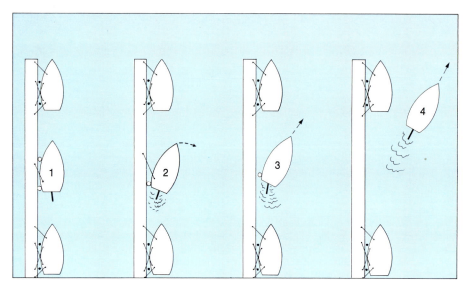

2.2.1 Ablegemanöver

2.2.1.1 Ohne Wind und Strömung. Alle Leinen los bis auf Achterspring (1). Dann langsam zurück in die Achterspring eindampfen, bis Bug frei (2). Achterspring los und langsam voraus mit Stb-Ruderlage (3). Schließlich Ruder mittschiffs und Fahrt erhöhen (4).

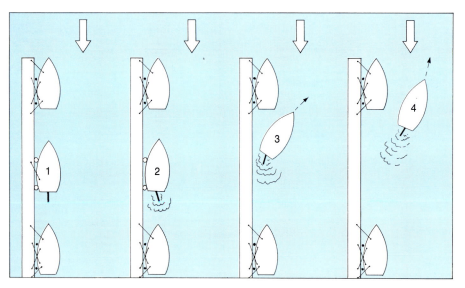

2.2.1.2 Gegen Wind und/oder Strömung. Bis auf Achterspring alle Leinen los (1). Sodann langsam voraus bei Stb-Ruderlage und Achterspring los (2). Sobald Bug frei voraus (3). Zu weites Auswandern des Bugs durch Bb-Ruderlage auffangen (4).

2.2.1.3 Mit Wind und/oder Strömung. Alle Leinen bis auf Vorspring los (1). Fahrzeug achtern mit Bootshaken abdrücken bis es seitlich vom Wind und/oder Strom erfaßt wird und weiterdreht (2). Wenn Heck frei, Vorspring los und bei Bb-Ruderlage zurück (3). Schließlich Ruder mittschiffs und Fahrt voraus aufnehmen (4).

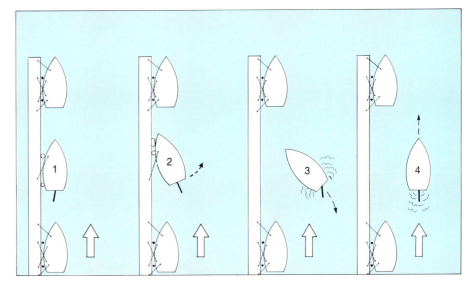

2.2.1.4 Bei ablandigem Wind. Alle Leinen los bis auf Achterleine, die etwas aufgefiert wird (1). Bug wird langsam durch Winddruck von der Pier abgedrückt (2). Wenn Bug gut frei, Heckleine los und voraus (3). Schließlich mit Bb-Ruderlage Fahrt voraus aufnehmen (4).

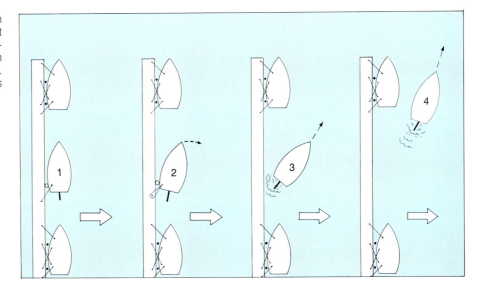

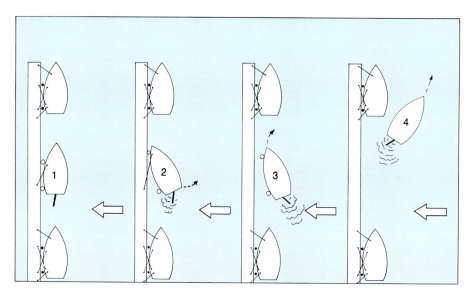

2.2.1.5 Bei auflandigem Wind. Alle Leinen los bis auf Vorspring, die etwas aufgefiert wird (1). Dann mit Bb-Ruderlage und voraus in die Vorspring eindampfen, damit Heck freikommt (2). Sobald Heck gut frei von der Pier, Vorspring los und mit Stb-Ruderlage voraus. Zur Unterstützung Bug evtl. mit Bootshaken abdrücken. Achtgeben, damit Heck nicht mit der Pier in Berührung kommt. Fender klar halten (3)! Wenn Boot frei, Vorausfahrt erhöhen bei Bb-Ruderlage (4).

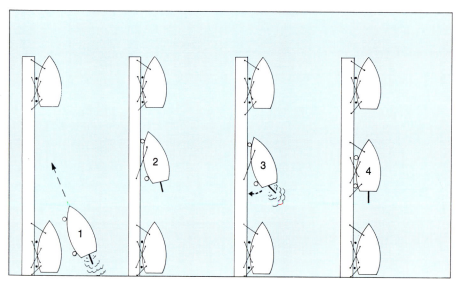

2.2.2 Anlegemanöver

2.2.2.1 Ohne Wind und Strömung. Mit langsamer Fahrt voraus die Pier unter spitzem Winkel anlaufen (1). Sobald Boot mit dem Bug dicht genug an der Pier, aufstoppen und Vorspring an Land (2). Dann mit Stb-Ruderlage voraus in die Vorspring eindampfen, damit das Boot an die Pier klappt (3). Liegt das Boot längsseits, alle Leinen an Land und festmachen (4).

Manövrieren

2.2.2.2 Gegen Wind und/oder Strömung. Mit langsamer Fahrt voraus und unter spitzem Winkel die Pier anlaufen (1). Dann mit langsamer Fahrt so manövrieren, bis das Boot in geringem Abstand parallel zur Anlegestelle zum Stehen kommt (2). Vorleine an Land (3). Anschließend die übrigen Leinen festmachen und Motor aus (4).

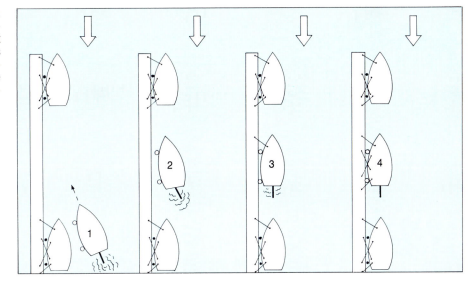

2.2.2.3 Bei ablandigem Wind. Anlegestelle langsam unter einem Winkel von ca. 45 Grad ansteuern (1). Kurz vor dem Anleger aufstoppen und Vorspring an Land (2). Dann mit Stb-Ruderlage voraus in die Spring eindampfen (3). Liegt das Fahrzeug längsseits, erst Achterleine und dann übrige Leinen an Land und festmachen, Maschine aus (4).

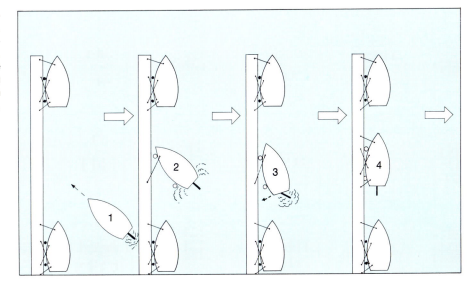

175

Die praktische Prüfung

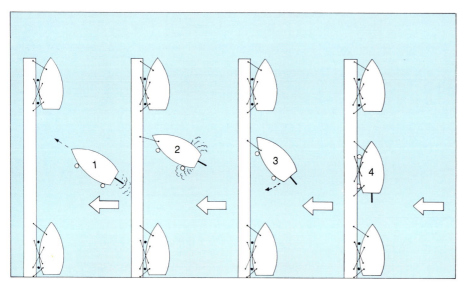

2.2.2.4 Bei auflandigem Wind. Damit das Boot nicht gegen andere Boote gedrückt wird, den Anleger unter einem Winkel von ca. 70 Grad mit langsamer Fahrt ansteuern (1). Kurz vor dem Anleger aufstoppen und Vorleine an Land (2). Dann das Boot langsam an den Anleger klappen lassen, evtl. mit langsam zurücklaufender Maschine (3). Liegt das Boot längsseits, übrige Leinen fest (4).

2.3 Festmachen

Ein Fahrzeug ist so festzumachen, daß es jederzeit sicher liegt und sich nicht losreißen kann. Dabei sind Wasserstandsschwankungen, Sog und Wellenschlag durch vorbeifahrende Schiffe, Wind und Wellengang zu berücksichtigen.

Bei Wasserstandsschwankungen empfiehlt es sich, an schwimmenden Anlegern festzumachen. Ist dies nicht möglich, so sind die Leinen bei fallendem Wasser gelegentlich zu fieren, damit sich das Fahrzeug nicht in den Leinen „aufhängt". Um ein Abtreiben bei steigendem Wasser zu vermeiden, sind die Leinen von Zeit zu Zeit durchzuholen.

Grundsätzlich sollte das Fahrzeug gegen den Strom festgemacht werden (vgl. Nr. 2.2). Die Leinen sind durch Lippen oder Ösen an Land zu geben, und an Scheuerstellen mit Lappen oder alten Leinen zu schützen. Fender sind in ausreichender Zahl zwischen Bordwand und Anleger auszubringen, um das Boot vor Beschädigungen zu bewahren.

Manövrieren

2.3.1 Längsseits festmachen

Wird an einer Anlegestelle nur für kurze Zeit angelegt, so genügt im allgemeinen das Ausbringen von Vor- und Achterleine. Soll das Fahrzeug längere Zeit liegenbleiben, so sind zusätzlich Vor- und Achterspring und bei Bedarf auch Querleinen auszubringen!

2.3.2 Festmachen an Stegen und Pfählen

Wenn vor dem Steg Pfähle vorhanden sind, werden die Fahrzeuge rechtwinklig zum Steg zwischen den Pfählen mit 2 Vor- und 2 Achterleinen festgemacht. Die Vorleinen werden so lang ausgesteckt, daß das Heck bei steifen Vorleinen etwa einen halben Meter vom Steg entfernt zu liegen kommt. Achtern Fender ausbringen!

2.3.3 Längsseits festmachen an einem Fahrzeug

In überfüllten Yachthäfen kann es notwendig sein, an bereits festgemachten Fahrzeugen anzulegen. Im allgemeinen wird dann mit Querleinen sowie Vor- und Achterspring am Nachbarboot festgemacht. Bei starkem ablandigen Wind empfiehlt es sich, außerdem zusätzlich Vor- und Achterleine an Land festzumachen. In ausreichender Zahl Fender ausbringen!

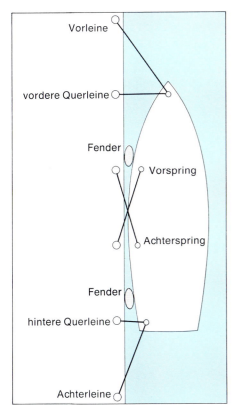

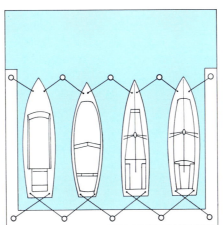

Diese Anlege- und Festmacheart hat den Vorteil, daß in Vorausfahrt abgelegt werden kann. Wo es üblich oder durch die Bootsbeschaffenheit (Bauart) notwendig ist, kann auch vorwärts eingefahren und in derselben Weise festgemacht werden, wobei es zweckmäßig ist, daß alle Boote innerhalb des Liegebereichs in gleicher Richtung liegen.

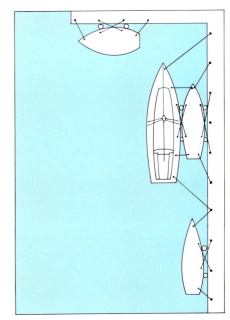

177

2.3.4 Festmachen von zwei Leinen auf einem Poller an Land

Ist auf einem Poller an Land bereits die Leine eines anderen Fahrzeugs befestigt, so wird das Auge der eigenen Leine von unten nach oben durch das Auge der fremden Leine genommen und dann über den Poller gehakt. Früher auslaufende Fahrzeuge können dann jederzeit ihre Leine vom Poller nehmen, ohne die Leine des anderen Fahrzeugs fieren und abnehmen zu müssen.

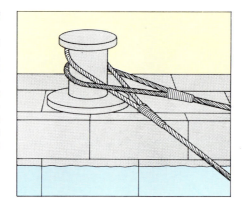

2.3.5 Festmachen von Leinen in Ringen an Land

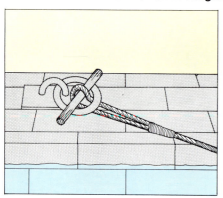  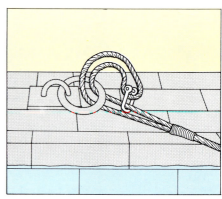

2.4 Wenden auf engem Raum

Häufig muß der Fahrzeugführer sein Fahrzeug in einem kleinen Hafenbecken oder auf einem engen Fluß wenden. Unterschreitet der zur Verfügung stehende Manövrierraum den Drehkreis seines Fahrzeugs (beachte die unterschiedlich großen Drehkreisdurchmesser bei verschiedenen Fahrstufen), so ist das Wenden mit Ruder- und Maschinenmanövern durchzuführen. In kleinen Sportboothäfen sind diese Manöver die Regel und müssen daher gut beherrscht werden. Die individuellen Erfahrungen mit den Manövriereigenschaften des Sportbootes spielen hier eine besondere Rolle. Das Wendemanöver wird mit langsamer Fahrt und Stb-Ruderlage eingeleitet (1). Dann Ruder ganz nach Backbord überlegen und zurück (2). Anschließend bei Stb-Ruderlage voraus (3). Auf sehr engem Raum ist dieses Manöver zu wiederholen.

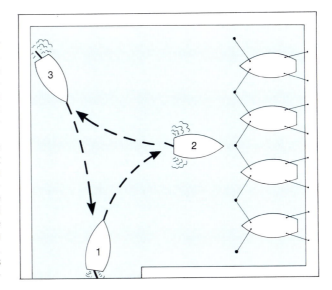

2.5 „Mann-über-Bord"-Manöver mit Hilfe eines treibenden Gegenstandes

Das „Mann-über-Bord"-Manöver wird in der praktischen Prüfung mit Hilfe eines treibenden Gegenstandes durchgeführt. Da insbesondere bei niedrigen Wassertemperaturen und stürmischem Wetter das Leben eines Überbordgefallenen vom raschen und umsichtigen Handeln des Bootsführers abhängig ist, muß dieses Manöver häufig geübt und gut beherrscht werden. Es richtet sich zwar nach dem Einzelfall, welche Maßnahmen notwendig sind, dennoch gelten folgende Grundsätze ganz allgemein:

2.5.1 Nach dem Ruf „Mann über Bord" ist das Ruder sofort hart nach der Seite überzulegen, an der man das Besatzungsmitglied verloren hat, damit das Heck freischwingt und Verletzungen durch die Schraube vermieden werden. Gleichzeitig Schraube auskuppeln!
(siehe Fragen 451, 452)

Die praktische Prüfung

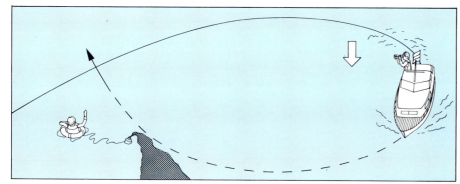

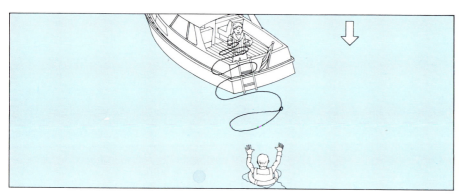

2.5.2 Dem Überbordgefallenen ist sofort ein Rettungsring, möglichst mit Leine, zuzuwerfen. Bei Nacht erleichtert ein Rettungsring mit Nachtlicht oder eine Rettungsboje mit Nachtlicht das Auffinden des Schwimmenden.

2.5.3 Ein Besatzungsmitglied hat ständig den Überbordgefallenen zu beobachten.

2.5.4 Das Boot ist dann mit einer Drehung von ca. 270 Grad derart an den Überbordgefallenen herauszusteuern, das es in Luv voraus von ihm im spitzen Winkel zum Wind zu liegen kommt. Die letzte Strecke ist mit ausgekuppelter Schraube zurückzulegen, um den im Wasser Treibenden nicht zu gefährden. Bei Strömung oder Wind ist gegen die Strömung bzw. den Wind an den Überbordgefallenen heranzufahren.

2.5.5 Dem Verunglückten ist eine Leine zuzuwerfen, mit der er an das Boot heranzuziehen ist, um ihn an geeigneter Stelle über eine Badeleiter an Bord nehmen zu können. Auf jeden Fall sollte eine Leine mit einem Auge klargehalten werden, in das der Verunglückte sich einhängen kann, wenn er sehr geschwächt ist. Notfalls ist ihm durch ein Besatzungsmitglied, das mit einer Rettungsweste und Leine ausgerüstet sein muß, im Wasser Unterstützung zu leisten.

Warnung: Bei kleinen Booten besteht Kentergefahr, wenn der Verunglückte mittschiffs übernommen wird.

3. Wichtige Knoten

Zum Bestehen der praktischen Prüfung müssen die wichtigsten Knoten beherrscht werden. Um welche Knoten es sich dabei handelt, siehe die Übersicht und die bildliche Darstellung der Knoten zu den Fragen 218 bis 229.

Das einwandfreie Beherrschen der Knoten ist aber nicht nur eine wichtige Voraussetzung für das Bestehen der praktischen Prüfung, das Beherrschen der Knoten ist vor allem für die aktive Schiffsführung von unverzichtbarer Bedeutung, weil ohne Knoten das Schiff weder festgemacht noch geführt werden kann, insbesondere auf Segelbooten.

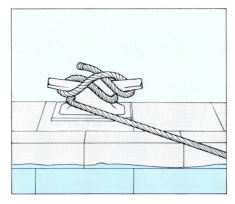

Belegen einer Klampe
Das Ende der Leine wird achtförmig um die Klampe oder den Belegnagel gelegt, wobei zunächst mit einem Rundtörn begonnen wird, der sich nicht selbst bekneifen darf, damit das Ende der Leine gefiert werden kann.
Der letzte Kreuzschlag wird zur Sicherung mit einem Kopfschlag versehen.

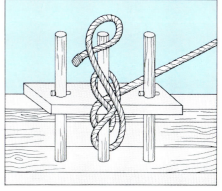

Belegen von Enden

Hinweis: siehe Tabelle „Seemännische Knoten" zu Fragen 230, 231.

Die praktische Prüfung

4. Anlegen einer Rettungsweste

Vor dem Kauf einer Rettungsweste muß man wissen, welche der vielen im Handel befindlichen Westen ihren eigentlichen Rettungszweck erfüllen. Rettungswesten müssen eine „ohnmachtsichere Wasserlage bewirken, d. h., wenn sie selbsttätig die Atmungsöffnungen einer erschöpft im Wasser liegenden Person aus dem Wasser heben und sicher über Wasser halten". Nur solche Rettungswesten sind ohnmachtsicher, die nach der DIN-Norm 7929 hergestellt und wie folgt gekennzeichnet sind: Rettungsweste (ohnmachtsicher) – DIN 7929, Name oder Zeichen des Herstellers bzw. Lieferers oder Importeurs, Typbezeichnung, Baujahr (evtl. verschlüsselt), Größe (Konfektionsgröße/Gewicht).

Für die Sportschiffahrt eignen sich zwei Typen von Rettungswesten:

4.1 Auftrieb erfolgt durch einen aufblasbaren Rettungskragen

Aufblasbare Rettungswesten sind zwar teurer, aber einfacher zu tragen und hindern nicht bei der Arbeit. Bei der aufblasbaren Rettungsweste gibt es folgende Techniken:

■ Die automatische Auslösung; beim Eintauchen ins Wasser zerfällt eine Tablette. Danach wird der Schlagbolzen freigelegt, der den Preßgasflaschenkopf durchschlägt und dem Preßgas den Weg in die Rettungsweste freigibt.

■ Die Handauslösung; durch kräftiges Ziehen am Handauslöseknopf wird der Schlagbolzen freigelegt, der den Preßgasflaschenkopf durchschlägt und dem Preßgas den Weg in die Rettungsweste freigibt.

■ Die Mundaufblasung; die Rettungsweste wird durch ein Mundstück mit den Lippen aufgeblasen.

Aufblasbare ohnmachtsichere Rettungsweste

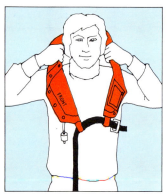

Rettungsweste über den Kopf ziehen und beide Flügel vorn um den Hals legen

Leibgurt auf Körperumfang einstellen – nicht zu fest – und in Taillenhöhe um den Körper legen

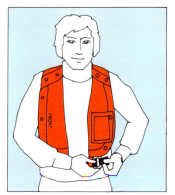

Leibgurt mit Karabinerhaken vorn in Gegenende des Leibgurtes befestigen

Bei Versagen der Automatik oder Handauslösung erfolgt das Aufblasen durch kräftiges Ziehen am Handauslöseknopf nach unten

Anlegen einer Rettungsweste

Ohnmachtsichere Rettungsweste (Feststoff)

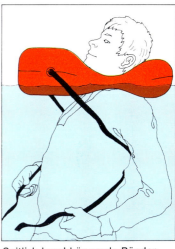

Schleife öffnen, Gurtband abstreifen

Schwimmkörper etwas auseinanderziehen und über den Kopf stülpen

Seitlich herabhängende Bänder straffziehen, über Kreuz um den Rücken führen und vor dem Körper festbinden

4.2 Auftrieb erfolgt durch einen geschlossenen Schaumstoffkörper
Feststoffrettungswesten eignen sich nicht nur als Rettungswesten, sondern auch als Ersatz für Rettungsringe. Das Anlegen an Bord oder im Wasser erfolgt nach dem gleichen Prinzip.

Wichtiger Hinweis!
Es wird ausdrücklich darauf hingewiesen, daß Rettungswesten, die nur mit handbetätigter Druckgas-Aufblasevorrichtung ausgerüstet sind, nur dann eine ohnmachtssichere Wasserlage gewährleisten, wenn die Druckgas-Aufblasevorrichtung im Notfall noch von Hand ausgelöst werden kann oder die Rettungsweste bereits im aufgeblasenen Zustand getragen wird. Im übrigen sind diese Rettungswesten nur dann sicher, wenn sie der DIN-Norm 7928 entsprechen.
Diese Rettungswesten sind wie folgt gekennzeichnet:

„Spezialweste (Achtung: ohnmachtssicher nach Handauslösung) – DIN 7928
Name oder Zeichen des Herstellers bzw. Lieferers oder Importeurs
Typbezeichnung
Größe (Konfektionsgröße/Gewicht)
Baujahr (evtl. verschlüsselt)."

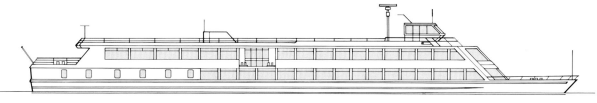
Ausflugsschiff auf dem Rhein

Teil IV

*Die Prüfung für Seenot-Signalmittel mit den amtlichen Fragen und Antworten**

> * Für diese Prüfung ist in Verbindung mit dem Bundesverkehrsministerium, Abt. Seeverkehr, der Leitfaden
> **Seenot-Signalmittel**
> erschienen.
> Busse Seewald Verlag

Die Prüfung für Seenot-Signalmittel

Die Prüfung für Seenot-Signalmittel

1. Allgemeines

Bei der Ausübung des Wassersports ist es im Falle von Notlagen von lebenswichtiger Bedeutung, andere in der Nähe befindliche Fahrzeuge oder Landstationen darauf aufmerksam zu machen.

Die zugelassenen Seenotsignale und ihre Anwendung enthält die KVR. Davon sind erlaubnispflichtig:

❶ Signalpistolen mit der entsprechenden Munition,

❷ Raketen bzw. Leuchtkugeln mit roten Sternen, Fallschirm-Leuchtraketen rot,

❸ orangefarbenes Rauchsignal in bestimmter Form.

Dem Waffengesetz unterliegt die Signalpistole mit der entsprechenden Munition (Nr. 1).
Dem Sprengstoffgesetz unterliegen alle übrigen pyrotechnischen Seenotsignale (Nr. 2 und 3).
Für den Besitz von Signalpistolen und der dazugehörigen Munition ist eine Waffenbesitzkarte bzw. ein Munitionserwerbsschein erforderlich; zum Erwerb, zum Umgang und zur Beförderung der pyrotechnischen Signalmittel (Nr. 2 und 3) ist eine Erlaubnis erforderlich. Zuständig für die Ausstellung dieser Scheine bzw. der Erlaubnis ist die jeweilige Ordnungsbehörde. Für den Erwerb der Waffenbesitzkarte und des Munitionserwerbsscheines ist u. a. ein Sachkundenachweis, für die Erlaubnis ist u. a. ein Fachkundenachweis erforderlich. Der Sach- und der Fachkundenachweis

kann durch eine bestandene Prüfung nachgewiesen werden. Für Wassersportler, die **nur** die Berechtigung zur Verwendung der unter Nr. 1–3 aufgeführten Seenot-Signalmittel erwerben wollen, ist eine einheitliche erleichterte Prüfung eingeführt worden, die im Zusammenhang mit der Führerscheinprüfung abgelegt werden kann. Nach Ablegung der Prüfung wird die Berechtigung durch Aushändigung eines Sachkundezeugnisses (Prüfungsnachweis) oder durch folgenden Eindruck im Führerschein vermerkt: „Befreit nach §1 Abs. 3 Erste SprengV, für Signalwaffen sachkundig nach §31 Abs. 1 WaffenG." Bei Inhabern von **vor dem 1. April 1979** ausgestellten amtlichen Motor- bzw. Sportbootführerscheinen sind die Vorsitzenden der Prüfungsausschüsse berechtigt, den Stempel im Führerschein anzubringen bzw. das Sachkundezeugnis auszustellen, wenn glaubhaft nachgewiesen wird, daß der Inhaber des Führerscheins entsprechend unterwiesen bzw. geschult wurde. Das gilt ausschließlich für Führerscheine, die durch eine Prüfung erworben wurden.
Das Sachkundezeugnis bzw. der Eindruck berechtigen zum Erwerb der zugelassenen Seenotsignalmittel (siehe Frage 38).

2. Die theoretische Prüfung

Die Prüfung für Seenot-Signalmittel ist freiwillig. Für die Abnahme der Prüfung sind zuständig:

● für den Sportbootführerschein – See und den Sportbootführerschein – Binnen die Prüfungsausschüsse des DMYV und des DSV (siehe Anlagen 1 und 2),

● für die verschiedenen Führerscheine des Deutschen Segler-Verbandes die jeweils zuständigen Prüfungsausschüsse des Deutschen Segler-Verbandes,

● für die verschiedenen Führerscheine des Deutschen Motoryachtverbandes die jeweils zuständigen Prüfungsausschüsse des Deutschen Motoryachtverbandes,

● für das Sporthochseeschiffer-Zeugnis die amtlichen Prüfungsausschüsse bei den Seefahrtsschulen,

● für den Nachweis der Deutschen Lebensrettungsgesellschaft deren Prüfungskommission und

● für den Nachweis der Deutschen Gesellschaft zur Rettung Schiffbrüchiger deren Prüfungsausschuß.

Der Bewerber für die freiwillige Prüfung für Seenot-Signalmittel, die gleichzeitig mit den vorstehenden Führerscheinen, Zeugnissen und Ausweisen, aber auch später abgenommen werden kann, muß den theoretischen Prüfungsstoff beherrschen, der durch den Fragenkatalog mit 48 amtlichen Fragen und Antworten umrissen ist. In der praktischen Prüfung muß der Bewerber anhand von Übungsmodellen erfolgreich nachweisen, daß er zur Handhabung der Seenot-Signalmittel fähig ist.

186

3. Die amtlichen Fragen und Antworten

A. Allgemeines

1. Was versteht man unter pyrotechnischen Seenotsignalen?
Antwort:
Notsignale, welche mit Hilfe explosionsgefährlicher Stoffe ausgelöst werden.

2. Welche pyrotechnischen Seenotsignale unterliegen dem Waffengesetz?
Antwort:
Die Signalpistole und die hierfür bestimmte Munition.

3. Welche pyrotechnischen Seenotsignale unterliegen dem Sprengstoffgesetz?
Antwort:
Alle pyrotechnischen Seenotsignale, die nicht aus einer Signalpistole abgeschossen werden, wie Signalraketen, Fallschirmsignalraketen, Handfackeln und Rauchsignale.

4. Welche pyrotechnischen Seenotsignale kennen Sie?
Antwort:
Signalraketen rot
Fallschirmsignalraketen rot
Handfackeln rot
Rauchsignale orange
Lichtrauchsignale

5. Welche Farbe haben pyrotechnische Seenotsignale?
Antwort:
Rot mit Ausnahme des Rauchsignals, das orangefarbenen Rauch entwickelt.

6. Wann dürfen pyrotechnische Seenotsignale verwendet werden?
Antwort:
Nur im Seenotfall, d. h., wenn angezeigt werden soll, daß Gefahr für Leib oder Leben der Besatzung und daher die Notwendigkeit zur Hilfe besteht.

7. Was ist bei allen steigenden Seenotsignalen unbedingt zu beachten?
Antwort:
1. Auf freies Schußfeld achten,
2. Signal senkrecht in Schußrichtung nach oben halten,
3. beim Handhaben und Abfeuern nicht auf Personen richten und selbst nicht mit Körperteilen vor die Mündung kommen,
4. nicht an Versagern hantieren, sondern diese über Bord werfen.

8. Worin liegt die Gefährlichkeit pyrotechnischer Gegenstände?
Antwort:
Es besteht Explosions-, Feuer- und Verletzungsgefahr.

9. Welche pyrotechnischen Seenotsignale dürfen Sie nur verwenden?
Antwort:
Die Signalpistole Kaliber 4 (26,5 mm) und die von der Physikalisch-Technischen Bundesanstalt (PTB) zugelassenen Signalwaffen einschließlich Munition bzw. die von der Bundesanstalt für Materialprüfung (BAM) zugelassenen sonstigen Notsignale.

10. Was für Vorteile haben Signalraketen bzw. Signalpatronen, die mit Fallschirmen ausgerüstet sind, gegenüber Signalsternen?
Antwort:
Wegen geringerer Sinkgeschwindigkeit (5 m/s) ist eine längere Brenndauer möglich; dadurch haben sie einen höheren Aufmerksamkeitswert.

11. Worüber sollten Sie sich sofort nach dem Erwerb pyrotechnischer Seenotsignale informieren?
Antwort:
Gebrauchsanweisung sorgfältig bis zu Ende lesen, und nicht erst im Notfall.

12. Wie lang ist die Verbrauchsdauer pyrotechnischer Seenotsignale bei sachgemäßer Lagerung?
Antwort:
Soweit auf dem einzelnen Gegenstand nichts anderes vermerkt ist, 2 bzw. 3 Jahre.

13. Woraufhin sind pyrotechnische Seenotsignale ständig zu überwachen, damit die Funktionsfähigkeit gewährleistet ist?
Antwort:
1. Herstellungsdatum bzw. Verbrauchsdauer beachten,
2. auf Korrosion oder Beschädigung achten.

14. Was verkürzt die Verbrauchsdauer pyrotechnischer Seenotsignale bzw. macht sie evtl. gefährlicher?
Antwort:
1. Feuchtigkeit,
2. Korrosion,
3. hohe Lagertemperaturen,
4. mechanische Beschädigung.

Die Prüfung für Seenot-Signalmittel

15. Wie sind pyrotechnische Seenotsignale während der Fahrt aufzubewahren?

Antwort:

1. Kühl und trocken,
2. leicht zugänglich in unverschlossenen Behältern.

16. Wie sind pyrotechnische Seenotsignale an Bord, im Hafen und an Land aufzubewahren?

Antwort:

1. Kühl und trocken,
2. dem Zugriff Unbefugter entzogen.

17. Was machen Sie mit überlagerten pyrotechnischen Seenotsignalen?

Antwort:

Über den Handel zurückgeben oder Delaborierbetrieben übergeben. Keinesfalls als Feuerwerkskörper verwenden.

18. Wem dürfen Seenotsignale überlassen werden?

Antwort:

Nur berechtigten Personen im Sinne des Waffen- und Sprengstoffrechts.

19. Was haben Sie nach dem Erwerb einer erlaubnispflichtigen Signalpistole zu tun?

Antwort:

Innerhalb von 2 Wochen nach dem Erwerb habe ich der zuständigen Behörde den Erwerb schriftlich anzuzeigen und die Waffenbesitzkarte zur Eintragung des Erwerbs vorzulegen.

20. Was müssen Sie tun, wenn Ihnen Signalmittel oder Waffen abhanden kommen?

Antwort:

Den Verlust der zuständigen Ordnungsbehörde unverzüglich anzeigen.

21. Dürfen Sie Seenotsignalmittel in öffentlichen Verkehrsmitteln befördern?

Antwort:

Nein.

B. Zusätzliche Fragen für den Erwerb einer Waffenbesitzkarte nach dem Waffengesetz

22. Für welche Signalwaffen benötigen Sie eine Erlaubnis der zuständigen Behörde?

Antwort:

Für Signalwaffen mit einem Patronenlager von mehr als 12 mm Durchmesser.

23. Welche Signalwaffen können frei erworben und mitgeführt werden?

Antwort:

Signalwaffen mit dem Zulassungszeichen der Physikalisch-Technischen Bundesanstalt (PTB).

24. Wozu berechtigt eine Waffenbesitzkarte?

Antwort:

Zum Erwerb einer Signalpistole, zu ihrer bestimmungsgemäßen Verwendung in einer Notlage, zur Aufbewahrung in der Wohnung und zum Transport einer nicht schußbereiten und nicht zugriffsbereiten Signalpistole von einer Wohnung zu einem Sportboot und zurück.

Zur Mitnahme und zur Aufbewahrung an Bord berechtigt die Waffenbesitzkarte nicht, wenn das Boot nicht über Einrichtungen verfügt, die ein Wohnen (z. B. einen Aufenthalt zur Freizeitbeschäftigung und ähnlichem) auf ihm gestatten.

Verfügt das Boot nicht über solche Einrichtungen, so bedarf es zusätzlich eines Waffenscheines.

25. Worin liegt der wesentliche Unterschied zwischen einem Waffenschein und einer Waffenbesitzkarte?

Antwort:

Ein Waffenschein berechtigt abweichend von der Waffenbesitzkarte zum Führen einer Schußwaffe in der Öffentlichkeit.

26. Bei welcher Behörde ist eine Waffenbesitzkarte zu beantragen?

Antwort:

Bei der zuständigen Ordnungsbehörde.

27. Welche Voraussetzungen müssen gegeben sein, um eine Waffenbesitzkarte erwerben zu können?

Antwort:

Der Bewerber muß

– das 18. Lebensjahr vollendet haben,
– zuverlässig, sachkundig und körperlich geeignet sein,
– und es muß ein Bedürfnis vorliegen.

28. Wie kann ein Wassersportler nachweisen, daß ein Bedürfnis für den Erwerb einer Signalpistole vorliegt?

Antwort:

Durch genaue Angabe des Verwendungszwecks und durch Vorlage von Unterlagen, aus denen der Besitz eines seegängigen Wasserfahrzeugs (Kaufvertrag, Chartervertrag, Versicherungspolice, Standerschein, Internationaler Bootsschein usw.) oder die Verwendung für Lehr- und Prüfungszwecke hervorgehen.

29. Welche behördlichen Papiere oder Erlaubnisse berechtigen zum Erwerb von erlaubnispflichtiger pyrotechnischer Munition?

Antwort:

Die Waffenbesitzkarte mit Munitionserwerbsberechtigung oder der Munitionserwerbsschein.

Fragen und Antworten

30. Mit welchen Zeichen ist die Signalmunition gekennzeichnet?
Antwort:
1. Bezeichnung der Munition und der Verbrauchsdauer.
2. Bei Seenotsignalen rot durchgehende Rändelung des Patronenbodens und roter Lackverschlußdeckel.

31. Welche Ausweispapiere sind beim Führen einer Signalpistole mitzuführen?
Antwort:
Der Personalausweis, Paß oder Dienstausweis, die Waffenbesitzkarte und erforderlichenfalls der Waffenschein.

32. Wie ist eine Signalpistole an Bord eines Wassersportfahrzeuges aufzubewahren?
Antwort:
Es sind Vorkehrungen zu treffen, um zu verhindern, daß die Signalpistole abhanden kommt oder Dritte sie unbefugt an sich nehmen.

33. Wie ist pyrotechnische Munition zu lagern?
Antwort:
Möglichst originalverpackt, kühl und trocken und dem Zugriff Unbefugter entzogen.

34. Welche Steighöhe und Leuchtdauer haben Fallschirmsignalpatronen?
Antwort:
Steighöhe mindestens 300 m, Leuchtdauer mindestens 30 Sekunden.

35. Wie verhalten Sie sich bei Versagern?
Antwort:
Waffe in Schußrichtung belassen, über Kopf erneut spannen und nochmals abschießen.
Bei erneutem Versagen die Waffe mit nach oben gerichtetem Lauf außenbords öffnen und den Versager herausgleiten lassen.

36. Erläutern Sie die Handhabung der Signalpistole im Notfall.
Antwort:
Bei abwärts gerichteter Mündung Waffe öffnen, Patrone einführen, Waffe schließen, Waffe über Augenhöhe heben, Hahn spannen, schießen.

C. Zusätzliche Fragen für den Erwerb, die Aufbewahrung und die Verwendung von pyrotechnischen Notsignalen nach dem Sprengstoffgesetz

37. Welche pyrotechnischen Seenotsignale können erlaubnisfrei erworben, aufbewahrt und verwendet werden?
Antwort:
Die der Unterklasse T1, d. h. Handfackeln rot und bestimmte Rauchsignale von jedem, der das 18. Lebensjahr vollendet hat.

38. Welche erlaubnispflichtigen pyrotechnischen Seenotsignale dürfen Wassersportler mit einem im Führerschein eingedruckten Befreiungsvermerk erwerben?
Antwort:
Die der Unterklasse T2, d. h. Signalraketen rot, Fallschirmsignalraketen rot und bestimmte Rauchsignale.

39. Woran erkennen Sie an einem pyrotechnischen Seenotsignal, um welche Unterklasse es sich handelt?
Antwort:
Am Zulassungszeichen: BAM-PT1 oder BAM-PT2.

40. Wer darf pyrotechnische Seenotsignale der Klasse T verwenden?
Antwort:
Jeder, der damit anzeigen will, daß ein Seenotfall vorliegt, d. h., daß Gefahr für Leib oder Leben der Besatzung und daher die Notwendigkeit zur Hilfe besteht.

41. Wie lang ist die Brenndauer einer Seenot-Handfackel?
Antwort:
Ihre Brenndauer beträgt 30 bis 60 Sekunden.

42. Welche Arten von Zündern werden bei Seenot-Handfackeln gewöhnlich verwendet, und wie funktionieren sie?
Antwort:
1. Reibkopf-Zündung – funktioniert wie ein Streichholz, das mit Verzögerung oder direkt den Leuchtsatz zündet.
2. Reißzünder – ein Draht im Inneren wird durch einen reibempfindlichen Satz gezogen, Weiterzündung wie 1.

43. Was ist sicherheitstechnisch bei der Verwendung von Seenot-Handfackeln zu beachten?
Antwort:
1. Gebrauchsanweisung beachten.
2. In jedem Fall die brennenden Fackeln grundsätzlich nach Lee waagerecht so halten, daß versprühende Ascheteile keine Verletzungen (Hand, Augen) verursachen oder das Fahrzeug beschädigen.

44. Beschreiben Sie den allgemeinen Aufbau eines Rauchsignals!
Antwort:
In einem Behälter befindet sich ein Zünder (meist Reißzünder) mit Verzögerung, der mindestens 4 Minuten lang orangefarbenen Rauch abgibt.

Die Prüfung für Seenot-Signalmittel

45. Was ist bei der Verwendung von Rauchsignalen zu beachten?
Antwort:
Rauchsignale nur am Tage und bei geringen Windstärken gebrauchen. Die Zündung erfolgt durch Reißschnur, die unter einer abschraubbaren Schutzkappe liegt. Nach der Zündung ist das Rauchsignal zur Leeseite außenbords zu werfen.

46. Was wissen Sie über Steighöhe und Brenndauer von Signalraketen?
Antwort:
Steighöhe 100 bis 300 m, Brenndauer mindestens 30 Sekunden.

47. Fallschirmsignalraketen und Handfackeln sind bei klarem Wetter unterschiedlich weit zu sehen. Welche Signale verwenden Sie den Umständen entsprechend?
Antwort:
Fallschirmsignalraketen, um ein entferntes Fahrzeug auf eine Notlage aufmerksam zu machen und grob in die Richtung einzuweisen; Handfackeln, um die genaue Position bei größerer Annäherung kenntlich zu machen.

48. Dürfen Sie pyrotechnische Gegenstände selbst herstellen und bearbeiten?
Antwort:
Nein, nur als Inhaber einer Erlaubnis nach dem Sprengstoffgesetz.

4. Die praktische Prüfung

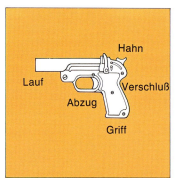

4.1. Signalpistole

4.1.1. Laden   **4.1.2. Schließen**   **4.1.3. Spannen**   **4.1.4. Schießen**   **4.1.5. Entladen nach Schießen bzw. nach Versagen**

Die praktische Prüfung

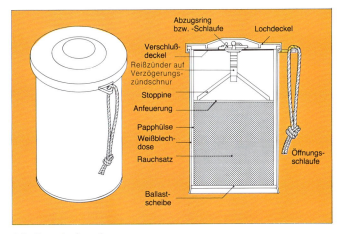

4.2 Rauchsignal, orange

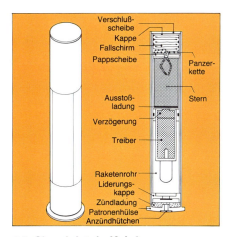

4.3 Signalpistole Kal. 4,
    Signalpatrone mit Einstern, rot

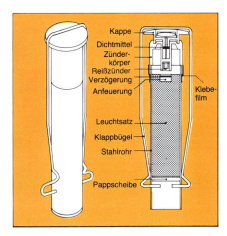

4.4 Handfackel, rot

Die Pfalz bei Kaub auf der Rheininsel Pfalzgrafenstein

Anhang

1. Prüfungsausschüsse des Deutschen Motoryachtverbandes für den Sportbootführerschein – Binnen

1 ✳ Aurich: Dieter **Böse,** Am Waldrand 4, 2950 Leer, Tel. 04 91 / 23 53;

2 Baden-Baden: Klaus **Büchler,** Geschäftsstelle Bärbel Budde, Hornisgrindestraße 85a, 7597 Rheinau 3, Tel. 0 72 21 / 2 38 62;

3 Bamberg: Wolfgang **Haas,** Carl-Burger-Str. 24, 8580 Bayreuth, Tel. 09 21 / 6 55 98 und 6 51 59;

4 Berlin: Herbert **Wichert,** Schulzendorfer Str. 31, 1000 Berlin 28, Tel. 0 30 / 4 04 10 75;

5 Bielefeld: Hans **Matzeit,** Pommernweg 3, 4800 Bielefeld 11, Tel. 0 52 05 / 49 87;

6 Bremen: Heiko **Lauterbach,** Im Kifkenbruch 2a, 2820 Bremen 70, Tel. 04 21 / 55 63 58;

7 Darmstadt: Armin **Nagel,** Weissheimer Str. 6, 6520 Worms/Rhein, Tel. 0 62 41 / 66 81

8 Deggendorf: Gottfried **Vornehm,** Mittelfeldstr. 7, 8360 Deggendorf, Tel. 09 91 / 85 52;

9 Düsseldorf: Paul **Rusche,** Hermann-Unger-Allee 26 – 28, 4005 Meerbusch 1, Tel. 0 21 05 / 1 01 52;

10 Freiburg: Hans E. **Kammerer,** Maria-Theresia-Str. 2 – 4, 7800 Freiburg, Tel. 07 61 / 7 08 64 12;

11 ✳ Hamburg: Kurt **Meuthien,** Beim Schlump 2, 2000 Hamburg 13, Tel. 0 40 / 4 10 14 41;

12 ✳ Hannover: Gerhard **Kallmeyer,** Hildesheimer Str. 409, 3000 Hannover 81, Tel. 05 11 / 86 12 09;

13 Kassel: Rolf **Dittschar,** Kölnische Str. 7, 3500 Kassel, Tel. 05 61 / 1 62 52;

14 ✳ Kiel: Gerhard **Schröder,** Kleiner Eiderkamp 5, 2300 Kiel-Schulensee, Tel. 04 31 / 65 18 20;

15 Koblenz: Wolfgang **Bleser,** Ravené-Str. 53, 5590 Cochem/Mosel, Tel. 0 26 71 / 36 34;

16 Köln: Heinz **Breidenbach,** Elsdorfer Gasse 30, 5000 Köln 90, Tel. 0 22 03 / 8 62 95;

17 ✳ Lübeck: Fred **Steppat,** Moorredder 45, 2400 Lübeck-Travemünde, Tel. 0 45 02 / 7 26 95;

18 Mannheim: Robert **Grünewald,** Pfalzplatz 22, 6800 Mannheim 1, Tel. 06 21 / 81 34 44;

19 ✳ München: Werner **Richter,** Herbststraße 3, 7918 Illertissen, Tel. 0 73 03 / 34 49 und 4 25 16;

20 Münster: Heinrich **Palmer,** Lange Kuhle 82, 4400 Münster, Tel. 0 25 01 / 5 86 37;

21 Nürnberg: Georg **Hirsch,** Lilienstr. 15, 8502 Zirndorf, Tel. 09 11 27 / 15 87

22 Offenbach: Heinz **Brümmer,** Marienstr. 28, 6053 Obertshausen, Tel. 0 61 04 / 4 12 39;

23 Osnabrück: Erhard **Duvendack,** Lilienstr. 18, 4504 Georgsmarienhütte, Tel. 0 54 01 / 4 21 37;

24 Regensburg: Dipl.-Ing. Josef **Humig,** Stadtamhof 2, 8400 Regensburg, Tel. 09 41 / 8 13 56 - 57;

25 Saarlouis: Peter **Baum,** Schillerstr. 26, 6648 Wadern, Tel. 0 68 71 / 36 28;

26 Schweinfurt: Georg **Spörlein,** Untere Weinbergsleite 27, 8724 Marktsteinach, Tel. 0 97 27 / 15 23;

27 Stuttgart: Max **Schneider,** Leinbachstr. 11, 7100 Heilbronn-Neckargartach, Tel. 0 71 31 / 2 12 53;

28 Trier: Günter **Marchand,** Bergstr. 71a, 5500 Trier, Tel. 06 51 / 7 39 67;

29 Wetzlar: Hubert **Winter,** Bahnhofstr. 7, 6330 Wetzlar, Tel. 0 64 41 / 4 66 66;

30 ✳ Wiesbaden: Heinz-Rudolf **Thoelen,** Moritzstraße 28, 6200 Wiesbaden, Tel. 06 11 / 30 19 28;

31 Würzburg: Rudolf **Höhn,** Innerer Graben 20, 8700 Würzburg, Tel. 09 31 / 5 32 73;

33 Potsdam: Jonny **Nowack,** Berliner Str. 26, O-1560 Potsdam, Tel. 03 31 / 2 47 68;

✳ gleichzeitig PA für den Sportbootführerschein – See

2. Prüfungsausschüsse des Deutschen Segler-Verbandes für den Sportbootführerschein – Binnen

Landesverband	Prüfungsausschüsse		
	Vorsitzender	Geschäftsstelle	Geschäftszeiten
Baden-Württemberg	**1. Bodensee** Gerald **Mondon**	Fritz Bretzel Postfach 41 63 Starenweg 1 7994 Langenargen Tel. 0 75 43 / 12 50	Mo.–Fr. 8.30–11.30 Uhr Mo.–Fr. 13.00–16.30 Uhr Sa. 8.30–12.00 Uhr
	2. Oberrhein Wilhelm **Hempelmann**	Postfach 208 Moselstr. 4 7514 Eggenstein Tel. 0 72 47 / 2 15 66	Mo.–Di. 9.00–12.00 Uhr Do.–Fr. 17.00–21.00 Uhr
	3. Stuttgart Wolfgang **Honndorf**	Hauptstr. 117 7000 Stuttgart 80 Tel. 07 11 / 73 95 08	telefonisch: 07 11 / 73 95 08
Bayern	**4. München** Eberhard **Schuster**	Dichtlstr. 2 8000 München 21 Tel. 0 89 / 58 13 15	Mo./Mi./Do. 8.00–12.00 Uhr
	5. Bayern-West Helmut **Beichl**	Frau A. Beichl Zur Weihersenke 5 8036 Herrsching Tel. 0 81 52 / 81 35	telefonisch: 0 81 52 / 81 35
Berlin	**6. Berlin** Guntram **Goebel**	c/o Berliner Segler-Verband Bismarckallee 2 1000 Berlin 33 Tel. 0 30 / 8 91 50 15	Mo./Mi./Do. 9.00–15.00 Uhr
Brandenburg	**7. Berlin** Guntram **Goebel**	c/o Berliner Segler-Verband 1000 Berlin 33 Bismarckallee 2 Tel. 0 30 / 8 91 50 15	Mo./Mi./Do. 9.00–15.00 Uhr
Bremen	**8. ✤ Bremen** Hans Georg **Logemann**	Im Kifkenbruch 2a 2820 Bremen 70 Tel. 04 21 / 66 11 60	Di. 10.00–14.00 Uhr Mi. + Do. 16.00–19.00 Uhr
Hamburg	**9. Hamburg** I. **Hülsen**	Frau Hülsen Gründgensstr. 18 2000 Hamburg 60 Tel. 0 40 / 63 20 09 89	Mo.–Fr. 9.00–12.00 Uhr
Hessen	**10. Hessen** E. **Koltzsch**	Mathildenstr. 6 6050 Offenbach/Main Tel. 0 69 / 8 00 10 35	Mi. 18.00–20.30 Uhr

Landesverband	Prüfungsausschüsse		
	Vorsitzender	Geschäftsstelle	Geschäftszeiten
Mecklenburg-Vorpommern	**11. Rostock** Hans-Wolfgang **Weinert**	Putbuser Straße 3 O-2520 Rostock 25	Tel. über Stralsund 0 38 31 / 69 22 15
	12. Schwerin Axel **Kattler**	Burgstraße 20 O-2756 Schwerin	Tel. über 03 85 / 5 81 32 44 - 45
Niedersachsen	**13. Niedersachsen-Nord** Johann A. **Bremer**	Frau Gisela Stichtenoth Ammerländer Heerstr. 275a 2900 Oldenburg Tel. 04 41 / 7 77 57 62	Mo.–Fr. 8.00–12.00 Uhr
	14. Hannover Hansgeorg **Oester**	Fischerweg 53 3050 Wunstorf 2 Tel. 0 50 33 / 54 35	Mo. + Fr. 8.00–12.00 Uhr
	15. Ostfriesland Jürgen **Brandenburg**	Postfach 2008 2960 Aurich Tel. 0 49 41 / 70 65	Mo.–Fr. 8.00–16.00 Uhr
Nordrhein-Westfalen	**16. Aachen** Georg **Wolf**	César-Franck-Str. 8 5100 Aachen Tel. 02 41 / 7 59 58	Mo.–Do. 10.00–12.00 Uhr Mo.–Do. 14.00–17.00 Uhr Fr. 10.00–12.00 Uhr
	17. Attendorn Karl-Heinz **Prinz**	Hohenhagen 3 5952 Attendorn Tel. 0 27 22 / 75 85	Di. 9.00–11.00 Uhr Mi. 15.00–17.00 Uhr Do.–Sa. 9.00–11.00 Uhr
	18. Bielefeld Uwe **Petersen**	Telgenbrink 146 4800 Bielefeld Tel. 05 21 / 8 37 77	Di. + Do. 8.30–12.00 Uhr
	19. Bochum Erich **Brauckmann**	Blumenau 7 4630 Bochum-Querenburg Tel. 02 34 / 70 57 96	Di. + Do. 11.00–17.00 Uhr Mi. 11.00–13.00 Uhr
	20. Köln-Bonn Egon **Becker**	Fr. Margrit Jansen Frechener Str. 78 5040 Brühl-Vochem Tel. 0 22 32 / 2 42 80	Mo. + Do. 15.00–17.00 Uhr
	21. Möhnesee Hans **Wevering**	Frau Midderhoff Stadt Arnsberg 5760 Arnsberg 1	Tel. 0 29 32 / 20 16 12 Mo./Do./Fr. 8.30–11.30 Uhr Di. 8.30–16.00 Uhr Tel. 0 29 32 / 3 91 97 Mo.–Fr. 12.30–18.00 Uhr außer Dienstag
	22. Münster Heinz Adolf **König**	Delpstraße 63 4400 Münster Tel. 02 51 / 7 37 18	Mo.–Fr. 8.00–10.00 Uhr

Landesverband	Prüfungsausschüsse		
	Vorsitzender	Geschäftsstelle	Geschäftszeiten
	23. Rhein-Ruhr Eberhard **Dreyer**	Königstr. 61 (Merkatorhaus) 4100 Duisburg Tel. 02 03 / 33 27 23 u. 33 39 77	Mo.–Do. 8.30–17.00 Uhr Fr. 8.30–15.00 Uhr
	24. Unterbacher See Dieter **Buchholz**	Herr Wolff Postfach 22 01 47 4000 Düsseldorf 12 Tel. 02 11 / 8 99 20 94	Mo.–Do. 8.00–16.00 Uhr Fr. 8.00–14.30 Uhr
Nürnberg/Ausland	**25. Nürnberg** Heinrich **Schmitz**	Jegelstraße 1 8508 Wendelstein Tel. 0 91 29 / 38 62	Mo.–Fr. 9.00–13.00 Uhr
Rheinland-Pfalz	**26. Rheinland-Pfalz** Otto **Schütze**	Winninger Str. 47 5400 Koblenz/Mosel Tel. 02 61 / 2 58 46	Mo.–Fr. 9.00–12.00 Uhr
Saarland	**27. Saarbrücken** Ludwig **Benn**	Rußhütterstr. 65 6600 Saarbrücken Tel. 06 81 / 7 17 73	Mo. + Do. 8.00–10.00 Uhr Mo. + Do. 19.00–21.00 Uhr
Sachsen	**28. Leipzig** Uwe **Böhme**	Karl-Tauchnitz-Straße 21 O-7010 Leipzig Tel. 03 41 / 2 11 43 49	Mo. nachm. Di. + Mi.
Sachsen-Thüringen	**29. Cottbus/Dresden** Prof. Dr. Karlheinz **Graf**	Finsterwalder Straße 5 O-7500 Cottbus	telefonisch: 03 55 / 42 18 83
Schleswig-Holstein	**30. ✽ Flensburg** Werner **Ross**	Frau Hansen Philosophenweg 1 2392 Glücksburg Tel. 0 46 31 / 72 04	Mo.–Fr. 9.00–11.00 Uhr
	31. Kiel Dr. Olaf **Kulpe** Tel. 04 31 / 53 13 66	Frau Reimers Starweg 37 Olympiahafen Schilksee 2300 Kiel 17 Tel. 04 31 / 37 18 46	Di. + Do. 9.00–12.00 Uhr
	32. Lübeck Heinrich **Siemers**	Frau Arndt Mengstr. 32 2400 Lübeck 1 Tel. 04 51 / 7 47 10	Mo./Di./Mi. 8.30–12.30 Uhr Do. 14.30–18.30 Uhr

✽ gleichzeitig PA für Sportbootführerschein–See

3. Wasser- und Schiffahrtsbehörden

3.1 Süd

Wasser- und Schiffahrtsdirektion Süd, Wörthstraße 19, **8700 Würzburg 1,** Telefon 09 31 / 41 05 - 1
Wasser- und Schiffahrtsamt **Aschaffenburg,** Obernauer Straße 6, 8750 Aschaffenburg, Telefon 0 60 21 / 2 13 43
Wasser- und Schiffahrtsamt **Schweinfurt,** Mainberger Straße 8, 8720 Schweinfurt, Telefon 0 97 21 / 12 05
Wasser- und Schiffahrtsamt **Nürnberg,** Marientorgraben 1, 8500 Nürnberg, Telefon 09 11 / 20 00 - 1
Wasser- und Schiffahrtsamt **Regensburg,** Erlanger Straße 1, 8400 Regensburg, Telefon 09 41 / 8 00 71

3.2 Südwest

Wasser- und Schiffahrtsdirektion Südwest, Brucknerstraße 2, **6500 Mainz 31,** Telefon 0 61 31 / 9 79 - 0
Wasser- und Schiffahrtsdirektion **Südwest, Außenstelle Freiburg,** Stefan-Meier-Straße 4–6, 7800 Freiburg i. Br., Telefon 07 61 / 27 18 - 0
Wasser- und Schiffahrtsamt **Mannheim,** 6800 Mannheim 1, C 8, 3, Telefon 06 21 / 15 05 - 0
Wasser- und Schiffahrtsamt **Bingen,** Schloßstraße 36, 6530 Bingen, Telefon 0 67 21 / 3 20 16 - 7
Wasser- und Schiffahrtsamt **Koblenz,** Mainzer Straße 20, 5400 Koblenz, Telefon 02 61 / 88 55
Wasser- und Schiffahrtsamt **Trier,** Pacelliufer 16, 5500 Trier, Telefon 06 51 / 3 10 21 - 24
Wasser- und Schiffahrtsamt **Saarbrücken,** Bismarckstraße 133, 6600 Saarbrücken, Telefon 06 81 / 60 02 - 1
Wasser- und Schiffahrtsamt **Freiburg,** Stefan-Meier-Straße 4–6, 7800 Freiburg, Telefon 07 61 / 27 18 - 0
Wasser- und Schiffahrtsamt **Stuttgart,** Birkenwaldstraße 38, 7000 Stuttgart, Telefon 07 11 / 22 13 77
Wasser- und Schiffahrtsamt **Heidelberg,** Hans-Böckler-Straße 3, 6900 Heidelberg, Telefon 0 62 21 / 1 30 35

3.3 Mitte

Wasser- und Schiffahrtsdirektion Mitte, Am Waterlooplatz 5, **3000 Hannover 1,** Telefon 05 11 / 1 60 21
Wasser- und Schiffahrtsamt **Hann.-Münden,** Kasseler Straße 5, 3510 Hann.-Münden, Telefon 0 55 41 / 40 71 - 73
Wasser- und Schiffahrtsamt **Verden,** Hohe Leuchte 30, 2810 Verden, Telefon 0 42 31 / 8 98 - 0
Wasser- und Schiffahrtsamt **Minden,** Am Hohen Ufer 1, 4950 Minden, Telefon 05 71 / 4 02 - 1
Wasser- und Schiffahrtsamt **Braunschweig,** Ludwig-Winter-Straße 5, Telefon 05 31 / 86 00 21 - 23
Wasser- und Schiffahrtsamt **Uelzen,** Greyerstraße 12, 3110 Uelzen, Telefon 05 81 / 1 70 01 - 03

3.4 West

Wasser- und Schiffahrtsdirektion West, Cheruskerring 11, **4400 Münster,** Telefon 02 51 / 27 08 - 1
Wasser- und Schiffahrtsamt **Köln,** An der Münze 8, 5000 Köln, Telefon 02 21 / 73 46 86
Wasser- und Schiffahrtsamt **Duisburg-Rhein,** Königstraße 84, 4100 Duisburg 17, Telefon 0 21 36 / 2 02 - 1
Wasser- und Schiffahrtsamt **Duisburg-Rhein,** Außenstelle Wesel, Fischertorstraße 1, 4230 Wesel, Telefon 02 81 / 2 38 27
Wasser- und Schiffahrtsamt **Duisburg-Meiderich,** Emmericher Straße 201, 4100 Duisburg 12, Telefon 02 03 / 42 70 91
Wasser- und Schiffahrtsamt **Rheine,** Münsterstraße 75–77, 4440 Rheine, Telefon 0 59 71 / 5 02 75
Wasser- und Schiffahrtsamt **Rheine,** Außenstelle Hamm, Adenauer-Allee 1, 4700 Hamm, Telefon 0 23 81 / 2 90 75 - 76
Wasser- und Schiffahrtsamt **Meppen,** Herzog Arenberg Straße, 4470 Meppen, Telefon 0 59 31 / 70 41 - 44

3.5 Nordwest✻

Wasser- und Schiffahrtsdirektion Nordwest, Schloßplatz 9, **2960 Aurich,** Telefon 0 49 41 / 42 71 - 42 75
Wasser- und Schiffahrtsdirektion Nordwest, Außenstelle Bremen, Franziuseck 5, 2800 Bremen, Telefon 04 21 / 55 50 61

✻ soweit für die Binnenschiffahrtsstraßen zuständig

3.6 Nord✳

Wasser- und Schiffahrtsdirektion **Nord,** Hindenburgufer 247, **2300 Kiel,** Telefon 04 31 / 3 85 - 1
Wasser- und Schiffahrtsdirektion Nord – Außenstelle Rostock –, Patriotischer Weg 120, O-2500 Rostock 1, Telefon 3 83 23 60, 3 83 23 61
Wasser- und Schiffahrtsamt **Stralsund,** Frankendamm 28, O-2300 Stralsund, Telefon 0 37 69 / 23 80

3.7 Ost

Wasser- und Schiffahrtsdirektion Ost, z. Z. Poststraße 21/22, O-1020 Berlin, Telefon 55 23 40
Wasser- und Schiffahrtsamt **Dresden,** Moritzburger Straße 1, O-8023 Dresden, Telefon 0 51 / 43 72 41
Wasser- und Schiffahrtsamt **Magdeburg,** Wallstraße 19, O-3010 Magdeburg, Telefon 3 36 31
Wasser- und Schiffahrtsamt **Magdeburg – Außenstelle Halle –,** Wilhelm-Külz-Straße 22, O-4020 Halle, Telefon 0 46 / 2 55 88
Wasser- und Schiffahrtsamt **Magdeburg – Außenstelle Wittenberge –,** Bernhard-Remy-Straße 15, O-2900 Wittenberge, Telefon 09 85 46 / 38 37
Wasser- und Schiffahrtsamt **Lauenburg,** Grünstraße 16, 2058 Lauenburg, Telefon 0 41 53 / 23 00
Wasser- und Schiffahrtsamt **Lauenburg – Außenstelle Grabow –,** Karl-Marx-Straße 31, O-2804 Grabow, Telefon 09 85 26 / 23 65
Wasser- und Schiffahrtsamt **Brandenburg,** Beetzseeufer 3, O-1800 Brandenburg, Telefon 0 38 / 2 45 51
Wasser- und Schiffahrtsamt **Berlin,** Poststraße 21/22, O-1020 Berlin, Telefon 55 23 / 43 40
Wasser- und Schiffahrtsamt **Berlin – Außenstelle Fürstenwalde –,** Mühlenbrücken 2, O-1240 Fürstenwalde
Wasser- und Schiffahrtsamt **Eberswalde-Finow 1,** Hans-Beimler-Straße 1, O-1300 Eberswalde, Telefon 0 397 2 20 53
Wasser- und Schiffahrtsamt **Eberswalde – Außenstelle Zehdenick –,** O-1434 Zehdenick, Telefon 00 36 16 / 25 63

4. Wasserschutzpolizei

4.1 Baden-Württemberg
Wasserschutzpolizeidirektion Baden-Württemberg, 6800 Mannheim 1, Postfach 10 00 12, Telefon 06 21 / 1 74 - 37 60, 37 61
Wasserschutzpolizei Abschnitt Rhein, 6800 Mannheim 1, Werfthallenstraße 41, Postfach 10 00 12, Telefon 06 21 / 2 28 91
Wasserschutzpolizeirevier Kehl, 7640 Kehl 3, Hafenstraße 21, Postfach 12 41, Telefon 0 78 51 / 20 90
    Wasserschutzpolizeiposten Breisach, 7814 Breisach, Hafenstraße 1, Telefon 0 76 67 / 75 00
Wasserschutzpolizeirevier Karlsruhe, 7500 Karlsruhe 21, Werftstraße 8a, Postfach 21 14 48, Telefon 07 21 / 59 20 38 - 39
    Wasserschutzpolizeiposten Karlsruhe-Ölhafen, 7500 Karlsruhe 21 (Ölhafen-Hafengebäude), Postfach 21 14 48, Telefon 07 21 / 55 03 11

Wasserschutzpolizeirevier Mannheim, 6800 Mannheim 1, Werfthallenstraße 41, Postfach 10 00 12, Telefon 06 21 / 2 28 91
    Wasserschutzpolizeiposten Mannheim-Rheinauhafen, 6800 Mannheim 1, Graßmannstraße 3–5, Postfach 10 00 12, Telefon 06 21 / 89 24 33
    Wasserschutzpolizeiposten Mannheim-Feudenheim, 6800 Mannheim 1, Schleuse, Postfach 10 00 12, Telefon 06 21 / 79 69 60
Wasserschutzpolizei-Abschnitt Neckar, 7100 Heilbronn-Neckargartach, Böckinger Straße 111, Telefon 071 31 / 4 12 52
Wasserschutzpolizeirevier Heidelberg, 6900 Heidelberg 1, Bergheimer Straße 8, Telefon 0 62 21 / 52 05 40
    Wasserschutzpolizeiposten Eberbach, 6930 Eberbach, Rockenauer Straße 13, Telefon 0 62 71 / 53 54

Wasserschutzpolizeirevier Heilbronn, 7100 Heilbronn-Neckargartach, Böckinger Straße 111, Telefon 0 71 31 / 4 12 52
Wasserschutzpolizeirevier Stuttgart, 7000 Stuttgart 61 (Hedelfingen), Am Mittelkai 62, Telefon 07 11 / 89 90 - 51 41 u. 51 42
  Wasserschutzpolizeiposten Marbach, 7141 Benningen am Neckar, Mittleres Tal, Bei der Schleuse, Telefon 0 71 44 / 79 61
Wasserschutzpolizei-Abschnitt Bodensee, 7990 Friedrichshafen, Seestraße 7, Postfach 25 45, Telefon 0 75 41 / 7 01 - 0
Wasserschutzpolizeirevier Friedrichshafen, 7990 Friedrichshafen, Seestraße 7, Postfach 25 45, Telefon 0 75 41 / 7 01 - 0
  Wasserschutzpolizeiposten Langenargen, 7994 Langenargen, Obere Seestraße 2/1, Telefon 0 75 43 / 25 59
Wasserschutzpolizeirevier Konstanz, 7750 Konstanz, Seestraße 33a, Postfach 55 23, Telefon 0 75 31 / 20 93 43
  Wasserschutzpolizeiposten Reichenau, 7752 Insel Reichenau, An der Schiffslände 3, Telefon 0 75 34 / 2 21
Wasserschutzpolizeirevier Überlingen, 7770 Überlingen, Seepromenade 23, Postfach 16 42, Telefon 0 75 51 / 80 40
  Wasserschutzpolizeiposten Meersburg, 7758 Meersburg, Uferpromenade 7, Telefon 0 75 32 / 61 55

4.2 Bayern

Wasserschutzpolizeidirektion Bayern, 8500 Nürnberg, Rotterdamer Straße 2, Telefon 09 11 / 2 11 - 1
  Wasserschutzpolizeistation Nürnberg, 8500 Nürnberg, Rotterdamer Straße 2, Telefon 09 11 / 2 11 - 1
  Wasserschutzpolizeistation Aschaffenburg, 8750 Aschaffenburg, Werftstraße 1, Telefon 0 60 21 / 8 66 - 0
  Wasserschutzpolizeistation Lohr am Main, 8770 Lohr am Main, Hauptstraße 52, Telefon 0 93 52 / 90 71
  Wasserschutzpolizeistation Würzburg, 8700 Würzburg, Veitshöchheimer Straße 3/R, Telefon 09 31 / 3 84 - 1
  Wasserschutzpolizeistation Schweinfurt, 8720 Schweinfurt, Hafenstraße 20, Telefon 0 97 21 / 2 02 - 0
  Wasserschutzpolizeistation Bamberg, 8600 Bamberg, Schildstraße 81, Telefon 09 51 / 1 85 - 0
  Wasserschutzpolizeistation Deggendorf, 8360 Deggendorf, Uferplatz 2, Telefon 09 91 / 40 01
  Wasserschutzpolizeistation Passau, 8390 Passau, Regensburger Straße 16, Telefon 08 51 / 7 10 32
  Wasserschutzpolizeistation Regensburg, 8400 Regensburg, Budapester Straße 20, Telefon 09 41 / 5 06 - 0
  Wasserschutzpolizeistation Lindau (Bodensee), 8990 Lindau (Bodensee), Segelhafen 2, Telefon 0 83 82 / 27 76 - 0

4.3 Berlin

Wasserschutzpolizei, Leitung, 1000 Berlin 21, Neues Ufer 1, Telefon 0 30 / 3 45 20 57
  Wasserschutzpolizeiwache 1, 1000 Berlin 20, Mertensstraße 140, Telefon 0 30 / 3 35 24 94
Wasserschutzpolizeiwache 2, 1000 Berlin 21, Neues Ufer 1, Telefon 0 30 / 3 45 20 57
Nebenwache Teltowkanal, 1000 Berlin 46, Kaiser-Wilhelm-Straße 135, Telefon 0 30 / 7 77 - 6 06 86
Wasserschutzpolizeiwache 3, 1000 Berlin 38, Inselstraße 8, Telefon 0 30 / 8 03 80 34
Wache 4, O-1195 Berlin, Baumschulenstr. 1, Telefon 0 03 72 / 6 32 80 57 / 58
Nebenwache Schmöckwitz, O-1186 Berlin, Warnsdorfer Landstr., Telefon 0 03 72 / 6 85 85 96

4.4 Bremen✳

Wasserschutzpolizeiamt Bremen, Überseehafen, Hafenhaus, 2800 Bremen 1, Telefon 04 21 / 38 20 31
Wasserschutzpolizei Bremen, Station I, Überseehafen, Hafenhaus, 2800 Bremen 1, Telefon 04 21 / 38 20 31

4.5 Hamburg✳

Behörde für Inneres – Polizei – Landespolizeidirektion 05, Beim Strohause 31, 2000 Hamburg 1, Telefon 0 40 / 2 83 - 1

4.6 Hessen

Hessisches Wasserschutzpolizeiamt, 6503 Mainz-Kastel, Biebricher Straße 1, Telefon 0 61 34 / 6 02 - 1
  Hessische Wasserschutzpolizeistation Frankfurt am Main, 6000 Frankfurt am Main, Lindleystraße 4, Osthafen, Telefon 0 69 / 43 99 84 - 85
  Hessische Wasserschutzpolizeistation Gernsheim, 6084 Gernsheim/ Rhein, Straßenbürcke, Telefon 0 62 58 / 40 18, 40 19, 40 10
  Hessische Wasserschutzpolizeistation Rüdesheim am Rhein, 6220 Rüdesheim am Rhein, Am Hafen, Telefon 0 67 22 / 20 15 und 20 16
  Hessische Wasserschutzpolizeistation Wiesbaden, 6503 Mainz-Kastel, Maaraue, Telefon 0 61 34 / 30 95, 96
  Hessischer Wasserschutzpolizeiposten Kassel, 3500 Kassel, Altmarkt 1, Telefon 05 61 / 7 81 - 1
  Hessischer Wasserschutzpolizeiposten Neckarsteinach, 6901 Neckarsteinach, Neckargemünder Straße 25, Telefon 0 62 29 / 5 72
  Hessischer Wasserschutzpolizeiposten Waldeck, 3544 Waldeck 2, Strandbad, Telefon 0 56 23 / 54 37
  Hessischer Wasserschutzpolizeiposten Wetzlar, 6330 Wetzlar, Frankfurter Straße 61, Telefon 0 64 41 / 2 40 66

4.7 Niedersachsen✳

Wasserschutzpolizeiinspektion I, 2970 Emden 1, Am Seemannsheim 4, Telefon 0 49 21 / 89 11

Wasserschutzpolizeirevier Emden, 2970 Emden 1, Am Seemannsheim 4, Telefon 0 49 21 / 89 11

Wasserschutzpolizeirevier Meppen, 4470 Meppen, Kolpingstraße 1, Telefon 0 59 31 / 30 24

Wasserschutzpolizeirevier Oldenburg, 2900 Oldenburg, Am Stau 169, Telefon 04 41 / 79 01

Wasserschutzpolizeirevier Wilhelmshaven, 2940 Wilhelmshaven 1, Ebertstraße 80, Telefon 0 44 21 / 4 30 31

Wasserschutzpolizeiinspektion II, 3000 Hannover 1, Vahrenwalder Straße 212, Telefon 05 11 / 6 70 51

Wasserschutzpolizeirevier Hannover, 3000 Hannover 1, Vahrenwalder Straße 212, Telefon 05 11 / 6 70 51)

Wasserschutzpolizeirevier Nienburg, 3070 Nienburg, Brückenstraße 8, Telefon 0 50 21 / 80 31

Wasserschutzpolizeirevier Uelzen, 3110 Uelzen 1, Am Bauhafen, Telefon 05 81 / 4 36 22

4.8 Nordrhein-Westfalen

Der Polizeipräsident der Wasserschutzpolizei Nordrhein-Westfalen, 4100 Duisburg 17, Moerser Straße 219, Postfach 17 03 64, Telefon 0 21 36 / 2 03 - 0

Wasserschutzpolizeiabschnitt Köln, 5000 Köln 1, Bürogebäude der Halle 7, Rheinauhafen, Telefon 02 21 / 31 49 71 und 32 72 48

Wasserschutzpolizeistation Köln, 5000 Köln 1, Bürogebäude der Halle 7, Rheinauhafen, Telefon 02 21 / 31 49 71 und 32 72 48

Wasserschutzpolizeistation Bonn, 5300 Bonn 3, Rheinaustraße 132, Telefon 02 28 / 46 10 33 und 46 10 34

mit Wasserschutzpolizeiwache Wesseling, 5047 Wesseling, Uferstraße 1, Telefon 0 22 36 / 4 27 27

Wasserschutzpolizeistation Düsseldorf, 4000 Düsseldorf 1, Zollhof 12, Telefon 02 11 / 39 40 75 und 39 40 76

mit Wasserschutzpolizeiposten Neuss, 4040 Neuss 1, Hammer Landstraße 1, Telefon 0 21 01 / 27 26 88

Wasserschutzpolizeiabschnitt Duisburg, 4100 Duisburg 13, Vincke-Ufer 16, Telefon 02 03 / 8 20 07

Wasserschutzpolizeistation Duisburg, 4100 Duisburg 13, Vincke-Ufer 16, Telefon 02 03 / 8 20 07

Wasserschutzpolizeistation Wesel, 4230 Wesel 1, Werftstraße 9, Telefon 02 81 / 2 40 69 und 2 40 60

Wasserschutzpolizeistation Emmerich, 4240 Emmerich 1, Wassertor 4, Telefon 0 28 22 / 1 80 37

Wasserschutzpolizeiabschnitt Essen, 4300 Essen 11, Vonderstraße 52, Telefon 02 01 / 6 95 76 - 78

Wasserschutzpolizeistation Essen, 4300 Essen 11, Vonderstraße 52, Telefon 02 01 / 6 95 76 - 78

mit Wasserschutzpolizeiwache Essen-Werden, 4300 Essen 16, Hardenberg Ufer 59, Telefon 02 01 / 49 23 49

Wasserschutzpolizeistation Datteln, 4354 Datteln, Kanalweg 17, Postfach 14 21, Telefon 0 23 63 / 80 46

mit Wasserschutzpolizeiwache Dortmund, 4600 Dortmund 1, Sunderweg 130, Telefon 02 31 / 82 38 52

mit Wasserschutzpolizeiposten Hamm, 4700 Hamm 1, Hafenstraße 26, Telefon 0 23 81 / 44 30 99

Wasserschutzpolizeistation Dorsten, 4270 Dorsten 1, Hammer Weg 2 (Schleuse), Telefon 0 23 62 / 21 56 und 21 57

Wasserschutzpolizeiabschnitt Münster, 4400 Münster 53, Westf. Dingstiege 2 (Schleuse), Telefon 02 51 / 23 10 41 bis 23 10 43

Wasserschutzpolizeistation Münster, 4400 Münster 53, Westf. Dingstiege 2 (Schleuse), Telefon 02 51 / 23 10 41 bis 23 10 43

Wasserschutzpolizeistation Bergeshövede, 4446 Hörstel, Kanalstraße 135, Telefon 0 54 59 / 60 51 und 60 52

mit Wasserschutzpolizeiwache Bramsche, 4550 Bramsche 1, Am Sperrtor, Telefon 0 54 61 / 31 10

Wasserschutzpolizeistation Minden, 4950 Minden, Marienstraße 82, Telefon 05 71 / 88 66 - 0

4.9 Rheinland-Pfalz

Wasserschutzpolizeiamt Rheinland-Pfalz, 6500 Mainz, Am Winterhafen 21, Telefon 0 61 31 / 23 39 57 - 58

Wasserschutzpolizeiposten Wörth, 6729 Wörth 2, Am Hafen, Telefon 0 72 71 / 43 60

Wasserschutzpolizeistation Speyer, 6720 Speyer, Hafenstraße 32, Telefon 0 62 32 / 7 61 41

Wasserschutzpolizeistation Ludwigshafen, 6700 Ludwigshafen, Unteres Rheinufer 4, Telefon 06 21 / 51 16 34 und 51 16 94

Wasserschutzpolizeiposten Worms, 6520 Worms, Rheinstraße 57, Telefon 0 62 41 / 2 49 89

Wasserschutzpolizeiposten Nierstein, 6505 Nierstein, Mainzer Straße 80/82, Telefon 0 61 33 / 55 52

Wasserschutzpolizeistation Mainz, 6500 Mainz, Am Getreidespeicher 29, Telefon 0 61 31 / 67 86 86 - 87

Wasserschutzpolizeistation Bingen, 6530 Bingen, Hafenstraße 1, Telefon 0 67 21 / 1 43 12

Wasserschutzpolizeistation St. Goar, 5407 St. Goar, Am Hafen 8, Telefon 0 67 41 / 4 01

Wasserschutzpolizeistation Koblenz, 5400 Koblenz-Ehrenbreitstein, Hofstraße 261, Telefon 02 61 / 7 10 55 - 56

Wasserschutzpolizeiposten Mosel-Lahn, 5400 Koblen-Lützel, Weinbergstraße, Telefon 02 61 / 8 37 85

Wasserschutzpolizeistation Neuwied, 5450 Neuwied, Deichstraße 29, Telefon 0 26 31 / 2 50 16

Wasserschutzpolizeiposten Linz, 5460 Linz, Am Gestade 8, Telefon 0 26 44 / 27 36

Wasserschutzpolizeistation Trier, 5500 Trier, Pacelliufer 15, Tel. 06 51 / 3 10 51 - 52

Wasserschutzpolizeistation Bernkastel, 5550 Bernkastel, Schulstraße 13, Telefon 0 65 31 / 82 85

Wasserschutzpolizeistation Cochem, 5590 Cochem-Sehl, Sehler Anlagen 7, Telefon 0 26 71 / 45 86

4.10 Schleswig-Holstein✳

Wasserschutzpolizeidirektion Schleswig-Holstein, 2300 Kiel, Polizeizentrum Eichhof, Mühlenweg 166, Haus 10, Telefon 04 31 / 5 98 - 1

Wasserschutzpolizeirevier Kiel, 2300 Kiel, Düsternbrooker Weg 82, Telefon 04 31 / 5 96 - 1

Wasserschutzpolizeirevier Lübeck, 2400 Lübeck, Hafenstraße 2, Telefon 04 51 / 3 34 40

Wasserschutzpolizeistation Ratzeburg, 2418 Ratzeburg, Seestraße 12−14, Telefon 0 45 41 / 8 09 - 0

Wasserschutzpolizeistation Mölln, 2410 Mölln, Ohlendörp 7, Telefon 0 45 42 / 70 01

✳ soweit für Binnenschiffahrtstraßen zuständig

4.11. Mecklenburg-Vorpommern

Wasserschutzpolizei-Direktion des Landes Mecklenburg-Vorpommern, O-2500 Rostock, Blücherstraße 1−3

Wasserschutzpolizei-Station Schwerin, O-2751 Schwerin, Am Werder 22

Wasserschutzpolizei-Station Wismar, über KPA Wismar, O-2400 Wismar, Rostocker Straße 80

Wasserschutzpolizei-Station Rostock, Warnow-Enn, O-2520 Rostock 26, PSF 115

Wasserschutzpolizei-Station Stralsund, O-2300 Stralsund, Am Quertal 5

Wasserschutzpolizei-Station Saßnitz, O-2355 Saßnitz, Bahnhofstraße 3

Wasserschutzpolizei-Station Waren, O-2060 Waren, Gerhart-Hauptmann-Allee 6

Wasserschutzpolizei-Station Wolgast, O-2220 Wolgast, Fährstraße

4.12. Brandenburg

Bezirkspolizeibehörde Potsdam, Leiter Abteilung Schutzpolizei, O-1561 Potsdam, H.-v.-Tresckow-Str. 9−13

Wasserschutzpolizeigruppenposten Hohensaaten, O-1301 Hohensaaten, Eichrähme 3a

Wasserschutzpolizeigruppenposten Erkner, O-1250 Erkner, Hessenwinkler Straße 9a

Wasserschutzpolizeigruppenposten Eisenhüttenstadt, O-1220 Eisenhüttenstadt, Neue Brückenstraße 1

Wasserschutzpolizeigruppenposten Wittenberge, O-2900 Wittenberge, Elbstraße 15

Wasserschutzpolizeigruppenposten Rathenow, O-1830 Rathenow, Schlachthausstraße 1

Wasserschutzpolizeirevier Brandenburg, O-1800 Brandenburg, Plauer Hof

Wasserschutzpolizeirevier Potsdam, O-1570 Potsdam, Wielandstraße

Wasserschutzpolizeigruppenposten Lehnitz, O-1407 Lehnitz, Magnus-Hirschfeld-Straße 22

Wasserschutzpolizeigruppenposten Zeuthen, O-1613 Zeuthen, Fontanestraße 4

Wasserschutzpolizei-Außenposten Lübben, O-7550 Lübben, Bahnhofstraße 31

Wasserschutzpolizei-Außenposten Lübbenau, O-7543 Lübbenau, Kirchplatz 5

4.13 Sachsen

Bezirkspolizeibehörde Dresden, Abteilung Schutzpolizei, WSP Offizier, O-8060 Dresden, Carolaplatz 1

Wasserschutzpolizeigruppenposten Dresden, Polizeikreisamt, O-8010 Dresden, Schießgasse 7

Wasserschutzpolizeigruppenposten Bad Schandau, Polizeikreisamt, O-8300 Pirna, Obere Burgstraße 9

Wasserschutzpolizeigruppenposten Riesa, Polizeikreisamt, O-8400 Riesa, Klosterstraße 4

Wasserschutzpolizeigruppenposten Torgau, Polizeikreisamt, O-7290 Torgau, Markt 1

4.14 Sachsen-Anhalt

Wasserschutzpolizeiinspektion, O-3029 Magdeburg, Markgrafenstraße

Wasserschutzpolizeirevier, O-3029 Magdeburg, Markgrafenstraße

Wasserschutzpolizeistation, O-3300 Schönebeck, Burgwall 2

Wasserschutzpolizeistation, O-3240 Haldensleben, Hafenstraße 42

Wasserschutzpolizeistation, O-3270 Burg, Akazienweg 20a

Wasserschutzpolizeistation, O-3280 Genthin, F.-Ebert-Straße

Wasserschutzpolizeirevier, O-3530 Havelberg, Schleuse

Wasserschutzpolizeistation, O-3504 Tangermünde, Zollensteig 13a

Wasserschutzpolizeirevier, O-4500 Dessau, Georgenallee, „Gelber Turm", Dessau Ziebigk

Wasserschutzpolizeistation, O-4602 Wittenberg, H.-Kirschner-Straße

Wasserschutzpolizeistation, O-4372 Aken, E.-Thälmann-Platz 6

Wasserschutzpolizeistation, O-4060 Halle, Hansastraße 8a

Wasserschutzpolizeistation, O-4350 Bernburg, Fischergasse 06, WSP Schleuse

5. Sportbootführerscheinverordnung – Binnen

**Verordnung
über das Führen von Sportbooten auf den Binnenschiffahrtsstraßen
(Sportbootführerscheinverordnung – Binnen – SportbootFüV-Bin)
Vom 22. März 1989
(Bundesgesetzbl. I S. 536, berichtigt S. 1102)
in der Fassung des Gesetzes vom 25. September 1990 (BGBl. I S. 2106)**

Aufgrund des § 3 Abs. 1 Nr. 6 und des § 3a des Binnenschiffahrtsaufgabengesetzes in der Fassung der Bekanntmachung vom 4. August 1986 (BGBl. I S. 1270) wird vom Bundesminister für Verkehr und aufgrund des § 4 Abs. 2 des Binnenschiffahrtsaufgabengesetzes wird vom Bundesminister für Verkehr im Einvernehmen mit dem Bundesminister der Finanzen verordnet:

§ 1
Begriffsbestimmungen

Im Sinne dieser Verordnung sind

1. Binnenschiffahrtsstraßen die Wasserstraßen (§ 1 Abs. 1 Nr. 2 des Binnenschiffahrtsaufgabengesetzes) mit Ausnahme der Seeschiffahrtsstraßen und der Elbe im Hamburger Hafen,
2. Sportboote von ihren Bootsführern nicht gewerbsmäßig, gewöhnlich für Sport- oder Erholungszwecke verwendete Fahrzeuge von weniger als 15 m³ Wasserverdrängung, ausgenommen Fahrzeuge, die durch Muskelkraft oder nur hilfsweise mit einem Treibsegel von höchstens 3 m² Fläche fortbewegt werden.

§ 2
Fahrerlaubnis

(1) Wer ein Sportboot mit Antriebsmaschine oder unter Segel auf den Binnenschiffahrtsstraßen führen will, bedarf einer Fahrerlaubnis für die jeweilige Antriebsart.
(2) Die Fahrerlaubnis wird, unbeschadet des § 4, durch den Sportbootführerschein – Binnen nach dieser Verordnung nachgewiesen (Anlage).
(3) Die in Absatz 2, § 3 Abs. 2 und § 4 bezeichneten Befähigungsnachweise sind beim Führen von Sportbooten mitzuführen und den zur Kontrolle befugten Personen auf Verlangen zur Prüfung auszuhändigen.

(4) Der Eigentümer oder Führer eines Sportbootes darf nicht anordnen oder zulassen, daß jemand das Boot führt, der nicht Inhaber der erforderlichen Fahrerlaubnis (Absatz 1) ist. Ein Sportboot im Sinne dieser Vorschrift führt nicht, wer es unter Aufsicht des Inhabers einer Fahrerlaubnis für die jeweilige Antriebsart fortbewegt. In diesem Fall ist der Führer allein der Beaufsichtigende.
(5) Die Erlaubnis zum Führen eines Sportbootes kann auf Segelboote oder Segelsurfbretter beschränkt werden.

§ 3
Ausnahmen

(1) Keiner Fahrerlaubnis nach dieser Verordnung bedürfen

1. Personen mit Wohnsitz außerhalb des Geltungsbereiches dieser Verordnung, die sich nicht länger als 1 Jahr im Geltungsbereich dieser Verordnung aufhalten. Ist in dem Staat ihres Wohnsitzes für das Führen von Sportbooten auf Binnengewässern ein Befähigungsnachweis amtlich vorgeschrieben, gilt Satz 1 nur, wenn diese Personen Inhaber des Befähigungsnachweises sind und nur soweit Gegenseitigkeit gewährleistet ist;
2. Führer von Sportbooten unter Segel und von Sportbooten, die mit einer Antriebsmaschine ausgerüstet sind, deren größte Nutzleistung weniger als 3,69 kW beträgt, auf den Bundeswasserstraßen Rhein, Mosel und Donau sowie auf den Bundeswasserstraßen, auf die die Kapitel 10 bis 20 der Binnenschiffahrtsstraßen-Ordnung (Anlage zur Verordnung vom 1. Mai 1985, BGBl. I S. 734) Anwendung finden.

(2) Keiner Fahrerlaubnis nach dieser Verordnung bedürfen beim Führen eines Sportbootes mit Antriebsmaschine die Inhaber

1. eines Schifferpatents für den Bodensee der Kategorien B und C oder den Hochrhein;

2. eines im Geltungsbereich dieser Verordnung erteilten amtlichen Berechtigungsscheines zum Führen eines mit Antriebsmaschine ausgerüsteten Dienstfahrzeugs auf den Binnenschiffahrtsstraßen oder anderen Binnengewässern außerhalb der Seeschiffahrtsstraßen;
3. eines amtlichen Berechtigungsscheines zum Führen eines mit Antriebsmaschine ausgerüsteten Dienstfahrzeugs auf den Seeschiffahrtsstraßen, der im Geltungsbereich dieser Verordnung vor dem 1. April 1978 erteilt worden ist;
4. eines Befähigungszeugnisses der Gruppen A und B der Schiffsbesetzungs- und Ausbildungsordnung vom 19. August 1970 (BGBl. I S. 1253), das vor dem 1. April 1978 erteilt worden ist;
5. eines Rhein- oder Binnenschifferpatents.

(3) Der für die Fahrerlaubnis nach dieser Verordnung erforderliche Befähigungsnachweis gilt als erbracht

1. für die Inhaber
   a) eines im Geltungsbereich dieser Verordnung nach anderen Vorschriften erteilten amtlichen Befähigungsnachweises zum Führen eines Fahrzeugs mit Antriebsmaschine oder unter Segel auf Binnengewässern außerhalb der Seeschiffahrtsstraßen für die jeweilige Antriebsart, soweit der Bundesminister für Verkehr diesen als Befähigungsnachweis anerkannt hat;
   b) eines Schifferpatents für den Bodensee der Kategorien A und D für die jeweilige Antriebsart;
2. beim Führen eines Sportbootes mit Antriebsmaschine für die Inhaber eines von einer als gemeinnützig anerkannten Körperschaft erteilten Berechtigungsscheines zum Führen von Wasserrettungsfahrzeugen, soweit der Bundesminister für Verkehr diesen als Befähigungsnachweis anerkannt hat.

203

Eine Übersicht über die durch die Nummern 1 und 2 erfaßten Befähigungsnachweise und Berechtigungsscheine wird im Verkehrsblatt – Amtsblatt des Bundesministers für Verkehr der Bundesrepublik Deutschland – veröffentlicht.

§ 4
Fortgeltung anderer Befähigungsnachweise

Ein amtlich vorgeschriebener Befähigungsnachweis nach der Sportbootführerscheinverordnung–Binnen vom 21. März 1978 (BGBl. I S. 420), zuletzt geändert durch Artikel 48 Abs. 4 des Gesetzes vom 18. Februar 1986 (BGBl. I S. 265), oder ein Sportbootführerschein nach der Sportbootführerscheinverordnung–See vom 20. Dezember 1973 (BGBl. I S. 1988), zuletzt geändert durch die Verordnung vom 16. Oktober 1985 (BGBl. I S. 2001), der vor dem 1. April 1978, im Land Berlin bis zum Inkrafttreten dieser Verordnung, erteilt worden ist, oder ein Motorbootführerschein nach der Motorbootführerscheinverordnung vom 17. Januar 1967 (BGBl. II S. 731), geändert durch die Verordnung vom 21. Oktober 1968 (BGBl. II S. 1107), ersetzen die nach dieser Verordnung vorgeschriebene Fahrerlaubnis.

§ 5
Allgemeine Anforderungen für die Erteilung der Fahrerlaubnis

(1) Der Antragsteller muß für die Erteilung einer Fahrerlaubnis

1. a) für das Führen eines Sportbootes mit Antriebsmaschine das 16. Lebensjahr,
   b) für das Führen eines Sportbootes unter Segel das 14. Lebensjahr
   vollendet haben;
2. körperlich und geistig zum Führen eines Sportbootes tauglich sein;
3. zuverlässig sein;
4. die erforderliche Befähigung in einer Prüfung nachgewiesen haben (§ 7).

(2) Untauglich zum Führen eines Sportbootes ist insbesondere, wer nicht über ein ausreichendes Seh- oder Hörvermögen verfügt. Bestehen Zweifel an der Tauglichkeit, kann die Vorlage amts- oder fachärztlicher Zeugnisse verlangt werden.

(3) Bewerbern, die bedingt tauglich sind, kann die Fahrerlaubnis unter Auflagen erteilt werden. Tritt eine

Einschränkung der Tauglichkeit nach der Erteilung der Fahrerlaubnis ein, können nachträglich Auflagen erteilt werden. Die Auflagen werden im Sportbootführerschein–Binnen eingetragen. Auflagen, die in einem der in § 3 Abs. 2 genannten Befähigungsnachweise eingetragen sind, sind auch beim Führen eines Sportbootes zu beachten.

(4) Unzulässig ist insbesondere, wer gegen verkehrsstrafrechtliche Vorschriften erheblich verstoßen hat und deswegen rechtskräftig verurteilt worden ist.

§ 6
Prüfungsvoraussetzungen

(1) Der Bewerber hat den Antrag auf Zulassung zur Prüfung und Erteilung der Fahrerlaubnis mit folgenden Angaben an den Prüfungsausschuß (§ 11 Abs. 2) zu richten:

1. Vor- und Zuname, Geburtstag, Geburtsort und Anschrift,
2. Antriebsart, für die die Fahrerlaubnis erworben werden soll.

(2) Dem Antrag sind beizufügen:

1. ein Lichtbild aus neuerer Zeit in der Größe 38 × 45 mm, das den Bewerber ohne Kopfbedeckung im Halbprofil zeigt,
2. ein ärztliches Zeugnis über ein ausreichendes Seh- und Hörvermögen.

(3) Der Bewerber hat auf Verlangen des Prüfungsausschusses die Erteilung eines Führungszeugnisses nach den Vorschriften des Bundeszentralregistergesetzes zu beantragen und dem Prüfungsausschuß vorzulegen, wenn er keinen gültigen amtlichen Kraftfahrzeugführerschein nachweist.

(4) Der Bewerber wird zur Prüfung zugelassen, wenn die Voraussetzungen nach § 5 Abs. 1 Nr. 1 bis 3 sowie nach den Absätzen 2 und 3 erfüllt und die Gebühren nach § 12 Abs. 1 Nr. 1 oder 2 und 3 bezahlt sind.

§ 7
Prüfung

(1) Der Bewerber hat in einer Prüfung nachzuweisen, daß er

1. über ausreichende Kenntnisse der für das Führen eines Sportbootes maßgebenden Vorschriften und die zu seiner sicheren Führung auf den Binnenschiffahrtsstraßen erforderlichen nautischen und technischen Kenntnisse verfügt (theoretischer Teil) und
2. zu ihrer praktischen Anwendung fähig ist (praktischer Teil).

(2) Der Vorsitzende des Prüfungsausschusses oder sein Stellvertreter bestimmt den Prüfungstermin und beruft die Prüfungskommission, die aus drei Prüfern besteht. Die Prüfung wird von der Prüfungskommission abgenommen, die mit Stimmenmehrheit beschließt. Der Vorsitzende der Prüfungskommission leitet die Prüfung. Über den Prüfungsverlauf ist eine Niederschrift aufzunehmen.

(3) Für die Abnahme des praktischen Teils der Prüfung hat der Bewerber ein geeignetes Sportboot der Antriebsart zu stellen, für die er die Fahrerlaubnis beantragt hat. Das Sportboot muß neben dem Bewerber und dem Schiffsführer mindestens einem Mitglied der Prüfungskommission Platz bieten. Die Prüfungskommission kann Ausnahmen bei der Abnahme von Prüfungen auf Sportbooten ohne Antriebsmaschine zulassen.

(4) Hat der Bewerber in der Prüfung die Befähigung zum Führen eines Sportbootes nachgewiesen, wird ihm die Fahrerlaubnis erteilt und ein Sportbootführerschein–Binnen unter Verwendung eines Vordrucks nach dem Muster der Anlage ausgestellt. Besteht der Bewerber den theoretischen oder praktischen Teil der Prüfung nicht, kann er diesen Teil der Prüfung frühestens nach einem Monat wiederholen.

(5) Inhaber eines Befähigungsnachweises nach § 3 Abs. 2 Nr. 3 und 4 oder eines Sportbootführerscheines nach § 4, der nach dem 31. März 1978 erteilt worden ist, sind beim Erwerb einer Fahrerlaubnis für Sportboote mit Antriebsmaschine vom praktischen Teil der Prüfung befreit. Dies gilt für Inhaber eines Befähigungszeugnisses nach der Schiffsoffiziers-Ausbildungsverordnung vom 11. Februar 1985 (BGBl. I S. 323) in der jeweils geltenden Fassung entsprechend.

§ 8
Erteilung einer Fahrerlaubnis ohne Prüfung

Gegen Vorlage eines der in § 3 Abs. 3 genannten Befähigungsnachweise wird dem Inhaber auf Antrag ohne Ablegung einer Prüfung eine Fahrerlaubnis erteilt und ein Sportbootführerschein–Binnen ausgestellt, sofern die Voraussetzungen des § 5 Abs. 1 Nr. 1 bis 3 vorliegen. Gegen Vorlage eines der in § 3 Abs. 2 und § 4 genannten Befähigungsnachweise wird dem Inhaber auf Antrag ein Sportbootführerschein–Binnen für die jeweilige Antriebsart ausgestellt.

§ 9
Ersatzausfertigung

Ist ein Sportbootführerschein–Binnen unbrauchbar geworden, verlorengegangen oder sonst abhanden gekommen, stellen die beauftragten Verbände auf Antrag eine Ersatzausfertigung aus, die als solche zu kennzeichnen ist. Ein unbrauchbar gewordener oder wieder aufgefundener Sportbootführerschein–Binnen ist bei der nach § 11 Abs. 3 zuständigen Wasser- und Schiffahrtsdirektion abzuliefern.

§ 10
Entziehung der Fahrerlaubnis

(1) Erweist sich der Inhaber der Fahrerlaubnis zum Führen von Sportbooten als untauglich oder unzuverlässig, ist sie ihm zu entziehen. Bestehen Zweifel an der Tauglichkeit, kann die Vorlage eines amts- oder fachärztlichen Zeugnisses verlangt werden.

(2) Die Fahrerlaubnis kann entzogen werden, wenn der Inhaber wiederholt einer Auflage nach § 5 Abs. 3 nicht nachkommt.

(3) Die Fahrerlaubnis erlischt mit der Entziehung. Der Sportbootführerschein–Binnen ist unverzüglich bei der nach § 11 Abs. 3 zuständigen Wasser- und Schiffahrtsdirektion abzuliefern. Satz 2 gilt auch dann, wenn die Entziehung der Fahrerlaubnis angefochten und der sofortige Vollzug der Entziehung angeordnet worden ist.

(4) Die nach § 11 Abs. 3 zuständige Wasser- und Schiffahrtsdirektion kann die Neuerteilung einer Fahrerlaubnis an Auflagen und Bedingungen binden.

§ 11
Zuständige Stellen

(1) Der Deutsche Motoryachtverband e.V. und der Deutsche Segler-Verband e.V. werden beauftragt,
1. über Anträge auf Zulassung zur Prüfung und Erteilung der Fahrerlaubnis zu entscheiden (§ 6 Abs. 1),
2. Prüfungen abzunehmen, Fahrerlaubnisse zu erteilen und Sportbootführerscheine auszustellen (§§ 7 und 8),
3. Ersatzausfertigungen auszustellen (§ 9),
4. erforderliche Auflagen zu erteilen (§ 5 Abs. 3) und

5. nach Maßgabe des § 12 Kosten zu erheben.

Die beauftragten Verbände unterstehen bei der Erfüllung der übertragenen Aufgaben der Rechts- und Fachaufsicht des Bundesministers für Verkehr. Sie haben diese Aufgaben nach Maßgabe dieser Verordnung und der vom Bundesminister für Verkehr erlassenen Richtlinien wahrzunehmen und können sie ganz oder teilweise gemeinsam durchführen.

(2) Der Prüfungsausschuß besteht aus einem Vorsitzenden und Stellvertretern nach Bedarf. Der Bundesminister für Verkehr bestellt auf Vorschlag der Verbände und entläßt die Prüfer auf Vorschlag der Verbände.

(3) Über die Entziehung der Fahrerlaubnis nach § 10 entscheiden die Wasser- und Schiffahrtsdirektionen. Die Entscheidung ist, soweit der Inhaber eines Befähigungsnachweises betroffen ist, unter Angabe der Gründe der Stelle mitzuteilen, die den Befähigungsnachweis erteilt hat. Für die Bezirke der Wasser- und Schiffahrtsdirektionen Nord, Nordwest, West, Südwest und Süd nimmt die Wasser- und Schiffahrtsdirektion Mitte in Hannover die Aufgaben nach Satz 1 und § 9 Satz 2 wahr.

§ 12
Kosten

(1) An Kosten (Gebühren und Auslagen) werden erhoben:

1. für die Abnahme der Prüfung eines Bewerbers (§ 7 Abs. 1)	DM 75,—
2. für die Abnahme nur des	
a) theoretischen	DM 37,50
b) praktischen Prüfungsteils (§ 7 Abs. 3 Satz 2, § 7 Abs. 4)	DM 37,50
3. für die Erteilung der Fahrerlaubnis und die Ausstellung des Sportbootführerscheins (§ 7 Abs. 4 Satz 1) oder einer Ersatzausfertigung (§ 9 Satz 2)	DM 30,—
4. für die Erteilung einer Fahrerlaubnis ohne Prüfung (§ 8)	DM 20,—
5. für nachträglich erteilte Auflagen (§ 5 Abs. 3 Satz 2)	DM 11,50
6. für die Ablehnung eines Antrages	DM 19,—
7. für die Entziehung der Fahrerlaubnis (§ 10 Abs. 1 oder 2)	DM 85,— bis DM 250,—
8. Reisekosten der Prüfer.	

(2) Die Kosten nach Absatz 1 Nr. 7 werden von der nach § 11 Abs. 3 zuständigen Wasser- und Schiffahrtsdirektion, im übrigen von den beauftragten Verbänden festgesetzt und eingezogen.

§ 13
Ordnungswidrigkeiten

Ordnungswidrig im Sinne des § 7 Abs. 1 des Binnenschiffahrtsaufgabengesetzes handelt, wer vorsätzlich oder fahrlässig
1. ein Sportboot ohne Fahrerlaubnis nach § 2 Abs. 1 führt,
2. entgegen § 2 Abs. 3 einen Befähigungsnachweis nicht mitführt,
3. entgegen § 2 Abs. 4 Satz 1 anordnet oder zuläßt, daß jemand ein Sportboot führt, der nicht Inhaber der erforderlichen Fahrerlaubnis ist,
4. einer vollziehbaren Auflage nach § 5 Abs. 3 Satz 1, 2 oder 4 zuwiderhandelt oder
5. entgegen § 10 Abs. 3 Satz 2 oder 3 den Sportbootführerschein–Binnen nicht oder nicht rechtzeitig abliefert.

§ 14
Berlin-Klausel

Diese Verordnung gilt nach § 14 des Dritten Überleitungsgesetzes in Verbindung mit § 11 des Binnenschiffahrtsaufgabengesetzes auch im Land Berlin.

§ 15
Inkrafttreten

Diese Verordnung tritt am 1. April 1989 in Kraft; gleichzeitig tritt die Sportbootführerscheinverordnung–Binnen vom 21. März 1978 (BGBl. I S. 420), zuletzt geändert durch Artikel 48 Abs. 4 des Gesetzes vom 18. Februar 1986 (BGBl. I S. 265), außer Kraft.

Anlage zur Sportbootführerscheinverordnung – Binnen
Anlage
(zu § 2 Abs. 1)

NOTIZEN

NOTIZEN

NOTIZEN

NOTIZEN

NOTIZEN

NOTIZEN

NOTIZEN

NOTIZEN